墨香财经学术文库
教育部人文社会科学研究一般项目成果（18YJA880033）

区域高等教育人力资本自主创新效应与技术追赶效应比较研究

Comparative Study on Domestic Innovation Effect and Innovation Catch-up Effect of Regional Higher Education Human Capital

姜颖　付明　著

U0845452

东北财经大学出版社
Dongbei University of Finance & Economics Press
大连

图书在版编目（CIP）数据

区域高等教育人力资本自主创新效应与技术追赶效应比较研究 / 姜颖，付明著. —大连：东北财经大学出版社，2024.10. —ISBN 978-7-5654-5290-1

Ⅰ. G649.2

中国国家版本馆CIP数据核字第2024PC2824号

东北财经大学出版社出版发行

大连市黑石礁尖山街217号　邮政编码　116025

网　　址：http://www.dufep.cn

读者信箱：dufep@dufe.edu.cn

大连永盛印业有限公司印刷

幅面尺寸：170mm×240mm　字数：186千字　印张：15.75　插页：1

2024年10月第1版　　2024年10月第1次印刷

责任编辑：孙　平　孟　鑫　周　慧　石建华　　责任校对：那　欣

周　晗　曲以欢　张爱华

封面设计：原　皓　　版式设计：原　皓

定价：79.00元

教学支持　售后服务　　联系电话：（0411）84710309

版权所有　侵权必究　　举报电话：（0411）84710523

如有印装质量问题，请联系营销部：（0411）84710711

前　言

改革开放以来，我国的科学技术水平实现了飞速提升，但是区域间的发展水平呈现出明显的差异化特征。科技水平对于区域经济增长有显著的影响，而高等教育人力资本是推动技术水平提升的关键，因此，探究不同区域高等教育人力资本技术追赶效应和自主创新效应具有重要的理论意义和现实意义。

本书以技术追赶理论、区域科学理论、后发优势理论等为基础，运用文献计量分析法对高等教育人力资本、技术追赶、技术创新、区域经济增长等相关文献进行梳理；运用主成分分析方法构建出区域高等教育人力资本技术追赶能力和自主创新能力等指标体系，对东部、中部、西部、东北四个区域进行了比较研究，并且运用空间计量经济学方法检验了区域间技术追赶能力和自主创新能力的自相关性。

本书进一步剖析了高等教育人力资本技术追赶能力和自主创新能力对区域经济增长的作用机制，并且运用31个省、自治区、直辖市的面板数据模型，借助Stata软件进行了实证检验。实证结果表明，不同区域高等教育人力资本的技术追赶效应和自主创新效应存在明显的差异性。本书结合实证结论提出了提升区域高等教育人力资本技术追赶效应和自主创新效应的对策建议，并且分别从中观层面和企业微观层面进行了具体的案例分析。

本书为教育部人文社会科学研究一般项目“区域高等教育人力资本自主创新效应与技术追赶效应比较研究”（项目编号：18YJA880033）的研究成果，感谢赵庆年教授、祁晓副教授、王骏飞老师等给予的支持和帮助，感谢研究生武振铎、王姜玥、陈佳燕、赵远梅等同学的助研工作。

本书为拓展人力资本与经济增长研究领域提供了一个切入点，将为今后相关研究的进一步深入开展提供参考与借鉴。

作　者

2024年10月

目　录

第 1 章

绪　论

1.1 研究背景与问题提出

1.1.1 现实背景

随着经济全球化进程的加快，知识经济时代的到来，高等教育与科技进步日益受到广泛关注。发展中经济体在世界经济体中的作用日益显著，经济增长的新增长极也从发达经济体逐渐向发展中经济体转移。

近30年来，中国各区域的经济发展都较为迅速，但受多种因素影响，各区域的经济发展情况差异较大。进入经济新常态以后，随着经济结构的调整，各区域的技术水平和经济发展水平的差距仍在持续扩大，区域经济发展的不均衡依然是中国经济面临的突出问题之一。例如，2024年的全国百强市，主要集中在江苏省、广东省、山东省、浙江省等东部地区，江苏省有13个、山东省有12个、广东省有10个、浙江省有8个，然而，东北地区仅有大连、沈阳、长春、哈尔滨4个城市入围。

新增长理论认为，技术进步是经济增长的关键动力，可以通过技术追赶与自主创新两种途径来推动经济增长。在经济一体化发展中，要保持经济持续增长，技术进步已经成为地区乃至国家衡量竞争优势的决定性因素。先进国家或地区依靠自身充足的资源不断进行创新，以此来维持经济发展的高段位姿态；而后进国家或地区可以通过对先进国家或地区知识溢出的吸收与学习进行知识再创造，以此达到技术追赶的目的，通过对先进技术的追赶来完成经济进一步发展的目标。

Mazzoleni和Nelson认为，技术和经济落后的国家需要通过“追赶”才能逐步接近先进国家[1]。例如，美国在第二次工业化时期进行技术模仿和学习，第二次世界大战之前适时地转变为自主性创新，随着自身的不断积累，终于在第二次世界大战后超越了英国、德国、法国等国家，在经济、科学、技术等方面占据领先地位，进而使美国实现了延续至今的全球经济领先[2]。第二次世界大战以后日本全面模仿英美模式，实现了技术的追赶和经济的发展。苏联在新中国成立初期援助的156个项目，奠定了中国工业化的初步基础。我国自20世纪50年代开启了全面模仿苏联模式，改革开放以后逐渐引进、吸收、模仿学习美欧日的先进技术，并根据中国情况进行本土改进，逐渐形成了从引进、吸收、模仿，再到自主创新的技术发展路径。

通过横向对比同期的国外发达国家或地区，纵向对比新中国技术发展的不同阶段，可以看出，提高技术水平是经济增长的关键。比如，在20世纪八九十年代至21世纪初期，中国的各项技术普遍处于引进模仿和代加工阶段，能够有效地解决就业问题并促进经济发展。随着技术水平的不断提升，中国通过技术追赶推动技术进步进而推动经济的长期增长。这样由技术进步推动的内生增长模式有利于在技术水平上实现由追赶到引领的转换，也会更加高效地促进经济发展。

中国部分区域在个别技术上处于国际领先水平，但是由于国内区域发展不均衡，各地区之间在技术和经济发展水平上仍然存在很大差距。可持续发展观表明，在科技飞速发展的21世纪，决定一个地区乃至一个国家经济增长的关键因素并不是自然资源或物质资源，而是人类最宝贵的财富——知识资源。知识匮乏是不发达地区发展的最大瓶颈，对现有知识无法实现充分利用与吸收是不发达地区发展的第二大瓶颈。因此，像西部地区，必须将发展重心由自然资源转向知识资源，或者说转向能够促进知识资源形成的人力资源上来，将知识资源发展作为西部大开发的最主要推动力。我国各省、自治区、直辖市之间同样存在着技术、经济差异发展的问题。高等教育资源的区域不均衡性会导致技术追赶与自主创新的差异性发展，而区域自然资源储备的差异不一定是导致经济增长差异的必然原因。比如，广西壮族自治区、长三角地区的安徽省等省区从全国分布来看，具有优势地理区位，但是经济发展结果可能不尽如人意，这与区域自身的技术进步潜在的与现实的能力，如吸收能力、创新能力等因素有关。

基于世界经济发展的大环境与我国经济现实发展情况，我国若想实现经济社会全面协调、可持续发展的目标，就需要增强高等教育对经济增长的促进作用。本书将以技术进步维度下技术追赶与自主创新两方面作为切入点，对我国区域经济增长的影响机制进行探究。

1.1.2 理论背景

Gerschenkron（1962）提出的“后发优势学说”指出，后发者利用先进技术进入产业并获得优势[3]。

Nelson和 Phelps（1966）在之前学者的研究基础上，提出了“技术追赶”这一理论[4]。

Abramovitz（1986）提出的“追赶假说”也指出，后进国家和地区可以通过一些特定条件和社会能力来缩短与先发国家和地区之间的技术差距[5]。

Krugman等（1993）提出“蛙跳模型”，即相对落后的国家会通过颠覆性的技术变革实现追赶，更有甚者会在某些方面超越之前相对发达的国家[6]。

基于国外早期的研究，国内学者逐渐开始针对技术追赶进行中国情境下的应用分析。但是，国内学者的研究多是针对企业层面的技术追赶或者技术超越（吴晓波等，2019；李林等，2020）[4, 7]，或者是仅仅运用单一指标测度技术追赶。自主创新和技术追赶要依据具体的情境选择相应合理的发展模式。我们知道不论区域处于何种自主创新和技术追赶层面，都需要探索因地制宜的发展路径。

基于上述理论背景分析，本书通过区域视角论证自主创新效应和技术追赶效应，进而丰富并完善区域创新相关理论。

1.1.3　问题提出

2020年10月29日召开党的十九届五中全会提出，“十四五”时期应坚持实施区域协调发展战略，以推动高质量发展为主题，加快发展现代产业体系，推进产业基础高级化，并且提出到2035年基本实现关键核心技术的重大突破。

可以看出，区域的协调发展、产业基础的高级化现代化、实现核心技术重大突破等关键问题的推进和解决是必要的、紧迫的。中国各区域的技术水平和经济发展差距较大，部分行业核心技术仍然处于落后追赶阶段。因此，有必要对各区域技术追赶能力和自主创新能力进行有效的衡量，并运用实证方法检验区域技术追赶效应和自主创新效应，探究最佳的影响路径，从而更加有效地促进区域技术追赶能力的提升和技术的进步，推动区域经济高质量发展。

1.2　研究目的与意义

1.2.1　研究目的

中国自改革开放以来，经济得到了快速增长，已经成为世界第二大经济体。同时高等教育规模也快速扩张，2022年高等教育毛入学率达到59.6%，接近普及化水平。随着高等教育规模的扩大，高等教育人力资本的存量也在持续上升。

胡瑞文（2004）认为，“为了全面建设小康社会，我国高等教育必须继续适度超前发展”[8]。

许玲（2014）也认为“高等教育适度超前发展的省份的经济发展潜力更大”[9]。但是，中国的高等教育人力资本在中国经济增长中究竟发挥了怎样的作用？面对中国经济的转型发展，中国的高等教育应该如何优化其结构才能通过提供合适的人力资本更好地满足经济发展的需要？这些问题直接关系到未来中国经济的可持续发展。高等学校的职能之一就是人才培养，形成高等教育人力资本。高等教育人力资本比初等教育人力资本更擅于通过技术进步来促进经济社会发展。而后发国家的技术进步主要以自主创新和技术追赶两种主要方式存在。因此，在区域化特征显著的中国，高等教育规模不断扩张过程中，区域高等教育人力资本的自主创新能力和技术追赶能力水平如何？究竟区域经济增长产生了多大的效应？这些问题就成为了本研究关注的焦点和着力要解决的问题。高等学校的思想观念、师资力量、人才规模及科研仪器都较为先进，高等教育是我国人才培养的主要方式，因此，高等教育科技发展有能力也有实力实现技术追赶与自主创新。多数学者也认为高等教育技术创新、技术追赶与社会科技创新应该超前发展[10]。

为了引导国家与地方政府注重高等教育的高质量发展，并从源头上通过高等教育进步来推动地区经济的增长，应该用科学的理论方法武装人，把实践力与先进科研成果相结合，深入分析各个地区高等教育人力资本技术追赶与自主创新的优势与劣势，分析其内在的影响机制，采取多种措施提升高等教育技术进步水平，进而更有效地推进区域经济增长。

1.2.2 研究意义

（1）理论意义

关于高等教育和人力资本对经济增长影响的相关研究已经有了一定

的积累，但是对于作用机制的探讨却明显不足。

本研究以新经济增长理论（认同技术进步为经济增长的内生变量）为理论基础，研究焦点集中于高等教育人力资本对技术进步发挥作用的两种作用机制——自主创新和技术追赶。

首先，本书基于经典文献，构建了“区域高等教育人力资本的技术追赶能力”和“区域高等教育人力资本的自主创新能力”两个评价指标；其次，本书运用新经济增长模型对中国区域高等教育人力资本的自主创新效应和技术追赶效应进行评估和比较分析；最后，本书结合各区域现状与特征，提出相应的高等教育改革思路和方向。本书的研究丰富了关于高等教育与经济增长关系的机制研究，具有重要的理论意义。

本书运用统计软件SPSS的主成分分析与Stata的回归分析，对我国31个省、自治区、直辖市的面板数据进行实证分析。本书还结合高等教育发展实际，基于技术进步维度下技术追赶与自主创新的双效应视角，对区域经济增长的影响因素进行研究，使经济可持续发展理论体系进一步拓展与完善。

（2）现实意义

中国若想实现从资源投入型增长方式向技术创新型增长方式的转变，高等教育人力资本是关键因素。

中国必须从本国国情出发，选择恰当的自主创新和技术追赶模式。基于人力资本的异质性，高等教育培养人力资本只有与技术进步所需人才相匹配才能有效促进经济增长。

本书通过实证分析，明确中国高等教育人力资本的自主创新效应与技术追赶效应对经济增长促进作用的现状，剖析不足，从而为提升区域高等教育人力资本的自主创新效应和技术追赶效应提供思路。因而，本书具有重要的实际应用价值。

随着国家西部大开发、中部崛起等战略的实施与推进，国家的科技政策、充足的资金投入、先进的人才培养等计划对区域发展有着重要的意义。因此，本书通过研究技术进步对经济增长的影响，确定各区域合理、因地制宜的经济发展战略，运用技术促进经济发展方式转变，为区域经济可持续发展提供实践参考。

本书对技术追赶能力的衡量为各区域开展自身技术追赶能力定位提供借鉴。

当前我国的区域经济发展水平不均衡，形成了东中西渐次落后、东北地区经济增速缓慢的局面，区域发展差距逐渐扩大。

近些年来某些区域在竞争中开展了针对技术、人才、资金等的争夺。基于自身地域特点，一些区域制定了适合自身区域发展的产业展政策，这些政策很大程度上促进了本区域人才吸引和激励的同时，也带来了其他区域人才的流失。

经济发展较好的地区会对周边地区产生溢出效应，无论是人力资本还是资金都会一定程度地外溢到附近地区，促进该区域进一步发展。但是，一些相对落后的偏远地区很难从中获益。在这种情况下，发展落后的区域可以通过学习发达地区的技术来弥补自身技术的落后或者缺乏，从而促进自身的经济发展。

本书揭示了区域高等教育人力资本技术追赶能力和自主创新能力对区域经济增长影响的作用机制，有利于区域结合自身发展定位制定技术追赶模仿和自主创新策略促进经济增长，从而推动区域在有限的人力、资本、时间的投入下，实现更高效的技术进步和经济发展。

本书还探讨了政府行政效率对区域技术追赶能力影响经济增长起到调节作用，实证检验了地方政府的政策扶持对技术追赶能力和自主创新能力的调节效应。

本书的研究表明，通过厘清区域发展定位、技术追赶和自主创新的路径，可以有效避免区域陷入恶性竞争的困境，促进区域经济差距的缩小，实现均衡发展。

1.3 国内外研究现状

1.3.1 国外研究现状

（1）高等教育的研究现状

英国古典政治经济学奠基人亚当·斯密（1776）在《国民财富的性质和原因的研究》一书中首次提出了人的知识、经验以及技能是国民财富的生产要素和主要内容[11]；新古典经济学的创始人马歇尔在《经济学原理》一书中提到，对教育的投资是所有资本之中对人最有价值的投资[12]。

美国经济学家舒尔茨（1960）早在20世纪60年代就对教育在经济增长中的重要作用进行了研究，并测算出教育发展对推动美国经济增长的贡献高达33%，实证结果表明，人的知识、能力、健康等人力资本的提高对经济增长的贡献远比物质资本、劳动力数量的增加大得多[13]。

在前人研究的基础上，丹尼森采用因素分析法对美国1929—1982年间影响经济增长的因素进行了实证分析，认为国民收入年均2.92%的增长率中，有0.4%是由教育所贡献的。斯特鲁米林以工资为尺度进行劳动简化，计量了苏联20世纪20年代教育对国民收入的贡献，其结论是该时期教育对国民收入的贡献是27%[14]。

Bils和Klenow（2000）研究发现，教育在影响经济增长的同时，也受到经济增长对其产生的影响，二者之间互为因果关系，即经济增长越快，教育也会更加快速地发展[15]。

加里·贝克尔指出："教育性投资是生产性投资，对于经济发展有巨大的影响”，他还阐述了人力资本投资对就业和收入的各种重大影响，并提出了估算人力资本投资量的各种方法。以上两位经济学家为教育对经济增长的影响研究建立了坚实的理论基础[16]。

Fleisher等（2010）研究发现，在推动区域经济发展与缩小区域发展差距的过程中，教育处于关键位置并发挥了重要的作用[17]。

Santoalha等（2018）提出高等教育对人力资本培养的影响会引起区域间的差距[18]。

Peter和Paul（2007）认为，高等教育发展机构不但能够发挥教育与研究的职能，还能对区域创新、社会和文化的发展发挥至关重要的作用，同时高等教育发展也会对区域经济产生正向影响[19]。

Ahsan和Haque（2017）运用动态面板门槛模型进行实证检验，证明了当人均资本存量超过一定程度后，教育形成的人力资本对经济增长的促进作用才会显著存在[20]。

（2）技术进步的研究现状

美国数学家C.W.柯布（C.W.Cobb）和经济学家保罗·H.道格拉斯（Paul H.Douglas）是著名的柯布-道格拉斯生产函数模型的创立者，他们将经济数学与模型方法相结合，为后续的生产研究奠定了基础，在该模型中技术进步以常数形式出现[21]。

Tinbergen（1942）通过资本投入、劳动力投入与时间趋势来衡量技术进步效率的高低。

Benhabib和Spiegel（1994）对自主创新和技术追赶给出了明确的界定："自主创新"（domestic innovation）是完全依赖于自身而形成的自创性的技术进步；"技术追赶"（innovation catch-up）（又被称为"模仿创新"）是依赖于外部，通过对外来的先进技术的模仿实现的技术进步。他们还指出，对于技术水平落后的国家和地区而言，选择技术追赶的方式可以实现更快的发展[22]。

哈佛商学院的迈克尔·E.波特（Michael E.Porter）教授提出了创新驱动的概念，他认为创新驱动是经济发展的较高阶段，国家竞争优势将转向主要依靠企业的创新意识和创新能力，更加依赖于知识资本、人力资本和激励创新机制提升生产效率，进而推进经济发展。

Gennaioli等（2013）以110个国家的1 569个区域的数据为基础，运用区域发展模型进行回归分析，结果表明：教育所培养的人力资本是构成区域差距的核心要素[23]。

Danquah和Amankwah-Amoah（2017）运用DEA分析法对非洲45个国家的自主创新和技术追赶进行了分析，结果表明人力资本对这些地区技术追赶水平提高具有明显的正向影响，但是对自主创新的影响并不显著[24]。

① 技术追赶

西方经济学家在经济增长理论中对落后地区的技术追赶解释力度有限[25]。Gerschenkron（1962）等经济史学家对后发追赶问题进行了探讨与研究，他们提出了“后发优势思想”，探究了通过吸收、模仿先进国家的先进技术，进而完成后发追赶这一目标的可能性[3]。

基于“后发优势思想”，Abramovitz（1986）提出了著名的“追赶假说”，研究了有关技术追赶中社会能力的重要性[5]。

Perez和Soete（1988）提出，在范式转变的时期一些国家赶上甚至超越了以前的引领者，这对落后国家而言意味着要满足三个条件：生产能力、区位优势和新技术方面的合格人才[26]。

Cohen和Levinthal（1989）提出了后进地区的“吸收能力”或“社会能力”的基本概念，他认为技术水平的差异导致了技术追赶潜力的差异，在其他条件不变的情况下，初始技术差距越大，追赶潜力越大，经济增长速度就越快[27]。

进入21世纪，企业微观层面技术追赶的研究成果逐步增多。

Lee 和 Lim（2001）着重于用技术能力的追赶来解释韩国产业在市场追赶中的不同技术和前景，同时发现了涉及私人和公共能力的产业的进入并不是由知识和技能的内生驱动的，而是通过与外国企业的合作来实现的[28]。

Lee Keun（2005）讨论了后发国家和企业技术追赶的障碍和机遇，比如这些后发的国家或者企业通过技术的追赶会给自身带来技术水平以及其他方面较为快速的提升和进步，但是技术追赶的过程中也会遇到障碍，先行者企业拒绝向成功追赶的企业出售或发放许可证，造成了后发地区和企业遇到技术追赶的障碍[29]。

Mathews（2006）为解释技术追赶过程在后发企业中的作用，构建了“3L（linkage-leverage-learning）模型”，为技术追赶的研究作出了重要贡献[30]。

Lee 和 Park（2006）研究发现，在技术周期较短、初始知识储备较多的技术类中，更容易发生技术追赶[31]。他们同时证实了组织选择假说，即选择不同组织战略的企业在不同的环境或技术制度下表现出不同的适应度。

Escribano 等（2009）认为企业如果能高效地吸收利用外部环境中的各种有利因素，就会对自身的技术进步以及创新有益[32]。

近几年国外相关研究进一步细化了技术进步和技术追赶模式。Petralia 等（2017）分析了各个国家的技术进步模式，提出各国现有的技术能力对于技术进步具有重要作用。现有技术能力也决定了该国在技术追赶道路上的选择，他们提出，在发展的早期阶段，技术多样化受到本国相关能力的影响，应首先遵循结合本国特色的专业化模式，然后再逐步向更复杂和更有价值的技术迈进[33]。

Ray 等（2017）检验了 Mathews 的关联杠杆学习（3L）模型，分析了演化背景下后发企业国际化的经验，实证结果表明，投资于自主学习的后发企业除了通过与全球创新者联系获得优势外，在国际化进程中也有所收获，从而最有机会成为全球市场主导型企业[34]。

Shin等（2017）提出技术赶超会经历战略与资源准备、快速追赶和超越3个阶段[35]。

②自主创新

Fagerberg（1988）突破传统技术追赶分析模式，提出以引进、吸收、消化为主的技术追赶很重要，但是随着社会的不断发展，创新在经济发展中逐渐成为一个重要且有力的解释因素[36]。

Benhabib和Spiegel（2005）为研究跨国企业中人力资本水平对经济增长的作用，在Nelson-Phelps模型基础上构建了扩展的广义模型，研究结果表明：人力资本对全要素生产率的正向影响是通过技术创新与模仿来传递的，全要素生产率进一步推动经济的增长，研究结果进一步显示，27个国家中有22个国家缺乏实现全要素生产率更快增长所需的关键人力资本[37]。

波特（2012）从国家的角度定义了创新驱动。他认为包括要素驱动阶段、投资驱动阶段、创新驱动阶段、财富驱动阶段在内的四大国家竞争力发展阶段中，经济发展的高峰期往往发生在创新驱动阶段；创新能力的形成与生产效率密不可分，创新通过人力资本、知识资本等资本的投入来提高生产效率，进而拉动经济的增长[38]。

国外关于创新的研究，更多的是从行业或企业的视角探究创新的作用。

Grillches等（1984）通过对美国制造行业的数据研究发现，创新与劳动生产率增长正相关[39]。

Kiamehr（2016）提出，后发企业可以通过技术能力来实现企业的技术更新[40]。

Loos等（2020）指出，已经拥有本领域关键知识和丰富经验的企业可以在没有国内市场的情况下参与国际创新体系，而资源和经验有限的年轻企业则更依赖于地方创新体系的建设，如果有一个强大且开放的国际市场，有高密度的相关大型企业和健全的创新体系，就有可能在国内市场政策不够完善的情况下推进产业持续发展[41]。

同时也有部分学者从区域的角度探究创新对于一国或地区的影响。

Faruq（2010）提出，一个国家若想提高其出口商品的质量，可以通过促进自主研发或吸引外国直接投资等来提高其出口商品的质量[42]。

Lorenczik和Newiak（2012）将一个国家科技研发的投入视为成本，并且指出，研发成本较高的国家或地区会倾向于通过技术上的学习模仿逐渐积累，再进行自己的创新[43]。

③ 技术追赶与自主创新的研究现状

在技术追赶和自主创新的关系方面，国外学者从先后顺序、互相转换、协同作用等角度进行了理论和实证的研究。

Hobday（1995）提出，后发企业可以通过利用、依赖和超越等方式迎头赶上，最终形成自己的核心技术[44]。

Dutrénit（2004）强调，在技术追赶中技术能力会得到不断积累和重建[45]。

Altenburg等（2008）认为，追赶就是不断提升创新的能力，如果资本积累按目前的速度进行，中国的创新能力将迅速建立[46]。

Primo等（2012）提出，技术能力对工业部门企业的竞争力起着关键作用，新兴经济体的供应商往往先操作和掌握他人开发的技术，然后通过学习来开发本土技术，从而获得创新的技术能力[47]。

近年研究中逐渐出现了关于技术追赶和技术进步之间的路径或范式的探讨。

Verspagen和Kaltenberg（2015）提出，在全球和区域的分析中，技术仍然是发展的重要力量[48]。

Miao等（2018）回顾了亚洲后发企业技术追赶的研究现状，在追赶过程中，新的创新或技术经济范式的出现往往为后来者提供了一个机会之窗，而对引领者来说，许多人仍然被锁定在现有的技术途径中。虽然最初的追赶开始于企业通过学习类似的技术沿着引领者的道路前进，但最终的追赶或超越似乎需要后来者采用不同的技术来实现追逐跨越或路径创造[49]。

Urraca-Ruiz（2019）探讨了技术选择的累积性在技术专业化模式演变中的作用，在追赶周期开始时，技术专业化模式（TSP）是混乱的，之后，技术选择的累积性导致了技术支持产品的多样化和稳定化[50]。

区域技术追赶和创新的国外研究的代表性文献梳理见表1-1。

表1-1　**区域技术追赶和创新的国外研究的代表性文献**

	作者（年份）	期刊或出版社	主要观点
技术追赶	Perez和Soete（1988）	Frances Pinter	落后国家可以赶上甚至超越之前的引领者
	Lee和Lim（2001）	Research Policy	三种不同的追赶模式：路径创造追赶、路径跳跃追赶和路径跟踪追赶
	Lee Keun（2005）	Asian Journal of Technology Innovation	技术追赶会带来技术的快速革新、生产力的快速提升
	Lee和Park（2006）	Industrial and Corporate Change	在技术周期较短、初始知识储备较多的技术中，更容易发生追赶
	Petralia等（2017）	Research Policy	现有的技术能力和技术之间的关系决定了技术发展的道路
	Shin等（2017）	Research Policy	技术赶超往往会经历战略与资源准备、快速追赶和超越3个阶段

续表

	作者（年份）	期刊或出版社	主要观点
技术创新	Kiamehr（2016）	Technological Forecasting and Social Change	对于后发企业而言，技术创新能力是企业的资源
	Loos 等（2020）	Environmental Innovation and Societal Transitions	资源和经验有限的年轻企业更依赖于地方创新体系的建设
	Benhabib 和 Spiegel（2005）	Handbook of Economic Growth	发展了 Nelson-Phelps 技术扩散追赶模型
	Lorenczik 和 Newiak（2012）	European Economic Review	研发成本高的后发国家倾向于技术模仿创新
技术追赶和创新	Hobday（1995）	Cheltenham: Edward Elgar	后发企业可用通过选择恰当的方式迎头赶上
	Dutrénit（2004）	Science, Technology and Society	企业的技术追赶能力是技术创新能力构建的基础
	Altenburg 等（2008）	World Development	追赶是从生产能力到创新能力的转变
	Miao 等（2018）	Asia Pacific Journal of Management	在追赶过程中，新的创新或技术经济范式为后来者提供了机会

（3）技术进步与经济增长的研究现状

Solow（1957）根据美国的统计数据得出技术进步是导致经济“增长剩余”的重要原因，此发现在批判过分重视资本积累的同时，也印证了在经济增长的过程中，技术进步起到决定性作用[51]。

Uzawa（1965）运用两部门模型研究表明，在人力资本与物质资本的生产模式中，技术进步是由专门的教育部门所产生的，生产率和产出的提高是通过教育部门优化资源配置后所创造出的新人力资本与新知识资本来实现的，并且，人力资本可以实现经济的持续增长[52]。

Madsen等（2010）提出，创新是经济合作与发展组织国家增长的重要因素，而发展中国家的增长是由模仿驱动的，模仿促进了技术扩散，其主体选择“追赶”还是“后退”，是新兴经济体能否保持高速增长的关键[53]。

Molinari（2013）通过实证研究表明：发展中国家经济发展的重要途径是以技术引进来达到技术进步[54]。

Agénor（2018）认为，产业结构的变化是通过模仿和创新中间产品的比例来衡量的[55]。

Carmen等（2018）通过实证结果证明了人力资本变量作为创新和扩散驱动因素的重要性。他们还发现，经济越接近技术前沿，认知技能对技术进步的影响就越大[56]。

1.3.2 国内研究现状

（1）高等教育资源的研究现状

唐万宏（2007）指出，高等教育资源配置是指高等教育不同使用方向中的人力、物力、财力投入，高等教育资源投入量对高校发展有着直接影响[57]。

刘宇和张平（2009）在研究政府及教育管理部门的过程中，以我国的31个省、自治区、直辖市作为研究样本，以主成分分析与面板数据回归分析为研究方法，探究高等教育规模对区域经济发展的影响，并以此作为决策与预测的实证依据[58]。

Zhang等（2011）运用广义矩方法研究发现，高等教育对我国经济增长的作用大于中小学教育，人力资本构成对区域经济增长的作用与发展水平有关，经济增长增加了对受教育程度更高的工人的需求，较高的教育回报鼓励代理人投资于高等教育，从而产生了随后的人力资本深化[59]。

胡磊（2011）以2002—2007年间我国的31个省、自治区、直辖市为研究样本，以内生技术进步理论为基础，将集约化指数引入面板模型。研究表明，人力资本、R&D支出与进口贸易促进了区域经济快速增长[60]。

劳昕和薛澜（2016）研究发现，我国高等教育资源空间格局呈多中心分布结构，高等教育资源空间分布与各地区的人口分布和经济发展水平相适应，且近年来西南部地区高等教育规模增长较快，使得高等教育资源空间分布呈均衡化发展态势[61]。

吴英娟和李燕（2017）在资源论视角下进行互动机理分析发现，高等教育资源配置不断促进区域经济螺旋跳跃式增长[62]。

（2）技术进步的研究现状

①技术追赶

相较于国外，我国对于区域技术追赶的研究起步较晚，逐渐从理论探讨发展到机制探讨。

林毅夫等（2005）提出，相较于先发国家和地区，原先发展相对落后的国家和地区，通过技术追赶来让本国或本地区快速发展，充分利用后发的优势，借鉴一些方法经验，让自身可以以更少的错误和更高的效率实现经济的快速增长[63]。

在技术追赶的研究方面，肖利平（2011）针对技术追赶的机制研究发现，较强的吸收能力会推动经济的发展，使技术水平进一步提高[64]。

张金山（2015）研究发现，技术、内部其他能力、外部环境及市场氛围这四个方面对后发企业技术追赶产生了直接或间接影响。为了让更多的后发企业实现技术追赶的目标，必须寻找、消除技术追赶过程中的阻力，建立后发企业技术追赶的动力机制[65]。

魏江等（2016）在探究如何实现技术追赶的研究中提出“制度型市场”，并且进一步地提出技术和市场之间的互相影响是一个有效的方法，通过这一方法能够更好地实现技术追赶[66]。

肖利平和何景媛（2015）在基于企业数据的研究中提出了能够影响技术追赶速度的一些因素，包括创新和制度等，并且认为在中国的各区域之间依然存在着技术追赶的必要性[67]。

孟勐（2017）认为，后发经济体技术追赶效应的增强与技术追赶进程的推进可以通过两方面来实现：一是与先进经济体的初始技术差距，二是自身所具备的后发追赶优势，后发经济体通过后发优势的充分释放与技术创新的充分自主实现超常规跨越式发展[68]。

朱美光（2010）针对我国长三角经济带与环渤海经济带，从理论与实证两方面进行研究，结果表明知识溢出是技术追赶必须满足的条件，且区域技术追赶通过缩小区域间知识能力的差距来实现稳态均衡[69]。

吴先明等（2018）同样是从企业的角度进行研究技术追赶问题，并且提出了国际化能够正向地影响技术追赶[70]。

吴晓波等（2020）则进一步提出了“超越追赶（Beyond batch-up）”：所谓“超越追赶”，相对而言就是落后的一方通过不断的技术追赶，最终实现对之前先进一方的超越。这种超越不是单纯的技术渠道或者生产效率层面的超越，而是通过自身的积累和不断研发实现的真正意义上的层级超越[71]。

②自主创新

吴东和吴晓波（2013）提出，中国必须从本国国情出发，选择恰当的技术创新（自主创新）和技术追赶模式，而实现这一转变，教育与人力资本是关键性的基础性因素[72]。

丁锋（2018）运用DEA-Tobit模型得出以下三点结论：一是国外技术引进、转移对促进中西部地区经济增长效率提升的作用较为明显，但对东部地区的效率提升作用并不显著；二是企业自主创新对提高中东部地区经济增长效率提升有积极显著影响，但对西部地区经济增长效率提升没有明显促进作用；三是我国经济增长效率总体较低且区域差异明显，主要呈现东高西低的局面[73]。

一些学者从行业或企业的角度探究创新能力对于行业或企业的促进作用。

曲如晓等（2019）采用质量异质模型对中国制造行业的相关数据进行检验，发现了中国自主创新对产品质量的推动作用[74]。何郁冰等（2019）通过对中国的制造行业的相关数据进行分析，证实了企业积极的自主创新活动对于企业提升产品竞争力、促进企业发展有积极作用[75]。

还有一些学者从更为宏观的区域层面探讨区域创新的发展与影响作用。

黄燕萍等（2013）结合技术创新和技术模仿方程，利用中国的人力资本数据进行计量回归分析，得出初等教育和高等教育通过不同的方式来影响创新，其中，高等教育更加有助于加快创新[76]。

胡鞍钢等（2016）在对中国创新的发展进行梳理时进一步提出创新发展的重要性[77]。

张杰（2017）提出，对于国家而言，创新和产业融合是很重要的问题，但是当前创新和产业融合发展格局尚未全面有效形成[78]。

柳卸林等（2017）在基于新熊彼特增长理论提出允许不同创业创新模式并存的假设下，指出经济发展需要通过市场机制来实现其方式和结构的变化[79]。

王艳涛等（2019）在分析人力资本的结构对于技术创新的影响差异时，将人力资本分为研发、技能、管理和营销型4类，并按照教育年限将人力资本分为初中高3级，指出高级人力资本对于自主创新起主要作用[80]。

魏婕等（2020）认为，中国在今后的科技创新是逐渐走向高质量的创新，而高质量的创新应当构建更加独特的、能够符合中国实际情况的多维度的创新系统，从而来实现今后高质量的创新发展[81]。

③技术追赶与自主创新的研究现状

郭熙保和肖利平（2007）认为，相比较国际先进水平，在技术追赶与自主创新方面，我国大部分企业差异明显，从引进模仿向自主创新转变的过程中，模仿作用日益减弱，创新作用日益增强，我国今后数十年的追赶方向将转向吸收能力的提升与创新能力的累积[82]。

在技术追赶与创新的结合以及交互影响方面，黄永春和李倩（2014）认为相对而言，落后国家的技术追赶能力薄弱且缺少自主创新能力[83]。

欧阳峣和汤凌霄（2017）认为，对于发展相对落后的国家而言，通过更快更高效率的经济发展才能实现对发达国家的追赶，并且，在这种情况下学习模仿借鉴发达国家的技术是更为高效且合适的选择，这也是处于追赶阶段的后发国家更优的路径选择；后发追赶与创新之间有着紧密的联系[84]。

李俊江等（2017）提出，在技术追赶的进程中有不同的阶段[2]。

区域技术追赶和创新的国内研究现状的代表性文献梳理见表1-2。

表1-2　　区域技术追赶和创新的国内研究

	作者（年份）	期刊	主要观点
技术追赶	林毅夫等（2005）	《经济学》	后发国家或地区可借鉴经验，实现技术赶超
	魏江等（2016）	《中国工业经济》	技术不连续性和制度型市场交互驱动
	肖利平和何景媛（2015）	《中国软科学》	中国各省份间总体上存在技术追赶的趋势
	吴晓波等（2020）	《管理工程学报》	借助自身能力与互补者的力量，实现从追赶到超越
创新	何郁冰等（2019）	《科研管理》	积极的自主创新活动有助于提升产品竞争力、促进企业发展
	李林等（2021）	《管理学报》	企业更倾向于沿着模仿-引进-创新的技术进步路径提升其技术能力
	胡鞍钢等（2016）	《国家行政学院学报》	创新发展是经济可持续发展的第一动力
技术追赶和创新	黄永春和李倩（2014）	《科技进步与对策》	发展中国家的企业欠缺技术能力和创新
	欧阳峣和汤凌霄（2017）	《经济研究》	欠发达国家应选择模仿创新

（3）技术进步与经济增长的研究现状

田然和郭丹丁（2007）研究发现，技术进步与经济增长互为因果关系，技术进步在推动经济增长的同时，经济蓬勃发展也为技术进步奠定坚实的经济基础，拉动了技术的快速进步[85]。

崔鑫生（2008）通过梳理国内外以专利衡量技术进步的研究发现：技术进步对经济增长有着重要的积极影响，技术进步是经济增长的原动力[86]。

张雄辉（2010）针对国家层面的研究发现：经济发展的过程中，在关注技术发展路径的同时，也要关注由经济发展所引发的技术效率与技术进步，从而推动国家经济进一步快速、健康发展[87]。

秦腾等（2014）通过研究技术进步对经济增长影响的“双门槛效应”发现：只有当技术进步水平发展到一定的程度，经济发展水平门槛被跨越，技术进步对经济增长的积极影响才会显著，同时，鉴于我国区域间的不均衡发展，在东部地区最先呈现出技术进步对经济增长的正向影响，随后逐渐向中西部地区扩散[88]。

马伟伟（2019）在重新测算我国技术进步对经济增长贡献程度的过程中发现：我国技术进步对经济增长的贡献率总体呈现“波动式上扬”的发展趋势，近10年贡献率围绕30%的水平上下波动，近3年贡献率虽有所回升但总体提升空间较为有限[89]。

田颖（2019）研究了技术进步对我国资源型省份经济可持续增长的影响，实证结果表明：地方经济发展受到我国整体层面存在的“资源诅咒”现象的制约，但技术进步可以缓解“资源诅咒”现象的发生，刺激地方经济显著增长[90]。

1.3.3 研究现状综述

根据对国内外文献进行梳理，可以发现：

第一，关于技术进步的研究大多基于技术进步本身，关于技术进步的细化研究相对较少。技术可以细化为自主创新和技术追赶两种方式，现有研究中考虑二者协同推进经济增长的相对较少。

第二，关于技术追赶的研究大多基于国家与企业层面，鲜有对我国区域的研究，尤其关于高等教育人力资本技术追赶的区域经济研究相对匮乏。国内现有针对技术追赶或技术创新的研究，主要关注企业和行业层面，众多学者进行了单个企业的研究、制造业等行业的研究或者部分企业的纵向案例研究[91, 92, 93, 94]。国外学者从国家层面和产业层面进行的研究相比国内学者要多[95, 96]。

第三，现有研究关于技术进步推动经济增长的研究中，鲜有考虑高等教育资源储备作为前因变量对技术追赶与自主创新效应的影响。

为了更加全面、系统地收集和整理国内外有关技术追赶对经济增长影响的研究成果，我们在中国知网（CNKI）里以“技术追赶+经济”为主题搜索文献，并通过引文空间分析软件CiteSpace进行了关键词的时间轴视图分析，结果如图1-1所示。

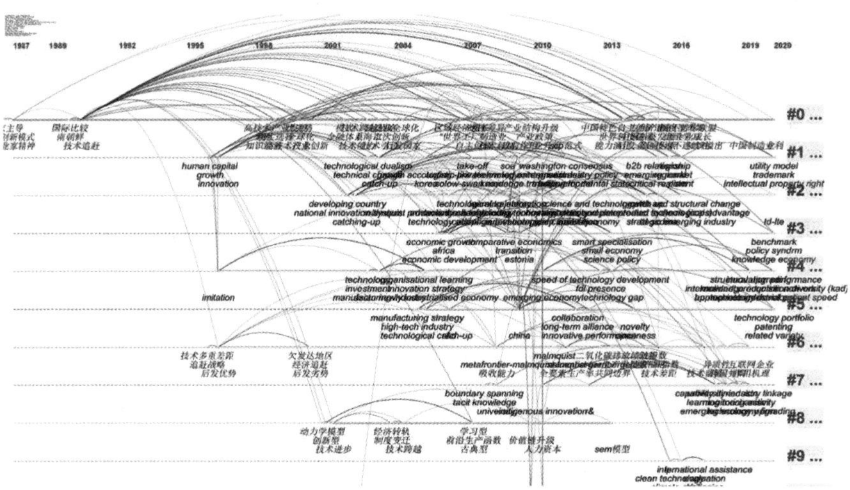

图 1-1　关键词时间轴视图

早期的研究以“国际比较”和“技术追赶”等关键词为基础，后续逐渐出现以“高技术产业发展”、“模式选择”、“技术引进”、“技术能力”、“后发国家”、“中国特色自主创新”和“产业政策”等为关键词的研究，同时以国际比较和技术追赶为基础的研究关键词还有“动力学模型”、“创新型”和“技术进步”等。另外，还有对

"technological dualism", "take off", "technical change", "catch-up"和"structural change"等关键词的相关研究。通过这些文献引用的发展趋势和关键词频率可以看出，无论是中文关键词还是英文关键词，单独出现"国家"、"区域"、"作用机制"、"中介作用"、"调节作用"和"政府作用"等关键词的文献较少。

在该时间轴视图的第二栏、第三栏和第五栏中出现了"Africa", "China", "developing country"等关键词，有部分研究是以此为引用文献的关键词说明技术追赶在技术相对落后地区的适用性，而且可以看出英文关键词较多，说明国内的相关研究相对欠缺。

因此，对于现有研究成果可以进一步得出的结论是，现有研究缺少对于区域技术追赶和自主创新的衡量以及区域技术追赶、自主创新对经济发展影响的作用机制研究；通过对技术追赶和自主创新相关文献的梳理我们也发现，随着区域综合实力的逐步积累，区域经济发展也需要通过创新发展实现经济的内生增长。

1.4 研究方法

1.4.1 文献研究法

本书通过对中国知网和Web of Science相关文献的收集和整理，厘清文献中的共性与差异，对比数据的可获取性，提炼出了有助于课题研究的文献信息和相关资料，确定研究的具体方向。

然后，本书结合文献和理论分析提出研究假设，同时构建模型进行探究，本书以国内外学者有关技术进步的技术追赶、自主创新的相关成果为基础进一步深化该领域的研究。

1.4.2 比较分析法

比较分析法也称为对比分析法，通过比较分析实际值与基准值，采用横向与纵向两种方式对数据进行比较。

本书的横向对比是针对31个省、自治区、直辖市同一年份的高等教育资源储备、技术追赶和自主创新情况等进行比较分析。

本书的纵向对比是针对我国近些年区域高等教育资源储备、技术追赶和自主创新与经济增长情况进行比较分析。

1.4.3 实证研究法

本书在国内外学者现有研究的基础上，构建了高等教育人力资本技术追赶与自主创新对经济增长影响的双机制效应模型，通过Stata对面板数据进行多元回归分析，以验证双变量对经济增长的影响，进而为我国区域高等教育与技术进步的协同发展提供合理、因地制宜的对策与建议。

第 2 章

相关概念与理论概述

2.1 基础概念

2.1.1 区域高等教育相关概念

（1）区域

区域首先是一个地理的概念，后引入到经济学中。在地理学中，区域通常是指“地球表面按自然地理特征而划分的地域单元，该地域单元在内部构成上总是具有均质性”[97]。经济学中区域的概念是：地球表面上被某种特征（特别是具有社会经济学意义的特征）所固定的空间系统。借用经济学的“区域”概念，我们将教育学中的“区域”界定为：地球表面上被教育特征所固定的空间系统。区域这一概念不仅在地理学、经济学中得到了广泛应用，在其他社会科学研究中也日益普及，尤其是在我们这样幅员辽阔的国家里，通过区域的发展来促进整个国家的发展就显得格外重要。目前，我们国家经济区域的层次结构从宏观上可以划分为若干级：第一级为国家；第二级为三大经济地带、南方和北方；第三级为大经济区；第四级为省级经济区等[98]。

区域是从空间维度对人类社会生活主体的特定活动地域进行划分，而且不同类型的区域划分的标准不同。自然区域以地理环境为划分标准，经济区域与国家之间的经济增长方式或者国家内部的行政区划密切相关，自然区域往往以地理环境为依据，以经济增长方式为划分依据。经济区域是经济活动的空间维度，文化区域是以风俗习惯、风土人情、宗教信仰等为划分依据的。区域涵盖范围可大可小，当下的全球化发展趋势是覆盖世界范围内的，东方文化和西方文化则是以地理区域为划分基础，在不同地理区域的人群形成了各自特有的风俗习惯和宗教信仰。

（2）区域高等教育

区域高等教育是为了改变我国教育管理体系格局，增强地方高等教育的灵活性和积极性而出现的新局面。区域高等教育强调高等教育服务地方经济的服务功能，进而增强区域高等教育吸纳民间资金的能力。随着我国改革开放的纵深发展，高等教育体制的改革迫在眉睫。区域高等教育的资金来源趋于多样化，不再单纯依赖国家投资、政府资助，而是面向社会拓展资金来源。高等教育融资能力的重要体现即为对区域经济发展的贡献，而区域高等教育变革自身适应区域经济发展，是区域高等教育融资能力的关键环节。区域高等教育提高自身办学条件，根据区域经济发展要求，确定人才培养模式，从而为区域经济发展贡献高素质的合格劳动者。区域高等教育已成为区域经济发展的助推器，是区域获取劳动主体的摇篮。

（3）区域高等教育发展战略

区域高等教育发展战略是指根据区域高等教育发展的优势与条件、进一步发展的要求和长远目标，对未来一定时期内本区域高等教育发展方向、目标、指导思想以及实现目标的途径、方针、政策和策略等所作的高层次的区域性发展谋划。它是一个高层次的发展谋划。所谓高层次，主要体现在：一是其所研究的问题是涉及区域高等教育发展的重大问题和深层次问题，有些问题还将直接影响区域经济社会的发展；二是对于一些因受到各方面原因限制而目前无法解决的问题，发展战略中仍然要予以关注；三是区域高等教育发展战略的编制必须吸纳其他经济社会领域的专家参加，仅由教育专家进行编制是不可取的；四是其所谋划的问题更宏观、更全面、更长远[99]。

区域高等教育发展战略不仅考虑了区域高等教育发展的优势与条件，还注重了区域经济社会发展对区域高等教育的要求，由此注定了区域高等教育发展战略是一个科学的、可行的发展战略。区域高等教育的发展以满足人的发展需要、满足区域经济社会发展需要为出发点和最终目的。区域高等教育的战略发展是一种健康的发展，是质与量以及与其他部门的协调发展，不是不顾自身潜力和经济社会发展的需要以及承受能力的发展。因此，这种发展不会危及到区域高等教育今后的可持续发展，也不会危及到其他行业部门的协调发展，只能促进其健康发展。

区域高等教育发展战略是未来一定时期内区域高等教育发展的总体设计，它是区域政府对区域高等教育发展实施战略指导的依据，是区域政府对区域高等教育实施战略管理的一种有效手段，是规范区域政府对区域高等教育发展领导行为的一种有效方式，有利于区域内高等教育资源优势的充分发挥，有利于克服区域高等教育发展过程中的盲目性，有利于区域高等教育与区域经济社会的协调发展[100]。

区域高等教育发展的战略目标是以配合国家高等教育发展目标为前提，在考虑外部因素对区域高等教育赋予的责任与挑战和区域高等教育系统内部存在问题的基础上形成的。此战略目标主要包括以下三个方面：

第一，提升可持续发展能力。可持续发展能力就是要着眼于高等教育发展的预期性，克服市场因素、利益因素、经济因素对区域高等教育的不利影响，克服短期效应和急功近利思想，始终坚持正确的方向。区域高等教育可持续能力的提升有赖于高等教育投入、规模与质量的兼顾，有赖于学科设置、专业设置的均衡发展。知识经济的迅猛发展使人民不仅有了更多的机会接受高等教育，也使他们对高等教育的各方面表现更加挑剔。只有能够经受住时间考验的区域高等教育，才能拥有旺盛的资源，才能有持续发展的动力。

第二，服务区域社会经济。区域社会经济作为一个相对完整的有机系统，其内部诸多要素之间的联系非常紧密，表现为区域内经济、教育科技、文化的有机结合与协调发展。不同的区域社会经济在发展并形成自身特色时，需要高等教育与之配合、为之服务，形成一个与区域经济发展相适应的高等教育系统，为区域经济发展提供人才、智力、技术支持。面对经济结构、产业结构、技术结构的调整，区域经济发展中面临的最大困难就是缺乏大批专业人才，而区域高等教育是高级人力资本形成的最重要的途径。区域高等教育作为人才培养基地，知识生产、传播、整合与转化基地，是科技发展的生力军，为区域经济发展提供了人力资本保证。在知识经济时代，区域高等教育已显示出其强大的社会生产力属性，其在社会经济发展中的作用日益增强。

第三，特色化发展。我国的高等教育已呈现出明显的区域化特征，并且差距也较为显著。在这种现状下，构建一个趋同的高等教育发展模式显然不切实际也毫无必要。所以，各地区应该从地理位置、历史文化、社会需求等方面入手，在发展中办出特色，以特色确立自己在国家高等教育体系中的地位。特色化发展战略是差别化发展战略，实质上是在承认差距的前提下通过实施有效的发展战略来为最终缩小乃至消除地区差异而进行的长期努力。

（4）高等教育资源储备

“高等教育”是与我们当代大学生紧密相连的一个名词，也是处于当代社会发展中不断提高与完善的一个概念。高等教育作为培养高级人才与职业人员的社会活动，是现代教育系统中的重要且关键的组成部分之一。

胡建华（1995）认为高等教育作为建立于初等与中等教育基础上的一种高级教育层级，是对专业方面的学术性知识传播工作[101]。胡弼成（1995）认为高等教育不是作为以培养专业学术型人才为目的的一种学术教育活动，而是作为以培养专业知识技能型人才为目的的一种职业教育活动[102]。这与我国目前大力发展与培养的学术型硕士与专业型硕士人才，教授学生科学知识与专业知识的现实情况相吻合。自改革开放以来，我国高等教育硕果累累，现正处于大众化发展阶段，发展空间巨大。

高等教育资源储备是高等教育与资源储备两个概念的组合，是一个复合名词。高等教育资源是包括人力资源、财力资源、物力资源在内的，为了维持教育教学秩序正常进行的资源储备[103]。不仅是为达到实现高等教育基本职能的目标，也是教育事业稳定不断发展的基本保障。高等教育资源具有不可替代性、流动性、有形与无形性、经济效益的延迟性、能动性等特征，无论在经济发展、社会文化方面，还是在技术进步方面，都有着举足轻重的作用。充足的高等教育资源储备会给国家或地区带来一定的经济效益，但是这种经济增长的影响不是绝对的，可能还与资源利用效率、吸收能力、创新能力等因素有关。此处中介效应机制的探究也是本研究的关键点所在。

2.1.2 人力资本

舒尔茨和贝克尔在20世纪60年代明确指出，资本存在两种主要形态：一种是物质资本，就是我们常说的在物品或机器上的投入；另一种是人力资本，这是指人身上的资本。比如，我们为了学习、培训而花费的金钱和时间，以及因为学习而放弃的其他机会。这些投入让我们获得了知识、技能和健康的身体。投资人力资本很重要，因为它能给我们带来很高的回报。不同地方的教育投入还不一样，城市和农村、不同的省份之间都有差距。这种不公平会导致我们投入在物质资本上的回报变低。但是，如果我们能更公平地投资教育，就能让经济发展得更好，也能减少这种不公平。除了政府投资教育外，私人家庭对教育的投入也很重要，它能帮助我们培养更多的人才。其实，教育和找工作是紧密相连的，我们学到的知识和技能可以帮助我们找到更好的工作。

2.1.3 创新相关概念

（1）创新

就概念而言，创新就是基于现有的物质材料和知识框架，研制或升级某种新式事物，这一事物不是单一的，而是多种的。

如果站在哲学的高度上来界定创新，创新是一种具备创造性的人类行为，这种行为是以提升效益为目的的实践，这就需要对现有的事物加以再创造，尤其是对现实的物质世界中存有的矛盾进行利用。在现实的物质世界中，人类通过对其利用以及再创造，打破原有的矛盾，建立起新的矛盾，从而构造出新物质。在哲学中，创意作为一种产物，属于创新过程中形成的特殊思维形态，而人的意识实现新的突破发展，则是属于人的自我创新。创新的起始基点就是否定现有的并进行再创造。创新的一切来源于实践。人类之所以能够在创新中有无限可能，就是因为物质世界具备无限性。从认识论的角度来看，创新是人类自我意识的发展，自我意识的发展将会推动自我行为的进步，进而促使自我生命的发展。

从社会性的角度来看，创新的核心本质就是突破，即在旧有的思维中突破而出，将旧有的常规之法打破而出。创新的关键之处就在于“新”，可能是某个事物或者产品在性能上的革新，也可能是对外在造型的改变，或是对内在的扩充和提升。

创新作为一个宽泛的词语，在人类社会的各领域、各行业都可以进行创新，涉及社会、科技、军事等多个方面的创新，所以创新可分为文化创新、科技创新等多种创新。创新更是有着对客户产生“新”的价值的意义。客户对企业的依赖就是其能满足需求，将尚未完成的需求以及尚未表露出来的需求转变为机会，以此达到新的满足。创新不是单纯将利润最大化，而是创造出新的客户。如果所谓的创造仅仅是以浪费客户价值为行为的代价，那么它就不是创新，反而会对单个企业产生危害，乃至波及整个业界。所以，从这个角度来讲，不能将所有的发明都归为创新，唯有它能被使用、能产生新的客户价值，才能算作创新。

（2）区域创新能力

区域创新能力是由多个词语组成的新词，主要是指在单个地区内能够将新产生的知识兑现、转变或融入成为新的产品或工艺，甚至是一种新的服务的能力。这内在的关键就是推动不同个体简单创新联动，从而展现出在区域内对经济发展的促进能力。区域创新能力的内涵在学界也有着不同的界定，国内外学者对其的分析分为以下几种：一是认为区域创新能力是所在区域能够具备的潜在发展能力，这是从未来发展前景的角度对其评定的方式，认为其对发展具备推动性的一种预测，对区域创新能力的确定是通过对当地生产产品的能力来评定的，区域内能否具有自主开发新技术的潜在能力是当地具备创新潜力的关键；二是认为创新能力是利用现有的知识转变为新型的工艺和产出的产品的能力；三是从社会层面来考量，能够将调控社会的制度和政策加以有效合理利用、配合国家的创新资源、协调国家和区域的创新动作、推动区域创新发展的能力，视为区域创新能力。

（3）技术进步

世界发展的进程中，科学技术是改造世界的重要手段。技术进步是新知识的创造、新技术的发明在社会生产中得到广泛运用，并产生物质财富增值，从而不断提高社会经济效益的全部过程[104]。技术进步是经济增长的动力，技术进步通过提高生产要素的产出效率来实现经济的可持续增长，这也是经济发展的主要方式。早期的经济学不太了解技术进步对经济增长的重要性，普遍认为资本才是经济发展的决定因素。但是随着研究的不断深入，人们逐渐发现很大一部分经济增长用资本是难以解释的，于是经济学家把经济增长的重心逐步转移到技术进步上来。

技术进步可以通过自主创新、技术扩散、技术转移与引进等途径实现。通过本国或本地区的研究与开发取得的技术进步，我们称之为自主创新；技术落后的国家或地区可以通过技术努力减少或消除技术差距，也可以通过引进、吸收先进国家或地区的技术，以实现技术进步的目标，我们称之为技术追赶。本研究将对技术进步分别从自主创新与技术追赶两个方面进行讨论探究。

（4）自主创新

上文已经对自主创新是技术进步中的另一种途径进行了阐述。自主创新是相对技术引进、模仿而言的一种创造活动，是指通过拥有自主知识产权的独特的核心技术以及在此基础上实现新产品的价值的过程[107]。自主创新是当代社会发展的主旋律，基于全世界的角度，作为国家社会与经济发展的中坚力量，在任何一个国家或企业发展中自主创新有着不可替代的地位与作用。世界上任何一个国家，若不具有自主创新能力，则将无法掌握核心科技，在科技强国之林中难以立足。同样，若地区科技发展不具备自主创新能力，则该地区的经济发展可能相对于其他地区来说显得更加逊色。因此，自主创新能力是一个国家或地区的核心竞争力，是社会经济发展的基础和动力。

（5）技术追赶

关于技术追赶最早的研究是在美国、德国、日本等工业变革的国家。技术追赶是指通过技术模仿、技术学习等方法，落后的国家或地区与拥有先进技术的国家或地区逐渐缩小差距的过程[105]。

技术追赶不仅可以从宏观角度研究国家与产业层面的技术追赶问题，还可以从微观角度探讨企业层面的问题。从宏观入手，技术追赶是指由后发技术主体的国家或地方政府主导，通过技术努力不断缩小差距的过程；从微观入手，技术追赶是指后发企业通过跨越技术壁垒进而克服后发劣势，不断缩小与技术领先企业间技术差距的过程。关于技术追赶的内涵研究，学术界一直没有得到一个比较统一的定义。吴伟等（2003）认为后发者不断缩小与领先者的差距可以通过自身快速进步来实现，并在一定条件下消除差距并赶上甚至超过领先者。从物理学角度来看，可以将技术追赶看作后发者与领先者之间相对运动的速度和位置关系[106]。

研究技术追赶必须考虑吸收能力的作用，吸收能力是来源于宏观经济学的一个概念，是基于宏观经济体系中利用并吸纳外部资源与信息的能力。后发国家或企业通常是通过潜在吸收能力与现实吸收能力来实现技术追赶。

2.1.4 经济增长

经济增长是指一个国家或地区在一定时期内因就业人数增加、资本积累和技术进步等原因，经济规模（包括物质产品和劳务）在数量上的扩大和增加[108]。美国著名经济学家Kuznets将一个国家的经济增长定义为不断提升的能够为居民提供多种经济产品的能力。这种建立在先进技术、必需制度与完善思想基础上的能力是对经济增长的一个经典且明确的定义[109]。根据柯布-道格拉斯生产函数，经济增长主要分为三大决定性因素，且三大决定性因素对经济增长均产生正向影响：一是包含人力、物力、财力在内的资本投入；二是与社会劳动相关的劳动力投入；三是体现在人力、物力、财力效率的技术进步。

随着社会经济的蓬勃发展与快速进步，在三大决定性因素中技术进步的作用受到国内外学者的广泛关注，并引发研究热潮。在研究中，我们通常用国内生产总值（GDP）、国内生产总值增长率、人均国内生产总值等指标来衡量经济增长。

2.2 区域高等教育人力资本与技术进步和经济增长关系理论

2.2.1 新增长理论

新增长理论又称内生增长理论，是经济学学科下的一个重要理论分支。它对解决经济学中令众学者迷惑的“经济增长的根本原因”这一问题作出了贡献。近50年以来，现代经济增长理论经过漫长的发展，把人们的注意力从外生增长转为内生增长。20世纪80年代，罗默（Romer，1986）[110]和卢卡斯（Lucas，1988）[111]在《收益递增和长期增长》《论经济发展机制》中发表的观点标志着新增长理论的诞生[112]。基于新古典增长理论现有的研究，内生技术变化对经济可以实现持续增长的可能性的影响需要进一步探讨，此研究方向吸引了一大批学者。

新增长理论认为经济增长是内生因素共同作用的结果，外部因素并不是经济增长的主要影响因素。换言之，内生的技术进步是推动经济增长的决定性因素。而此理论也蕴含着重要的政策意义：政府的一些经济政策，如贸易、产业政策等，在一国经济的长期增长中均发挥着重要且不可替代的作用。

相应地，各种内生增长模型接踵而来：首先，知识溢出模型（罗默）对知识超强溢出效应进行假设，分析发现固定生产要素下的知识资本边际产品的递减作用可以被此种溢出抵消，甚至将递减作用转为递增作用，从而在知识投资中实现社会效益率不变甚至递增的目标，进而推动经济持续增长[113]；其次，人力资本溢出模型（卢卡斯）从另一角度出发，对人力资本溢出效应进行假设，分析发现人力资本通过技术进步对经济产生影响，经济增长中有一部分原因来自人力资本的不断积累；最后，公共产品模型和拥挤模型（巴罗）反其道而行，认为由政府提供社会服务而带来的私人厂商生产率与社会生产率的提高同样是技术进步的表现，这也使此理论中所蕴含的政策意义得到升华。

新增长理论为经济学的发展作出了卓越贡献，为国内外学者更深入地研究提供了重要的理论借鉴与参考。首先，经济增长研究的重心逐渐从外生因素转向内生因素；其次，在经济增长模型中引入知识资本与人力资本两大新动力，是经济研究过程中的又一里程碑；最后，新增长理论所蕴含的政策意义对各国政府制定新政策、发展新技术提供了理论支持，在各国经济实践中产生了深远的影响。

2.2.2 熊彼特创新理论

1912年，约瑟夫·熊彼特在《经济发展理论》中，首次对“创新”进行了系统的论述，并于1939年和1942年进一步对创新理论进行了完善。熊彼特创新理论是最早在经济增长模型中引入技术创新为自变量的创新理论，分析了在经济增长中技术创新发挥的内生性推动作用。

熊彼特创新理论从四个方面阐述了经济增长：第一，以营利为目的，包括流程、产品、组织创新等在内的技术创新活动是经济增长的动力，他认为技术创新可以通过提高期望利润的政策和方式，如税收优惠、良性竞争等来实现，从而促进生产率的提升与经济的增长；第二，旧的科技成果会逐渐被新的创新发明所替代，这种“创造性破坏”会促进资源的进一步重新配置；第三，技术创新可以是能够带动产业与组织发展的前沿性科技成果，也可以是有利于缩小甚至消除与科技前沿差距的模仿性科技成果；第四，对科学技术的发展与经济增长来说，创新是经济发展的内在要求。

根据熊彼特创新理论的具体内容，Freeman（1982）将创新模型分为企业家创新模型（I）与大企业创新模型（Ⅱ）[114]。在企业家创新模型（I）中，Freeman指出了对企业家作用的高度重视，并将技术看作外生变量。在大企业创新模型（Ⅱ）中他对创新理论提出了三个方面的新观点：首先，将关注焦点从企业家转向垄断企业的创新活动，发现垄断企业在创新发展中对经济的驱动能力更强，尤其在促进长期经济增长方面更为显著；其次，将技术创新看作企业发展的内生性因素，企业的研发创新部门作为创新的直接提供者，对新技术的产生起到关键作用；最后，企业通过技术创新来提升个人劳动生产率，以此获取超额利润，实现行业垄断，随着行业中新技术的发展，原垄断者的垄断地位将被动摇，最终被更强的竞争者取代。

基于熊彼特创新理论对创新驱动因素的划分，西方经济学家对创新的研究分为以曼斯菲尔德为代表的技术创新学派和以西奥多·W.舒尔茨、道格拉斯·诺思为代表的制度创新学派。技术创新学派认为技术对新产品产生的过程起到关键性驱动作用；制度创新学派认为制度是促进经济增长的关键因素[115]。

2.2.3 技术追赶理论

技术追赶理论是Nelson和Phelps在Gerschenkron提出的后发优势学说的基础上所进一步提出的理论[3]。他们强调技术模仿是十分重要的，但同时认为技术落后并不一定能保证技术追赶的实现，技术追赶是一个复杂且漫长的过程，不是一蹴而就的[4]。熊彼特指出，较为简单的技术模仿与技术引进难以实现真正意义上的技术进步，只会导致后发国家或地区陷入恶性循环，即陷入不断技术追赶的进程中，却不能真正实现技术赶超。

针对创新与经济增长关系，在《牛津创新手册》中巴特·菲思佩奇将研究分为以新增长理论为基础的分析和以演化经济学为基础的分析[116]。

类比菲思佩奇的划分方法，法格博格将技术赶超理论分为新增长理论和技术差距理论。其中，新增长理论认为技术是经济增长的推动力，而技术差距理论是基于演化经济学的角度对经济增长进行演化分析[117]。

Gerschenkron（1962）提出了后发优势学说，他认为追赶是由技术动机、持续的追赶战略和制度回应交互驱动的。后发优势学说主张后进区域可以充分借鉴先进区域的经验、技术，利用后发优势降低自身的试错风险和不必要的成本投入，可更加高效地发展，从而实现自身经济的快速发展[117]。Perez和Soete（1988）指出，后发者可以利用技术和经济范式的转变实现追赶[26]。此外，一些学者研究了企业进入市场对在位企业技术追赶或取代的问题（Acemoglu 和 Cao，2015； Akcigit 和 Kerr，2018）[118，119]。后发优势学说在实际层面有着很广泛的应用，在本研究中将针对区域技术追赶剖析发展相对落后区域的发展模式，提出其未来发展路径的可能性路径。

2.2.4 吸收能力理论

所谓的吸收能力，是指吸收外部信息的能力。学者们从产业组织理论的角度对吸收能力进行了重要性解读，研究表明吸收能力受到以下因素的影响：组织内部原有的知识水平、分享能力；组织成员个体的吸收能力；组织成员之间的沟通能力等。由此可知，从本质的角度出发，吸收能力是一个较为多面化的社会过程。

Cohen等（1989）针对吸收、应用知识等方面构建吸收能力单环学习模型，发现组织内知识水平等因素对创新与经济绩效的影响显著。随着学术界的深入研究，能力基础、认知演化、学习创新等视角的吸收能力模型引发学者的研究热潮[27]。

Zahra和George（2002）从能力基础视角分析，认为组织内的潜在吸收能力受到知识外部传播路径与组织内部现有经验的影响，而组织中创新能力、竞争优势、绩效水平的高低与实际吸收能力水平有着密不可分的关系[120]。

Vanden等（1999）从认知演化视角分析，认为吸收能力模型是一个动态模型，可以从微观和宏观两个方面进行分析。在微观层面上，吸收能力和学习形成一个双向螺旋循环，知识水平、学习风格、期望指数等因素通过改变组织结构来影响吸收能力。在宏观层面上，吸收能力与其影响的现有知识大环境共同演化，力求对吸收能力提供长期的推动力[121]。

Lane（2006）从学习创新视角分析，认为组织在理解知识后，会产生更多的新知识，并对组织内部战略决策产生影响，摆脱单环学习过程，形成反馈回路[122]。

从吸收能力模型的不同视角出发，可以发现：首先，吸收能力是一种基于个体发展的、来源于组织内部的能力表现；其次，吸收能力通过组织外部高质量知识的积累实现提升；最后，吸收能力通过组织内部因素的堆积形成回路影响。同时，鉴于吸收能力的无形性，其收益绩效也只能间接体现。吸收能力通过影响组织的创新战略、结构柔性等方面来增强组织的竞争优势。

2.2.5 知识扩散理论

在《美国公共图书馆与知识扩散》中，Learned是第一个明确“知识扩散性”概念的学者。Chen（2004）从知识进化的角度提出，知识扩散是对原有知识在文献间的传承作出了定义[123]。Stoneman等（2002）认为通过主动学习获取知识的过程就是知识扩散，此过程体现了知识主体将自身原有的知识与从其他主体中吸收获取的知识整合形成了新知识，知识扩散是通过特定的渠道，使知识通过各种途径由生产者传递给接收者，或者由内部生产者传播到外部环境中的过程[124]。

知识扩散主要分为知识传播和知识溢出两种方式。以显性知识扩散为主的定义为知识传播，以隐性知识传递为主的定义为知识溢出。从传播载体来看，知识传播通过大众媒介；知识溢出则通过技术交流，隐性知识经过加工处理得到所需要的新知识资源。不确定性效应经常发生在知识溢出的过程中，主要有模仿效应、竞争效应、激励效应、创新效应等。从扩散范围来看，知识扩散可分为区域内知识扩散和区域外知识扩散，如技术传染、技术交流等。从国家层面来看，区域内知识扩散主要是区域内不同地区的知识流动，区域外知识扩散是区域间的知识流动[125]。

新增长理论与新贸易理论都认为，在经济增长过程中，知识扩散中的知识溢出起到了关键性作用。阿罗是最早对溢出效应进行研究的学者，他从外部的角度解释了知识溢出对经济增长的驱动作用，同时，他认为投资者可以通过积累生产经验来提高生产效率。其他企业借鉴和学习投资者的先进经验，同样可以实现生产率的提升。因此，新投资被看作具有溢出效应的学习过程。罗默对知识溢出模型的研究结果表明，知识比普通商品具有明显的溢出效应，这也为各厂商利用知识的累积来提高全社会生产率作出了卓越的贡献。

2.2.6 资源基础理论

资源基础理论（RBV 理论）又称资源基础观，在20世纪初“资源基础”这一概念被学者提出，并引发热潮。西方学者通过对拥有独特资源的企业进行研究，发现企业对独特资源的利用可以获取超额利润，并形成不完全竞争的状态。尽管资源基础理论的起源最早可以追溯到马歇尔提出的租金思想，但是学术界一致认为Penrose（1959）在《企业成长论》中的观点才使资源基础具备了理论支撑，也是资源基础理论发展的真正源头。资源基础理论认为：首先，企业是基于管理单元的生产性资源的一个集合体；其次，企业对于资源的拥有实际上是异质的；最后，企业内部资源是企业发展的深层根源[126]。

在《企业的资源基础论》中，Wernerfelt（1984）进一步解释了资源在企业获取竞争优势过程中所发挥的重要作用，标志着资源基础理论的正式诞生[127]。在《企业资源与持续竞争优势》中，Barney（1991）将企业资源划分为人力、物质、组织三类资源，认为这三类资源并非企业竞争优势的真正来源，企业竞争优势实际上源自那些有价值的（valuable）、稀缺的（rare）、无法仿制的（imperfectly imitable）、难以替代的（non-substitutable）的资源[128]。

资源基础理论可分为产业组织学派和资源基础学派，它们从不同角度阐释企业竞争优势的来源。产业组织学派以传统经济学和产业组织理论为理论基础，从企业的外部竞争环境中研究企业竞争优势的来源；资源基础学派从企业内部资源和企业自身能力两个方面研究企业竞争优势的来源。产业组织学派认为企业外部的产业环境差异对企业经济绩效产生的差异，可以从产业结构影响市场竞争强度进而对财务绩效产生影响的过程中得以体现。而鉴于产业组织学派对竞争优势的探究只归结于企业外部，这种研究观点不断受到挑战。资源基础学派逐渐将研究重心从企业外部转移到企业内部。通过研究发现真正导致企业绩效产生差异的不是企业外部环境，而是企业内部的资源与自身实力等众多因素共同作用的结果。

因此，资源基础理论的主要观点有：一是企业竞争优势从根本上来源于独一无二的异质性资源；二是企业竞争优势得以持续维持来源于无法模仿的特殊资源。

资源基础理论对现代企业甚至区域内资源能力的研究发展产生了积极的引导作用。

2.2.7 区域高等教育和区域发展相关理论

（1）区域高等教育的适应性理论

“适应性”的概念源于生态学，是指生物有机体对其周围环境的适应，既包括生态主体通过自身的结构和功能的完善，通过改变环境，使环境有利于自身生存的层面，也包括有机体通过自身结构、生活习性、防卫机制等各个方面的改变而达到适应环境条件的层面。区域高等教育是区域社会大系统中的一个子系统，它的发展就是不断适应大系统的过程。而区域高等教育系统一旦建立，就具有一定的保守性，而社会环境是在不断变化的，因此教育生态系统不是通过改变环境来适应，而是通过自身的变革来适应。区域高等教育适应区域经济发展主要体现在，高等教育的发展规模及速度能与区域经济发展规模和速度相匹配，区域高等教育的结构能与区域的产业结构相匹配。

（2）区域高等教育与区域经济协调发展理论

区域高等教育与区域经济协调发展是指区域高等教育和区域经济为了实现区域发展的总目标，区域高等教育和区域经济相互协作、互相配合、互相促进，实现区域良性发展的动态过程。区域高等教育根据自身所处区域的实际情况，确定高等教育自身的专业设置和人才培养方案，从而促进区域经济的良性运行，实现二者的协调发展。

经济是人类社会存在的基础，是社会存在和发展的重要因素。经济发展水平对教育发展有重要影响。而高等教育是培养人的活动，是促进社会发展的重要因素。高等教育的发展同样受制于经济发展水平。也就是说，区域高等教育要适应区域经济发展。

经济发展为高等教育发展提供硬件基础。经济活动是人类从事的重要活动，但不是全部。人类活动的重要维度包括教育，而且教育水平随着人类经济活动的向前发展而不断进步。人类社会的发展也离不开教育水平的提升，因为人类社会所从事的经济活动或者非经济活动都离不开人力资源，而人力资源的产生，恰恰是高等教育的产物。如果高等教育不能为人类活动提供可持续发展的劳动力，人类活动则不可能顺利有序地运行。

经济发展制约高等教育的发展。高等教育的快速发展和进步离不开社会的经济投入，社会经济的投入和扶持力度越大，高等教育的发展越快速。经济对高等教育发展的扶持不仅表现在投入的力度上，还表现为家庭对高等教育的承受度，即家庭对高等教育的购买能力。

经济发展制约高等教育的发展机制和方法。我国实行公有制为主体、多种所有制经济共同发展的经济制度，而市场经济是我国社会主义公有制发展的主要手段。为适应社会主义市场经济的发展，需要进行全方位的改革。目前我国正处于改革的纵深发展阶段，教育体制的改革也处于全面推进过程中。高等教育的改革也是为了推进社会主义市场经济的发展。科学技术是现代信息社会发展的重要手段，也是现代社会高等教育的重要内容。现代高等教育归根结底是要培育适应信息社会发展的高素质劳动者。

现代社会发展所需的高素质劳动者，不仅是能够熟练运用科学技术的高素质劳动者，还是一个具有独立自主判断能力和自主决策能力的公民。这就需要高等教育来提升劳动者素质、培育劳动者的民主意识、加强学校民主建设、加大教授治校和学生治校的力度，从而促进现代社会发展所需的拥有独立自主判断能力和自决能力的公民的生成。

区域高等教育专业设置要具有前瞻性，人才培养方案的设置要适应区域经济的发展、区域结构优化的需求。区域高等教育要设置专项基金，供老师和学生到企事业单位调研，激发老师和学生从事科研活动的积极性，从而促进区域高等教育和区域经济的协调发展。

（3）区域非均衡发展理论

区域非均衡发展理论对发展中国家初级状态的经济发展有着更为实际的指引作用。这个理论可分为无时间变量的和有时间变量的两个类别。在无时间变量的类别中，主要有不平衡增长论、增长极理论、中心-外围理论、梯度转移理论等多个理论；在有时间变量的类别中，则以倒“U”型理论为主要理论。

不平衡增长理论指出，每一次的经济进步并不是同时发生的，其所产生的强大的推力促使发生的增长朝最开始的迸发点缩进，一旦出现增长极就代表在经济增长时必然会出现不同区域之间的不平等式的增长，作为其运动过程中的衍生物，这也是达成经济发展的基础。

增长极理论也有类似观点，认为增长并不是在各部分一同发生的，而是在一些可增长的部分以不同的幅度先发生，紧接着以不同的方式向外部周边散布，最终会对整体造成不同强度的影响。这个理论主要所指出的是，主导产业部门是可以推动其他部门一同进步发展的推进式的单元，这种部门表现为创新能力高、增长速度快、在市场中规模较大且占主要的支配地位。这一理论重在指出各产业间相互推动的效果。

在中心–外围理论中，经济系统空间的结构被拆分为中心和外围，二者组成了二元的平面结构。中心地带较外围更具经济条件、更具发展前景，占据市场的主要支配地位。外围地带缺乏经济能力，在市场中被支配。在这种二元结构中，处于外层的外围生产要素，在经济增长中必定会产生向中心地带的净转移。一旦经济不断增长，结合政策上的干预，二者之间的隔阂将会消失，形成一定范围内的经济一体化。这个理论对调控区域经济增长有着重要帮助。

梯度转移理论认为，每个地区或每个国家都会存在各种的经济梯度。当人类社会诞生新的产品或者行业时，这些新产品或行业将会从经济高梯度地区向低梯度地区逐步转移。

倒“U”型理论是由威廉姆森提出的。通过实证分析，他发现在截面分析和时间序列分析中，发展阶段与区域差异之间存在倒“U”型关系。

（4）区域科学理论和空间溢出理论

Isard 等提出了区域科学理论（Isard 等，1960；Isard 和 Rodd，1975）[129，130]。相比于以往传统的区位理论，区域科学理论在研究对象上，从单独的部分研究扩展到一个区域系统的整体研究；在研究方法上，从局部扩展到区域的分析，使用的理论模型也是偏向于应用模型而不是理论模型；在研究的问题上，对区域经济问题的研究不再单一关注微观企业或个体的研究。

总体看来，区域科学理论的研究更多集中在区域整体的发展上。中国的区域经济发展有自己的特色和需求，也需要有理论上的创新（刘秉镰等，2020）。无论是区域均衡发展，还是城乡发展、产业发展，都需要从区域的整体角度来考量。本研究正是基于区域科学理论的观点，从区域总体均衡的视角，构建区域技术追赶能力指标[131]。

Lucas（1988）提出空间溢出效应概念，认为某个区域的经济发展会对邻近的区域产生影响[111]。随着信息传播更广泛、交通运输能力的提升以及人力资本流动不断加快，区域间的经济发展联系越来越紧密，也会不断对其他地区产生溢出（Overman 等，2010）[132]。而提到溢出，多数研究会提到区域创新的溢出，因为研究默认了溢出是发展水平高的地区的资本、人力、知识等的外溢。张贵等（2016）提出区域创新有较强的空间溢出效应[133]；潘文卿（2015）研究证实中国区域的溢出效应的变化主要来自东南沿海地区及其邻近区域[134]。本研究在针对邻近区域技术追赶能力的分析，以及针对各区域技术追赶能力的动态变化的分析中，均是以空间溢出效应为基础理论进行相关研究[134]。

第3章

区域高等教育资源储备及技术进步现状分析

3.1 数据及指标的选取

3.1.1 研究数据来源

本章旨在研究31个省、自治区、直辖市高等教育资源储备、技术追赶和自主创新的现状。所运用的数据主要来自《高等学校科技统计资料汇编》《中国教育统计年鉴》《中国统计年鉴》。

《高等学校科技统计资料汇编》是由教育部科学技术与信息化司综合统计、整理所出版的统计性资料，主要反映各省、自治区、直辖市（不含港澳台地区）高等学校的教育科技活动总体情况[135]，主要涉及科技方面的人力、经费、机构、项目、国际交流、成果及技术转让等内容[136]。

《中国教育统计年鉴》是由教育部发展规划司整理汇编出版的，是研究教育现状和未来发展必备的资料工具书，主要反映各省、自治区、直辖市（不含港澳台地区）所属学校上报的数据和信息，包括对各级教育、各类学校等具体情况的阐述。

《中国统计年鉴》是由国家统计局每年出版一次的统计性资料，主要反映全国经济与社会发展的情况，主要涉及各行业、各省份等具体28个维度的内容，其中包括了国民经济核算、就业人员和职工工资、价格指数等方面的内容。

3.1.2 指标选取

为了更加全面地对区域高等教育资源储备与技术追赶、自主创新进行系统测度，本章在对现有文献进行梳理的基础上，对区域高等教育资源储备、技术追赶、自主创新、经济增长进行量化分析。高等教育资源储备是高校培养高等教育人力资本的基础，可分为人力资源储备、财力资源储备、物力资源储备3个二级指标。

（1）高等教育资源储备

①人力资源储备

针对人力资源储备，我们可以从资源储备人员的数量和质量两个方面入手。在数量方面，我们选取了教学与科研人员（R&D人员）、教学与科研全时人员（R&D全时人员）、高等教育学校（机构）教职工人数3个三级指标。在质量方面，我们选取了科技人力学历指数（以专任教师学历为代表）、科技人力职称指数（以专任教师职称为代表）2个三级指标来阐述人力资源储备的现状。

教学与科研人员（R&D人员）是指在一个研究统计年度内，从事相关研究与发展的工作时间占该人员工作（包括教学、科研）总时间的比例不低于10%以上的人员。R&D人员是为了增加相关科研知识总量所存在的一个群体，省份的R&D水平代表了该省份整体的科技活动实力。

教学与科研全时人员（R&D全时人员）是在R&D人员基础上，从事研究与发展的工作时间占该人员工作（包括教学、科研）总时间的比例达到90%以上的人员。即假设1年以10个月计（此处忽略不计寒暑假），要求工作时间达到9个月以上的R&D人员。省份R&D全时人员当量用于反映某省当前人力资源投入科技活动的时间量。

高等教育学校（机构）教职工人数是指包括专任教师、行政人员、科研机构人员、校办企业职工等在内的全部高等教育学校的人数。此变量从高等教育的角度反映了教学、科研、企业合作等人力资源的储备量，角度多样，涵盖全面。

科技人力（专任教师）学历指数与科技人力（专任教师）职称指数是测算科技人力资源储备质量的指标。质量反映了人力资源的优劣程度，随着社会经济、文化的发展，人们的思想、观念也在不断进步，对于人力资源的质量也有着越来越高的要求。

本研究中的科技人力学历指数以高等学校中专任教师为代表，分为专科、本科、硕士研究生、博士研究生，由于高等学校中专科专任教师的存在对研究意义不大，因此排除专科，仅考虑本科、硕士研究生、博士研究生3个学历。学历越高代表拥有更好的学术素养与水平，根据修读学位年限将学士学位四年制与硕士学位七年制折合为博士学位十年制的学历当量。

我们采用专任教师博士学位学历当量（B）来衡量科技人力学历指数，其测算公式如下：

$$B = \sum_{m=1}^{3} A_n X_m$$

其中：A_n代表赋予不同学历的科技人力的折算系数；X_m代表某一学历下的科技人力总人数；A_1=1代表博士研究生学历折算系数；A_2=7/10代表硕士研究生学历折算系数；A_3=4/10代表本科学历折算系数；X_1代表已获博士研究生学历总人数；X_2代表已获硕士研究生学历总人数；X_3代表已获本科学历总人数。

本研究中的科技人力职称指数同样以高等学校中专任教师为代表，分为正高级、副高级、中级、初级、未定职级，职称越高代表拥有更高的科研成果与能力，根据职称级数折合为职称当量。

我们采用专任教师职称当量（Z）来衡量科技人力职称指数，其测算公式如下：

$$Z = \sum_{m=1}^{5} C_n Y_m$$

其中：C_n代表赋予不同职称的科技人力的折算系数；Y_m代表某一职称下的科技人力总人数；C_1=9/10代表正高级折算系数；C_2=7/10代表副高级折算系数；C_3=5/10代表中级折算系数；C_4=3/10代表初级折

算系数；C_5=1/10代表未定职级折算系数；Y_1代表正高级总人数；Y_2代表副高级总人数；Y_3代表中级总人数；Y_4代表初级总人数；Y_5代表未定职级总人数。

②财力资源储备

所谓的“经济基础决定上层建筑”，财力资源水平从价值形态的角度反映了区域高等教育人力资本技术追赶、自主创新的能力，不仅可以表现为现实财力，即当前区域高等教育可以使用的现实资源，也可以表现为潜在财力，即通过技术追赶、自主创新来继续获得这种可使用现实资源的可持续能力。与人力资源的数量与质量两个角度一样，我们可以从数量与结构两个角度对财力资源储备的相关指标进行筛选。

研究与发展经费当年支出、R&D成果应用及科技服务经费当年支出、科技经费支出3个三级指标从数量方面反映了区域高等教育的财力实力，也反映了科研追赶与科研创新的综合实力，体现了该区域国家与地方政府对高等教育科技发展的不同重视程度与资金筹集能力。

科技经费支出占区域生产总值的比重、科技经费拨入占区域财政支出的比重2个三级指标从结构方面反映了区域高等教育的财力实力。科技经费支出占区域生产总值的比重体现了区域对本地区高等教育人力资本技术追赶、自主创新发展的扶持力度。科教投入与经济增长有着密不可分的关系，科技经费拨入占区域财政支出的比重则是通过影响区域技术进步率来得以实现的。

③物力资源储备

随着科技的不断进步、人工智能的持续发展，技术追赶与自主创新对科研基础设施与设备有着越来越强的依赖性，并对其提出了高标准、高要求。因此，物力资源也是衡量区域高等教育人力资本技术追赶与自主创新资源储备能力的一个重要指标。本研究选取了高等学校研究与发展机构数，高等学校研究与发展项目数，拥有科技图书量，教学、科研仪器设备资产固定资产值，校舍面积5个三级指标来阐述物力资源储备的现状。

高等学校研究与发展机构是包括了区域高校的重点实验室、各级各类研究院（所）、科研基地在内的所有机构，是科技追赶与自主创新的重要载体。高等学校研究与发展项目则是为高校科研提供了一个良好的沟通交流平台。科技图书量也是一个重要的衡量指标。书是人类进步的阶梯，包括了纸质图书和电子图书两类。教学、科研仪器设备资产固定资产值是按固定资产分类管理的，为科研研究室等发生的科研仪器设备的相关费用，反映出区域高等教育对科研的投入力度。校舍面积则是建立该机构时，机构与政府共同的规划，体现了政府对区域高等教育的重视程度。

经过筛选，资源储备共分为3个二级指标、15个三级指标，具体见附录1。

（2）技术追赶

本研究的核心研究内容之一是技术追赶，最早期的追赶理论主要是探讨基于初始差距的后进经济对先进经济的技术追赶潜力。随着越来越多学者的探讨研究，研究重心慢慢转移到了落后国家对发达国家的技术追赶问题。随后，对后发企业技术追赶能力的机制研究、获取路径研究也接踵而来。在对区域高等教育人力资本技术追赶的研究中，我们认为技术追赶不仅需要通过区域内高等教育人力资本来实现，还需要借助外界的科研氛围来对技术追赶提供一个良好的外力环境支持。区域间的交流与扩散是高校间技术追赶的重要衡量标准，各高校、科研机构间相互交流、沟通、学习，使各种资源联合充分利用，以实现“1+1>2”的效果，从而更快地实现区域间的技术追赶。

鉴于研究数据的可得性与完整性，我们选取R&D成果应用及科技服务全时人员、合作研究派遣人数、合作研究接受人数、国际学术会议出席人数、国际学术会议交流论文、国际学术会议特邀报告、主办国际学术会次数作为技术追赶的研究指标。

（3）自主创新

创新成果是体现区域高等教育人力资本自主创新能力的最好衡量标准。科技创新成果曾被中国科学院定义为具有一定程度学术意义或者实用价值的创造性结果。自主创新不仅可以从成果角度进行衡量，还可以从高等学校技术转让实际收入等经济收入来反映区域自主创新的能力。

鉴于研究数据的可得性与完整性，我们选取R&D成果应用及科技服务项目、高等学校技术转让实际收入、成果授奖、专利申请数、专利授权数、专利出售数、合同数、出版科技著作数、研究与发展项目数、技术合同转让金额作为自主创新的研究指标。

（4）经济增长

基于经济增长理论，我们通常选取分地区人均国内生产总值来衡量区域经济增长水平。基于柯布-道格拉斯生长函数，在研究高等教育人力资本对经济增长影响的同时，我们需要考虑人力资本投入与物质资本投入。本研究以张军和靖学青的物质资本存量估算法处理后的结果来衡量资本投入水平（Kt）。考虑到居民消费价格指数对区域经济增长水平的影响，我们对分地区人均生产总值、分地区城镇单位就业人员数（年底数）进行不变价处理，以此来消除消费价格对经济的影响。

3.2 区域高等教育资源储备现状分析

3.2.1 高等教育资源储备主成分分析

本部分重点分析一下2017年（改革开放近40年、高校扩招近20年）这一重要时间节点中国高等教育资源储备的状况。

（1）人力、财力、物力资源主成分分析

由于选取指标的多维性，多个变量之间往往存在一定程度的相关性，我们需要克服变量之间的相关性与重叠性，用较少的变量来反映多个变量所反映的大部分信息。因此，我们采用主成分分析法实现数据的降维[137]。首先对人力、财力、物力资源3个二级维度分别利用统计学软件SPSS进行主成分分析，将各三级指标分别合成二级指标，即人力资源成分、财力资源成分与物力资源成分。

①KMO和Bartlett's检验

该检验是对变量是否适合做因子分析的前提检验，根据Kaiser常用度量标准，KMO大于0.5代表适合进行因子分析。表3-1显示，三组数据的KMO均大于0.65，且显著性均为0，三组数据中各变量之间不是互相独立的，说明三组数据适合进行因子分析。

表3-1　KMO与Bartlett's检验

		人力资源成分	财力资源成分	物力资源成分
KMO取样适切性量数		0.741	0.677	0.789
巴特利特球形度检验	近似卡方	5 550.159	3 894.293	3 565.732
	自由度	10	10	10
	显著性	0.000	0.000	0.000

②变量共同度

公因子方差给出了从各原始变量中可提取的信息。表3-2显示，除科技经费拨入（c5）占区域财政支出的比重外，主成分几乎包括了其余各原始变量的75%的信息，说明三组数据提取的主成分可以较好地解释各原始变量。

表3-2 **公因子方差**

人力变量	初始	提取	财力变量	初始	提取	物力变量	初始	提取
r1	1.000	0.945	c1	1.000	0.859	w1	1.000	0.808
r2	1.000	0.787	c2	1.000	0.751	w2	1.000	0.844
r3	1.000	0.946	c3	1.000	0.892	w3	1.000	0.880
r4	1.000	0.938	c4	1.000	0.779	w4	1.000	0.885
r5	1.000	0.954	c5	1.000	0.692	w5	1.000	0.787

③总方差解释

表3-3显示，每组中第一个特征值大于1（SPSS默认保留特征根大于1的主成分）[138]，且三组方差贡献率分别为91.410%、79.468%、84.064%，三组主成分足以代替原始变量信息。

表3-3 **特征根与方差贡献率表**

组别	成分	初始特征值			提取载荷平方和		
		总计	方差百分比	累积（%）	总计	方差百分比	累积（%）
人力资源	1	4.571	91.410	91.410	4.571	91.410	91.410
	2	0.353	7.061	98.471			
	3	0.040	0.792	99.263			
	4	0.034	0.684	99.947			

续表

组别	成分	初始特征值			提取载荷平方和		
		总计	方差百分比	累积（%）	总计	方差百分比	累积（%）
人力资源	5	0.003	0.053	100.000			
财力资源	1	3.973	79.468	79.468	3.973	79.468	79.468
	2	0.737	14.740	94.208			
	3	0.227	4.541	98.749			
	4	0.053	1.054	99.803			
	5	0.010	0.197	100.000			
物力资源	1	4.203	84.064	84.064	4.203	84.064	84.064
	2	0.518	10.362	94.426			
	3	0.214	4.273	98.698			
	4	0.044	0.876	99.574			
	5	0.021	0.426	100.000			

④旋转成分矩阵

根据矩阵，我们可建立旋转后的各因子模型，得出人力、物力、财力资源三个主成分。表3-4显示，人力资源主成分中，各因子在主因子上的载荷分别为0.972、0.887、0.972、0.969、0.977；财力资源主成分中，各因子在主因子上的载荷分别为0.927、0.867、0.945、0.883、0.832；物力资源主成分中，各因子在主因子上的载荷分别为0.899、0.919、0.938、0.940、0.887。

表3-4 **旋转成分矩阵**

人力资源变量	成分	财力资源变量	成分	物力资源变量	成分
	1		1		1
r1	0.972	c1	0.927	w1	0.899
r2	0.887	c2	0.867	w2	0.919
r3	0.972	c3	0.945	w3	0.938
r4	0.969	c4	0.883	w4	0.940
r5	0.977	c5	0.832	w5	0.887

⑤成分得分系数矩阵

根据旋转成分矩阵每一列分别除以相应特征根的平方根后，可得到各主成分的变量系数向量[139]，见表3-5。

表3-5 **成分得分系数矩阵**

人力资源变量	成分	财力资源变量	成分	物力资源变量	成分
	1		1		1
r1	0.213	c1	0.233	w1	0.214
r2	0.194	c2	0.218	w2	0.219
r3	0.213	c3	0.238	w3	0.223
r4	0.212	c4	0.222	w4	0.224
r5	0.214	c5	0.209	w5	0.211

根据表3-5，写出三组主成分的表达式，其中以Zr、Zc、Zw代表标准化后的变量值（由SPSS自动生成）。表达式如下：

F人力=0.213*Zr1+0.194*Zr2+0.213*Zr3+0.212*Zr4+0.214*Zr5

F财力=0.233*Zc1+0.218*Zc2+0.238*Zc3+0.222*Zc4+0.209*Zc5

F物力=0.214*Zw1+0.219*Zw2+0.223*Zw3+0.224*Zw4+0.211*Zw5

根据以上表达式，我们将15个三级指标通过主成分测算为3个二级指标人力、财力、物力资源主成分，计算得出人力、物力、财力资源3个主成分综合得分。

（2）资源储备主成分分析

经过对人力、财力、物力资源分别进行主成分分析后，我们得出3个二级指标主成分的具体数据，下面我们将对3个二级指标进一步进行主成分分析，将二级指标合成为一级指标资源储备主成分。

① KMO和Bartlett's检验

表3-6显示，KMO为0.677，显著性为0.000，说明此数据适合进行因子分析。

表3-6 **KMO与Bartlett's检验**

项目		资源储备成分
KMO		0.677
巴特利特球形度检验	近似卡方	1671.319
	自由度	3
	显著性	0.000

②变量共同度

表3-7显示，主成分几乎包含了各二级变量92%以上的信息，说明提取的主成分可以较好地解释各原始变量。

表3-7 **公因子方差**

变量	初始	提取
RL	1.000	0.925
CL	1.000	0.785
WL	1.000	0.951

③总方差解释

表3-8显示，SPSS默认保留特征根大于1的主成分后，方差贡献

率为88.699%，代表该主成分已经包含原始因素88.699%的信息。碎石图（如图3-1所示）可以更加直观地显示出资源储备主成分。

表3-8 **特征根与方差贡献率表**

成分	初始特征值			提取载荷平方和		
	总计	方差百分比	累积（%）	总计	方差百分比	累积（%）
1	2.661	88.699	88.699	2.661	88.699	88.699
2	0.307	10.230	98.928			
3	0.032	1.072	100.000			

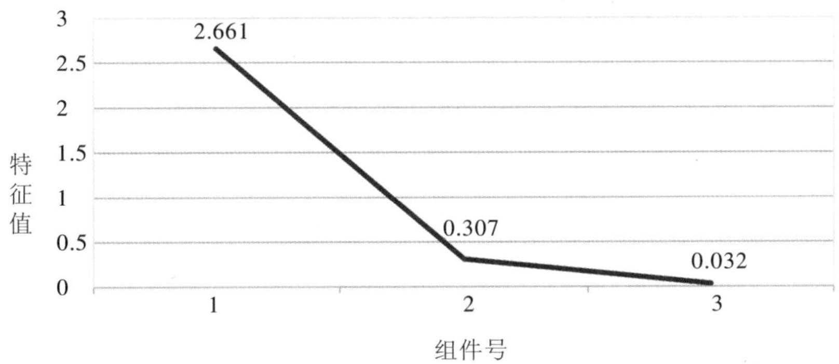

图3-1 碎石图

④旋转成分矩阵与成分得分系数矩阵

表3-9显示，资源储备主成分中，各因子在主因子上的载荷分别为0.975、0.962、0.886。

表3-9 **旋转成分矩阵与成分得分系数矩阵**

变量	旋转成分	成分得分系数
	1	1
RL	0.975	0.361
CL	0.962	0.333
WL	0.886	0.366

根据表3-9中的得分系数，可以得出资源储备主成分的表达式，其中以ZRL、ZCL、ZWL代表标准化后的变量值（由SPSS自动生成）[140]。表达式如下：

F资源储备=0.361*ZRL+0.333*ZCL+0.366*ZWL

根据以上表达式，我们将3个二级指标通过进一步主成分测算为资源储备一级指标，计算得出高等教育资源储备综合得分。

3.2.2 区域高等教育资源储备配置概况

（1）高等教育资源储备的区域比较

我们将31个省份分为东、中、西、东北四个地区，将高校扩招20年后全国各省份高等教育资源储备水平作比较，具体见表3-10。

表3-10　　区域高等教育资源储备综合得分表

	资源储备综合得分			资源储备综合得分	
东部	得分	位次	中部	得分	位次
北京	3.97	1	山西	−0.31	22
天津	0.18	18	安徽	0.62	14
河北	0.46	15	江西	0.07	20
上海	1.72	5	河南	1.05	11
江苏	3.35	2	湖北	1.70	6
浙江	1.23	10	湖南	0.78	12
福建	0.26	16	合计	3.91	
山东	1.76	4			
广东	2.60	3			
海南	−1.11	28			
合计	14.42				

续表

	资源储备综合得分			资源储备综合得分	
西部	得分	位次	东北	得分	位次
内蒙古	-0.68	26	辽宁	1.36	9
广西	-0.09	21	吉林	0.20	17
重庆	0.08	19	黑龙江	0.68	13
四川	1.37	8	合计	2.24	
贵州	-0.50	24			
云南	-0.33	23			
西藏	-1.28	31			
陕西	1.38	7			
甘肃	-0.58	25			
青海	-1.18	30			
宁夏	-1.11	29			
新疆	-0.80	27			
合计	-3.72				

在31个省份高等教育资源储备综合得分方面，东部地区总得分为14.42，东部地区包括10个省份，10个省份中资源储备综合得分名次上升的省份有3个，分别为福建、山东、广东；名次不变的省份有5个，分别为北京、上海、江苏、浙江、海南，其中北京、上海、江苏3省份始终位于前5名；名次下降的省份有2个，分别为天津、河北。

中部地区总得分为3.91，中部地区包括6个省份，和上次测度的结果相比，高等教育资源储备综合得分名次上升的省份有2个，分别为安徽、河南；名次不变的省份有1个，为湖南；名次下降的省份有3个，分别为山西、江西、湖北。

西部地区总得分为-3.72，西部地区包括12个省份，和上次测度的结果相比，高等教育资源储备综合得分名次上升的省份有5个，分别为广西、四川、贵州、云南、宁夏；名次不变的省份有3个，分别为重庆、西藏、新疆；名次下降的省份有4个，分别为内蒙古、陕西、甘肃、青海。

东北地区总得分为2.24，东北地区包括3个省份，和上次测度的结果相比，高等教育资源储备综合得分名次不变的省份有1个，为吉林；名次下降的省份有2个，分别为辽宁、黑龙江。

综合来看，高等教育资源储备综合得分前五名均在东部地区，分别为北京、江苏、广东、山东、上海，从侧面反映出东部地区对高等教育科技发展的重视程度；西部地区省份占得分后十名的90%，从侧面反映出西部欠发达地区对高等教育科技发展的重视程度有待提高。

（2）高等教育资源储备的区域分布概况

根据高等教育资源储备综合得分，我们对31个省份的高等教育资源储备综合得分进行排序，并进行段位划分，具体划分情况见表3-11。

表3-11　**区域高等教育资源储备综合得分区域分布表**

资源储备综合得分	省份	区域划分	资源储备综合得分平均值
2以上	北京、江苏、广东	东部地区	1.442
1—2	山东、上海、湖北、陕西、四川、辽宁、浙江、河南	中部地区	0.652
0—1	湖南、黑龙江、安徽、河北、福建、吉林、天津、重庆、江西	西部地区	-0.310
0以下	广西、山西、云南、贵州、甘肃、内蒙古、新疆、海南、宁夏、青海、西藏	东北地区	0.747

根据得分段位划分，我们发现各省域高等教育资源分布差异明显，四大区域综合得分差距较大。东部地区得分均值最高，约是中部地区的2.2倍，约是东北地区的2倍，同时西部地区得分均值为负数，代表大部分西部区域省份高等教育资源储备较为匮乏。

3.2.3 区域高等教育资源储备与技术进步的关系

（1）区域高等教育资源储备与技术追赶的关系

程钧谟等（2014）通过层次分析法与专家打分法对后发企业技术追赶能力的评价指标体系进行排序，并认为资源的可获得性（人才、知识、资本）能够反映后发企业技术追赶能力[141]。肖利平等（2015）以我国省域大中型工业企业为研究样本，构建面板数据对技术追赶进行检验，得出技术追赶速度快慢受吸收能力、创新能力等因素的影响，并且吸收能力、创新能力对技术追赶能力存在显著的正向影响[67]。朱美光（2010）认为区域间技术追赶能力存在差异。因此我们认为资源通过影响吸收能力来对技术追赶能力产生影响，并且区域间可能存在一定差异[69]。

（2）区域高等教育资源储备与自主创新的关系

王家庭等（2016）认为我国高等教育资源在部分地区中仍然存在配置不均衡的问题，区域高等教育资源集聚对中、东、西部地区创新发展的影响存在明显差异[142]。吴菊珍等（2018）以2002—2014年我国31个省市的高等教育资源投入与区域创新能力为研究样本，通过实证分析发现：区域高等教育资源储备对创新能力具有显著的正向影响，且区域间存在明显差异[143]。

3.3 区域高等教育人力资本技术追赶现状分析

3.3.1 区域高等教育人力资本技术追赶指标选取依据

（1）合理性

指标的选取要有科学的依据和合理的解释。本研究基于CiteSpace引文分析，梳理了国内外学者的相关研究内容，对区域技术能力水平的衡量指标进行了总结。最终，结合中国经济的实际情况选取了区域技术追赶能力指标。

（2）完备性

指标的选取需要充分反映区域技术追赶能力，不能以偏概全。在实现技术追赶的过程中，经费投入、高技能的劳动力（Wang等，2004）[144]或者人力资本、较为完善的区域基础（Abramovitz，1986）以及强有力的政府参与（Fagerberg和Srholec，2008）等都是必不可少的。本研究认为相关研究经费的投入、不同层次的人力资本的投入、区域内基础设施的发展状态以及当地政府的治理水平都是需要纳入考量的因素。因此，本研究重点通过上述四个部分来构建区域技术追赶能力的指标体系。

（3）实用性

指标体系的构建是为了更好地衡量区域技术追赶能力以及应用到区域经济发展的分析上，因此指标需要具有实用性。本研究选取的指标充分考虑了资本、人力、基础设施以及区域治理情况等方面的指标，可以体现各个区域在这些方面的实际能力，因此具有很强的实用性。

（4）可得性

在以上合理性、完备性和实用性的基础上同时需要兼备可得性，这样建立的指标体系才具有进行研究分析的可能。本研究选取的区域技术追赶能力构成指标在国家统计局公布的各类统计年鉴中均可获得基础数据，具有较强的可得性。

3.3.2 高等教育人力资本技术追赶主成分分析

指标筛选后，我们选取了7个可以衡量高等教育人力资本技术追赶的二级指标，同理，我们需要对技术追赶二级指标进行主成分分析，合成可以代替二级变量大部分信息的技术追赶综合主成分一级指标。

与上文阐述的主成分分析法相同，此处不再赘述。通过KMO和Bartlett's检验、变量共同度（公因子方差）、总方差解释、旋转成分矩阵与成分得分系数矩阵分析，KMO值为0.893，显著性为0.000，表明技术追赶二级变量可以进行因子分析。除R&D成果应用及科技服务全时人员外，主成分几乎包含了其余各技术追赶二级变量的80%的信息，说明提取的主成分可以较好地解释各原始变量。方差贡献率为83.583%，表明技术追赶一级指标主成分包含了原始变量83.583%的信息。技术追赶主成分中，各因子在主因子上的载荷分别为0.768、0.914、0.942、0.947、0.959、0.953、0.902。根据得分系数，可以写出技术追赶主成分的表达式，其中Zg代表标准化后的变量值（由SPSS自动生成）。表达式如下：

$$
\begin{aligned}
F_{技术追赶} = {} & 0.131*Zg1+0.156*Zg2+0.161*Zg3 \\
& +0.162*Zg4+0.164*Zg5+0.163*Zg6+0.154*Zg7
\end{aligned}
$$

根据以上表达式，我们将7个二级指标通过主成分测算为技术追赶一级指标，计算得出高等教育人力资本技术追赶综合得分。

3.3.3 区域高等教育人力资本技术追赶配置概况

（1）高等教育人力资本技术追赶的区域比较

全国各省份技术追赶水平具体见表3-12。在全国31个省份高等教育人力资本技术追赶综合得分方面，东部地区总得分为12.86，10个省份中技术追赶综合得分名次上升的省份有4个，分别为天津、福建、山东、广东，其中福建上升幅度最大。

表3-12 **区域技术追赶综合得分表**

	技术追赶综合得分			技术追赶综合得分	
东部	得分	位次	中部	得分	位次
北京	4.71	1	山西	-0.60	24
天津	-0.24	17	安徽	0.58	8
河北	-0.36	18	江西	-0.21	16
上海	4.04	2	河南	-0.08	15
江苏	3.27	3	湖北	1.58	4
浙江	0.29	12	湖南	0.46	9
福建	0.20	14	合计	1.73	
山东	0.68	7			
广东	1.13	6			
海南	-0.86	30			
合计	12.86				
西部	得分	位次	东北	得分	位次
内蒙古	-0.83	28	辽宁	0.40	10
广西	-0.49	22	吉林	-0.46	21
重庆	-0.38	19	黑龙江	0.32	11

续表

	技术追赶综合得分			技术追赶综合得分	
四川	1.29	5	合计	0.26	
贵州	-0.76	26			
云南	-0.42	20			
西藏	-0.87	31			
陕西	0.22	13			
甘肃	-0.58	23			
青海	-0.84	29			
宁夏	-0.64	25			
新疆	-0.76	27			
合计	-5.06				

中部地区总得分为1.73，中部地区包括6个省份，和上次测算的结果相比，得分名次上升的省份有3个，分别为安徽、河南、湖南，其中安徽上升幅度较大；名次不变的省份有1个，为始终位于第4名的湖北；名次下降的省份有2个，分别为山西、江西。

西部地区总得分为-5.06，西部地区包括12个省份，技术追赶综合得分名次上升的省份有4个，分别为四川、贵州、云南、宁夏；名次下降的省份有6个，分别为内蒙古、广西、重庆、西藏、陕西、新疆。

东北地区总得分为0.26，东北地区包括3个省份，和上次测算的结果相比，3个省份中技术追赶综合得分均有所下降。

通过对比发现，东北地区虽然高等教育资源储备较为充足，但是整体来看吸收能力并没有那么强，可能与地域问题有关，人才流失影响了区域技术追赶的能力。

（2）高等教育人力资本技术追赶的区域分布概况

根据高等教育人力资本技术追赶综合得分，我们对31个省份的技术追赶综合得分进行排序，并进行段位划分，具体划分情况见表3-13。

表3-13　**高等教育人力资本技术追赶综合得分区域分布表**

技术追赶综合得分	省份	区域划分	技术追赶综合得分平均值
2以上	北京、上海、江苏	东部地区	1.286
0—2	湖北、四川、广东、山东、安徽、湖南、辽宁、黑龙江、浙江、陕西、福建	中部地区	0.288
-0.5—0	河南、江西、天津、河北、重庆、云南、吉林、广西	西部地区	-0.422
-0.5以下	甘肃、山西、宁夏、贵州、新疆、内蒙古、青海、海南、西藏	东北地区	0.087

根据得分段位划分，我们发现四大区域技术追赶综合得分均值存在差别，各省域差异明显。东部地区得分均值最高，约是中部地区的4.5倍，约是东北地区的15倍，同时西部地区得分均值为负数，代表大部分西部区域省份技术追赶能力较弱。

3.3.4　区域技术追赶能力的空间数据分析

（1）区域技术追赶能力的全局自相关分析

全局空间相关性主要是从区域整体的角度，来描绘研究区域的空间分布情况，以及空间区域整体的属性，是研究空间问题必须要纳入考量的一个相关性因素。全局莫兰指数（Moran's I）则是可以用来衡量空间相关性的一个有效的参数。

通过使用Stata软件，本研究对区域技术追赶能力值进行了全局的相关性检验。通过使用软件，同时生成了Moran's I值和Geary's C值，具体结果见表3-14。

表3-14　**空间自相关检验结果**

年份	Moran's I值	P值	Geary's C	P值
2009	0.160	0.034	0.674	0.024
2010	0.157	0.029	0.685	0.029
2011	0.172	0.026	0.686	0.031
2012	0.186	0.019	0.683	0.031
2013	0.190	0.017	0.682	0.031
2014	0.197	0.014	0.680	0.030
2015	0.175	0.024	0.696	0.038
2016	0.201	0.013	0.683	0.034
2017	0.206	0.011	0.686	0.037
2018	0.191	0.016	0.701	0.048

首先，检验模型中是否需要包含空间效应。如表3-14所示，由检验结果可知，区域技术追赶能力指标的空间自相关指标均大于0；所有Moran's I值均在1%的显著性水平下拒绝“无空间自相关”的原假设；并且从图3-2中可以看到随着年份的变化，Moran's I值有逐渐增大的趋势，P值有逐渐下降的趋势。Geary's C检验中，整体的Geary's C值在1%的水平上显著。说明各省的区域技术追赶能力在空间上存在着显著的空间相关性，即高技术追赶能力的地区与高技术追

赶能力的地区相邻，低技术追赶能力的地区与低技术追赶能力的地区相邻。

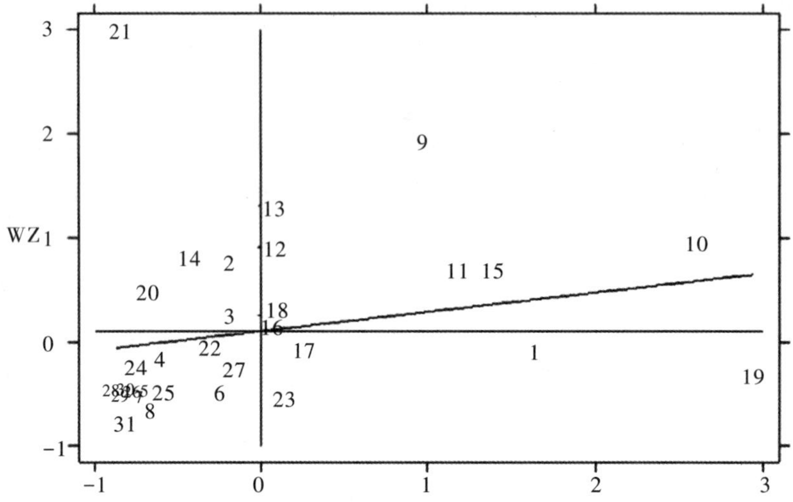

图 3-2 莫兰散点图

通过区域技术追赶能力的空间自相关检验结果可以看出，区域技术追赶能力指标存在正空间自相关的关系。

（2）区域技术追赶能力的局部自相关分析

局部空间自相关则是用来分析部分区域内某一地区的该项指标或者数据和相邻地区的这一数据之间的空间自相关程度的。因此本研究统一进行了区域技术追赶能力的局部自相关检验。如图 3-2 所示，列出了区域技术追赶能力的莫兰散点图。

如图 3-2 所示，有 8 个地区位于第一象限，14 个地区位于第三象限，二者合计占样本总数的 71%，与全局空间自相关的结果一致，说明技术追赶能力存在显著的空间性。

为了更为直观地展示各象限的集聚情况，本研究使用集聚图来展示各个区域技术追赶能力的集聚和邻接现象的动态变化，见表 3-15。

表3-15　**技术追赶能力莫兰散点图所对应的集聚区域分布**

象限	区域
第一象限（高高集聚）	上海、江苏、浙江、安徽、福建、山东、河南、湖南
第二象限（低高集聚）	天津、河北、江西、广西、海南
第三象限（低低集聚）	山西、内蒙古、辽宁、吉林、黑龙江、重庆、贵州、云南、西藏、陕西、甘肃、青海、宁夏、新疆
第四象限（高低集聚）	北京、湖北、广东、四川

区域技术追赶能力在局部空间分布上形成了不同集聚区域。高高集聚在与上海为中心邻接的区域。湖南虽然不在以上海为中心的扩散点中，但是湖南却与一直处于高低集聚的广东和湖北为邻，因此随着湖南自身的进步发展，其技术追赶能力进一步增强。可见一个地区的技术追赶能力不仅与地理位置有关，还与周边区域的发展水平有关。比如说安徽，凭借着紧邻江浙的便利条件，充分接收来自长三角地区的人力、资本、知识资源的溢出，快速成长为高高集聚的区域。

3.3.5　区域技术追赶能力的空间效应分析

基于上述讨论，本研究构建固定效应的聚类稳健标准误的空间滞后模型。通过Stata软件对模型进行分析，以此来验证空间固定效应、时间固定效应和时空固定效应情况下的影响情况。

表3-16　　区域经济增长影响SLM模型的时空效应分析

变量	空间固定效应	时间固定效应	时空固定效应
Catch	0.0229*** (7.17)	0.0132*** (2.81)	0.0227*** (6.28)
Employee	2.4650*** (2.62)	8.0371*** (4.58)	2.4158** (2.54)
Investment	0.4047*** (7.69)	0.4820*** (6.32)	0.3825*** (7.60)
Spatial rho	0.0524 (1.64)	-0.0077 (-0.34)	-0.0363 (-1.52)
sigma2_e	1.437e+06*** (4.90)	7.835e+06*** (4.75)	1.075e+06*** (4.60)
N	310	310	310
R^2	0.9703	0.9591	0.9672

注：***p<0.01；**p<0.05；*p<0.1。

表3-16展示了空间权重矩阵的实证结果，实证结果显示，在空间、时间和时空固定效应中，技术追赶能力均是显著的，说明技术追赶能力在空间范围内对区域经济发展有显著的影响。另外模型的拟合优度R^2的数值在三个模型中都较高，说明数据的整体拟合优度很高。

接下来本研究进一步探讨区域技术追赶能力对内的直接效应和对外溢出的间接效应。一个地区的技术追赶能力对自身的产值增加有利，但对相邻省份的产值有相应的负向影响。由表3-17可知，技术追赶能力值的系数、直接效应和间接效应（或溢出效应）分别为0.0227、0.0229、-0.0008，说明一个区域的Catch每增加一个单位，自身产值则增加0.0229个单位，邻近地区的产值下降-0.0008个单位。同时该指标对周围区域的溢出效应还会传回自身（即反馈效应），从而自身的产值又会增加0.0007个单位，所以最终该区域的产值将增加0.0227个单位。

表3-17　**区域经济增长影响SLM模型直接间接效应分析**

变量	系数估计	直接效应	间接效应	总效应
Catch	0.0227*** (6.28)	0.0229*** (6.15)	−0.0008 (−1.37)	0.0220*** (6.47)
Employee	2.4158** (2.54)	2.3708** (2.43)	−0.0718 (−1.33)	2.2990** (2.38)
Investment	0.3825*** (7.60)	0.3872*** (7.96)	−0.0133 (−1.49)	0.3740*** (7.60)
Spatial rho	−0.0363 (−1.52)	—	—	—
sigma2_e	1.075e+06*** (4.60)	—	—	—
空间&时间	Yes	Yes	Yes	Yes
N	310	—	—	—
R^2	0.9672	—	—	—

注：***p<0.01；**p<0.05；*p<0.1。

由此验证了技术追赶能力对区域自身经济发展有明显的促进作用。

同时发现，区域技术追赶能力反而对邻近区域的经济发展起到部分程度的抑制作用。可能的原因是技术追赶能力是对自身发展水平的体现，同时也是该区域经济发展的关键影响因素。

虽然发展水平相对较高的区域会对邻近区域存在空间溢出效应，但是同样地，相对发展水平较高的区域也会对周边邻近区域产生虹吸效应，最为直观的就是各领域的专业研究人才和技术人才，以及资源的非均衡流动，这就造成了一个区域技术追赶能力的提高会对邻近地区造成不同程度的负面影响。也正因如此，技术追赶能力与邻近省份经济发展之间是反向的关系。

3.4 区域高等教育人力资本自主创新现状分析

3.4.1 高等教育人力资本自主创新主成分分析

根据指标筛选后，我们选取了9个可以衡量高等教育人力资本自主创新的二级指标，同理，我们需要对自主创新二级指标进行主成分分析，合成可以代替二级变量大部分信息的自主创新综合主成分一级指标。

与上文阐述的主成分分析法相同，此处不再赘述。通过KMO和Bartlett's检验、变量共同度（公因子方差）、总方差解释、旋转成分矩阵与成分得分系数矩阵等分析，KMO值等于0.877，显著性为0.000，说明自主创新二级变量可以进行因子分析。除高等学校技术转让实际收入与成果授奖外，主成分几乎包含了其余各自主创新二级变量65%的信息，说明提取的主成分可以较好地解释各原始变量。方差贡献率为71.703%，自主创新一级指标主成分包含了原始二级变量的绝大部分信息。自主创新主成分中，各因子在主因子上的载荷分别为0.885、0.773、0.776、0.903、0.877、0.841、0.813、0.914、0.826。根据得分系数，可以写出自主创新主成分的表达式，其中Zx代表标准化后的变量值（由SPSS自动生成）。表达式如下：

$$F_{自主创新}=0.137*Zx1+0.120*Zx2+0.120*Zx3+0.140*Zx4+0.136*Zx5+0.130*Zx6+0.126*Zx7+0.142*Zx8+0.128*Zx9$$

根据以上表达式，我们将9个二级指标通过主成分测算为自主创新一级指标，计算得出高等教育人力资本自主创新综合得分。

3.4.2 区域高等教育人力资本自主创新配置概况

（1）高等教育人力资本自主创新的区域比较

如表3-18所示，全国31个省份高等教育人力资本自主创新综合得分方面，东部地区总得分为16.24；东部地区包括10个省份，其中名次上升的省份有5个，分别为江苏、浙江、福建、广东、海南，其中江苏上升为第1名；名次下降的省份有5个，分别为北京、天津、河北、上海、山东，其中天津下降幅度较大，退步了10个位次。

表3-18　　区域自主创新综合得分表

	自主创新综合得分			自主创新综合得分	
东部	得分	位次	中部	得分	位次
北京	4.00	2	山西	−0.30	23
天津	0.05	18	安徽	0.69	12
河北	0.23	17	江西	−0.09	20
上海	1.65	7	河南	0.66	13
江苏	5.72	1	湖北	1.75	6
浙江	2.03	3	湖南	0.70	11
福建	0.38	16	合计	3.41	
山东	1.08	9			
广东	1.91	5			
海南	−0.81	28			
合计	16.24				
西部	得分	位次	东北	得分	位次
内蒙古	−0.56	26	辽宁	0.84	10
广西	−0.13	21	吉林	0.02	19
重庆	0.51	15	黑龙江	0.58	14

续表

	自主创新综合得分			自主创新综合得分	
四川	1.46	8	合计	1.44	
贵州	−0.49	25			
云南	−0.21	22			
西藏	−0.89	31			
陕西	1.97	4			
甘肃	−0.44	24			
青海	−0.88	30			
宁夏	−0.81	29			
新疆	−0.64	27			
合计	−1.11				

中部地区总得分为3.41，中部地区包括6个省份，与上次测度的结果相比，得分名次上升的省份有4个，分别为安徽、江西、河南、湖南，其中河南上升幅度较大；名次不变的省份有1个，为湖北；名次下降的省份有1个，为山西。

西部地区总得分为−1.11，西部地区包括12个省份，得分名次上升的省份有5个，分别为广西、重庆、四川、贵州、陕西；名次不变的省份有2个，分别为青海、新疆；名次下降的省份有4个，分别为内蒙古、云南、甘肃、宁夏。

东北地区总得分为1.44，东北地区包括3个省份，与上次测度的结果相比，三个省份中除辽宁外，其他两个省份位次均有所下降。

（2）高等教育人力资本自主创新的区域分布概况

根据高等教育人力资本自主创新综合得分，我们对31个省份的自主创新综合得分进行排序，并进行段位划分，具体划分情况见表3−19。

表3-19　　　　自主创新综合得分区域分布表

自主创新综合得分	省份	区域划分	自主创新综合得分平均值
2以上	江苏、北京、浙江	东部地区	1.624
1—2	陕西、广东、湖北、上海、四川、山东	中部地区	0.568
0—1	辽宁、湖南、安徽、河南、黑龙江、重庆、福建、河北、天津、吉林	西部地区	-0.093
0以下	江西、广西、云南、山西、甘肃、贵州、内蒙古、新疆、海南、宁夏、青海、西藏	东北地区	0.480

根据得分段位划分，我们发现各省域分布差异明显，四大区域自主创新综合得分均值存在差别。东部地区得分均值最高，约是中部地区的3倍，约是东北地区的3.5倍，同时西部地区得分均值为负数，代表大部分西部区域省份自主创新能力较弱。

（3）全国高等教育人力资本自主创新变化情况

我国高等教育人力资本自主创新水平呈现增长态势。并且，2010年开始得分由负值转为正值，与资源储备得分由负转为正相匹配，可以反映出资源储量会影响自主创新能力。

3.5　区域经济增长现状分析

3.5.1　省域人均生产总值与高等教育资源储备的区域比较

由图3-3可知，我国各地区高等教育资源储备与人均生产总值整体趋于同向变化。但是，也要关注一些省份人均生产总值与资源储备存在明显差异。首先，中部地区：安徽、河南、湖北、湖南；东北地区：辽宁、黑龙江；西部地区：四川、陕西的高等教育资源储备综合评分明显高于全国各省份高等教育资源储备综合平均分（0.54），但是对应各省份的人均生产总值却达不到全国人均生产总值（582.69元）。其次，一些省份如河北、山西、江西、海南、青海、宁夏、新疆等，虽然高等教育资源储备量不同，但是人均生产总值却差不多。另外，江苏高等教育资源储备量虽然比上海多，但人均生产总值却不如上海多，具有同样情况的还有东北三省与内蒙古、安徽与福建、甘肃与青海、新疆与宁夏。

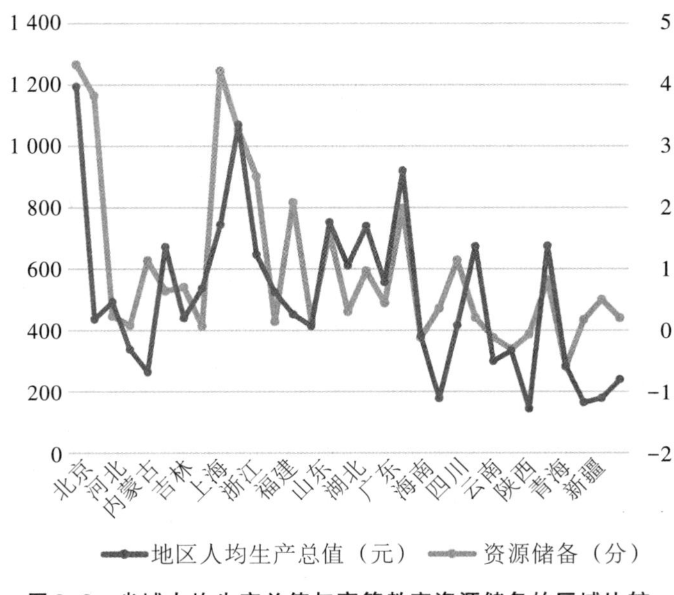

图3-3　省域人均生产总值与高等教育资源储备的区域比较

3.5.2　省域人均生产总值与高等教育人力资本技术追赶区域比较

由图3-4可知，我国各地区高等教育人力资本技术追赶与人均生产总值大致呈正相关关系。但是，也要关注一些省份人均生产总值与技术追赶存在明显差异。首先，中部地区：安徽、湖南；东北地区：辽宁；西部地区：四川的高等教育人力资本技术追赶综合得分明显高于全国各省份高等教育人力资本技术追赶综合平均分（0.32），但是对应各省份的人均生产总值却达不到全国人均生产总值（582.69元），此情况与人均生产总值与高等教育资源储备相比，差异省份明显减少。另外，东北三省技术追赶综合得分虽然比内蒙古高，但人均生产总值却不如内蒙古多，具有同样情况的还有安徽与福建、甘肃与青海。与省域人均生产总值与高等教育资源储备相比，技术追赶对省域人均生产总值的影响效果更加明显，人均生产总值与技术追赶所存在的差异更小，拟合效果更好。

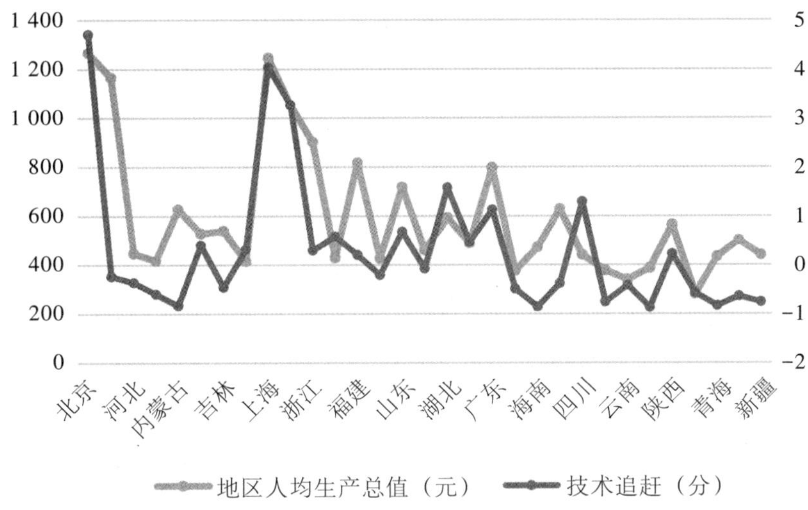

图3-4　省域人均生产总值与高等教育人力资本技术追赶的区域比较

3.5.3　省域人均生产总值与高等教育人力资本自主创新区域比较

由图3-5可知，我国各地区高等教育人力资本自主创新与人均生产总值大致呈正相关关系。但是，也要关注一些省份人均生产总值与自主创新存在明显差异。首先，中部地区：安徽、河南、湖北、湖南；东北地区：辽宁；西部地区：四川、陕西的高等教育人力资本自主创新综合得分明显高于全国各省份高等教育人力资本自主创新综合平均分（0.64），但是对应各省份的人均生产总值却达不到全国人均生产总值（582.69元）。其次，一些省份如河北、山西、江西、海南、青海、宁夏、新疆，虽然高等教育资源自主创新综合得分不同，但是人均生产总值却差不多。另外，江苏自主创新综合得分虽然比上海高，但人均生产总值却不如上海多，具有同样情况的还有东北三省与内蒙古、安徽与福建、甘肃与青海、新疆与宁夏。从曲线波动的同频性看，省域人均生产总值与高等教育人力资本技术追赶之间的关系，强于其与高等教育人力资本自主创新之间的相关性。

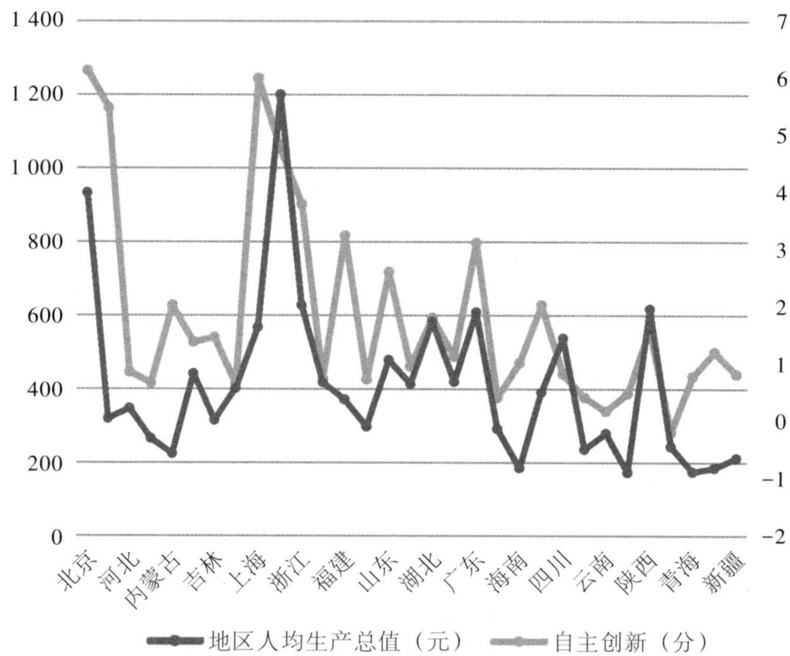

图3-5 省域人均地区生产总值与高等教育人力资本自主创新的区域比较

综合以上阐述，我们发现同资源储备与自主创新相比，技术追赶对经济增长的影响效果最明显，人均生产总值与技术追赶综合指数得分之间存在的差异最小。这在一定程度上能够反映出高等教育资源储备对经济增长并无直接推动作用，而是通过资源的充分利用来增强地区吸收能力进而实现技术追赶的目标，从而真正推动区域的经济增长。我国仍处于并将长期处于社会主义初级阶段，自主创新对我国区域经济增长并不能实现真正意义上的推动作用，只是锦上添花的辅助增长作用。因此我们认为技术追赶是真正推动经济增长的内在因素。

第4章

区域高等教育人力资本技术追赶能力和自主创新能力对经济增长的影响机制

4.1 区域高等教育人力资本技术追赶能力对经济增长的影响机制

4.1.1 直接影响机制分析

区域高等教育人力资本技术追赶能力代表该区域在技术引进、技术学习、经费投入、相应人员以及制度建设等方面的综合能力。这种综合能力更多地体现出来的是区域技术水平的发展情况，对于先进技术的吸收情况，技术改进的能力以及转化投入生产的情况，这些也会直接影响区域的经济增长。

区域高等教育人力资本技术追赶能力对区域经济的直接影响，可以从区域高等教育人力资本技术追赶能力如何作用于区域经济发展这方面理解。区域高等教育人力资本技术追赶能力直接体现了对外部先进的知识、技术、经验、制度等方面的学习能力、吸收能力和转化能力。从而可以遵循第一条发展路径，即该区域通过吸收和转化，提升区域的生产能力。具体地，可以是以下四个方面：一是可以提升该区域的生产效率，因为相对落后的区域应当在自己具有比较优势的领域开展高端创新研发，但是对于区域经济综合发展而言，快速提高生产效率，提高区域内经济生产总值是有利于区域整体发展的；二是可以通过引进和借鉴的方式实现部分产业或者部分技术从无到有的突破，技术水平相对低的区域通过利用后发的优势借鉴先进的经验和技术，能够降低自研风险同时节省了大量的发展时间（徐斌等，2019）[145]；三是可以提升区域内产业的综合程度，让区域内各项配套产业不断完善，补齐短板；四是可以增进该区域和其他区域之间的配合程度，实现区域间的产业分工和协同发展，这样可以避免同质化竞争造成的资源浪费。

而通过更为深入的分析可以发现，在区域高等教育人力资本技术追赶能力对区域经济增长的直接影响的另一条路径中，该区域还可以通过吸收和转化，在这些原有的技术方法基础之上开展进一步的自主研发。区域高等教育人力资本技术追赶的客观现实是该区域在某些技术水平上处于落后阶段，而区域实行技术追赶的终极目标是促进区域经济增长、提升人民生活质量。随着技术追赶的不断深入，区域的技术水平、投入生产能力、科研实力都会逐步提升。随着技术水平、制度建设逐渐趋于高水平，区域会开展相应的研发活动，通过创新研发形成经济发展的持久驱动力。这可以体现在以下三个方面：一是提升区域内整体的科研攻关能力，区域技术追赶能力所代表的不仅仅是模仿复制，还有进一步的学习和转化，通过对所引进的技术进行分析学习，提升自身的理论和实际应用水平，从而开展自身的研发活动。二是提升区域内企业和科研院所对于原有技术的改进能力或者对于先进技术的本土化改造的能力。通过进一步的优化改进或者本土化的改造，让这些先进的技术等能够真正为当地的经济发展、提高就业起到促进作用。三是提升市场拓展的能力，类似生产基础生活物品的这类企业，生产的产品多为刚需产品，价格弹性小，可以进一步地扩大市场占有率和产品覆盖率，这种情况对于促进就业和稳定经济有很大的帮助。

国内绝大多数的区域，比如中部、西部、东北地区都属于上述第一条路径的情形，一直在贯彻这一理论，落后地区通过逐步培育技术积累经验才能够实现技术追赶（朱俊杰等，2017）[146]。但是具体到不同的领域，也存在着在发展相对落后的地区其在某一领域处于较高的技术水平从而可以开展相应的自主创新活动。

4.1.2 间接影响机制分析

区域技术追赶能力一方面是如前文所述直接作用于区域经济的发展，另一方面则会在区域内部产生更为全面且深远的影响。《东北老工业基地国有企业自主创新能力研究》一书中提到自主创新的路径：引进—学习—消化—模仿—创新，企业在创新的过程中需要一步步稳扎稳打，逐步提升创新能力。对于自主创新能力的提升，不同的实施主体需要有不同的区分。对于企业而言，确立企业为创新驱动发展的主要方向，提升企业的创新和研发能力（柳卸林等，2017）[79]。对于区域的创新能力而言，不仅仅是对某项技术的突破，更是对区域整体在科技前沿上的突破，以及为实现科技前沿技术突破所作的准备。区域技术追赶能力的提升意味着该区域在科技研发投入、研发的能力以及上下游产业配套等方面均有所提升，从而让区域拥有了较强的生产能力以及研发成果的转化能力。并且，科技创新的基础是区域内基础的科研实力和区域内基础的技术水平。

引进—学习—消化—模仿—创新这一创新发展路径适合大多数研发能力相对较弱的区域。这一发展路径是一个适合区域整体的创新发展模式。随着区域内技术追赶能力的提升，区域内各项创新要素逐渐完备，技术经验和知识水平积累到一定的高度，则进一步带来区域内自主创新能力的进步，所以区域技术追赶能力会影响区域的自主创新能力。这一机制对于区域经济和区域技术水平的影响，可以体现在以下三个方面：一是区域的自主创新会带来科技水平的明显提升，并且创新成果能够通过该区域内现有的技术水平转化为产品，这些高附加值高技术的产品会带来更多的国民经济收入；二是区域内的自主创新水平的不断提高，会促进区域内产业链条逐步变得高端化，从而促使经济结构得以优化；三是自主创新会带来更多的高端先进技术的溢出，从而反向影响区域内技术水平的进步，加快落后区域的技术追赶速度。

4.2 区域高等教育人力资本自主创新能力对经济增长的影响机制

区域高等教育是培养高素质人才的重要途径，通过系统的教育，学生能够获得丰富的知识和技能，从而成为具备高度自主创新能力的人力资本。这些人力资本在区域内积累和提升，为区域经济增长提供了源源不断的动力。拥有自主创新能力的高等教育人力资本是推动区域技术创新和研发的关键力量。他们能够运用所学知识，结合区域产业特点，开展具有针对性的技术研发和创新活动。这些创新成果不仅能够提升区域产业的竞争力，还能够带动相关产业的发展，形成良性的产业生态链。

高等教育人力资本在创新过程中产生的知识溢出和扩散效应，对区域经济增长具有显著的推动作用。通过教育、培训和学术交流等方式，高等教育人力资本将先进的知识和技术传播到区域内外的其他组织和个体，提高了整个社会的知识水平和技术水平，促进了区域经济的快速发展。区域高等教育的发展不仅能够培养本地人才，还能够吸引外地优秀人才前来求学和就业。这些人才在区域内形成了强大的人才库，为区域经济增长提供了有力的人才保障。同时，他们还能够带来先进的理念和管理经验，促进区域内企业的管理和运营水平提升。

区域高等教育人力资本自主创新能力的提升，有助于推动区域产业结构的优化和升级。随着技术的进步和创新，传统的产业得以改造升级，新兴产业得以快速发展，从而提高了整个区域产业的附加值和竞争力。这种产业结构的优化和升级，不仅能够促进区域经济的持续增长，还能够提高居民的生活水平和质量。

对于一个国家的经济发展来说，技术创新是重要推动力。2018年的统计数据显示，在美国、日本等发达经济体中，科技进步对经济增长的贡献率达到60%~70%。我国作为发展中经济体自改革开放以来经济增长也取得了不错的成绩，但是科技进步贡献率仅为30%左右，远远低于发达经济体的平均水平。鉴于我国区域之间技术转移的壁垒与阻碍较小，因此本书认为现阶段通过技术资源扩散等方式更容易实现技术吸收与共同进步。高等教育人力资本密集的地区相对而言会拥有更强的自主创新能力，我国中、东、西部地区高等教育资源集聚程度存在明显差异，相应地，区域自主创新能力迥同。相对而言，自主创新能力强的经济主体更有实力生产出高、精、尖产品，从而促进经济的高质量增长。

4.3 政府行政效率对区域技术追赶能力和自主创新能力影响经济增长的调节机制

我国在国家建设和社会经济发展进程中实行五年规划，五年规划是国家经济社会发展的指导性纲领。中国政府有着最高的信用等级和较强的计划实施能力。因此，在探究区域技术追赶能力对区域经济增长的影响机制的时候，应当把政府在其中的作用纳入考量（曹倩，2020）[147]，这是符合中国国情的。林毅夫（2017）阐述了中国道路成功的秘诀是政府和有效市场协同统一、相互促进。因此，本书关注到各个地方政府通过其执行能力、引导能力、服务水平等作用于行政区域从而促使区域经济的增长，并将这一执行效率定义为政府行政效率。

在关于政府作用方面，学者们有不同的观点。例如，林毅夫提出政府和市场均为主体的新结构经济学观点；张维迎提出市场起主导作用的新自由主义观点。本书在梳理技术追赶能力对区域经济增长的影响时，通过文献梳理发现，区域在实现产业引进、技术学习以及开展自主研发的进程中，企业虽然是技术的学习积累以及投入生产的实施主体，但是，各地方政府在统筹规划、产业引进、技术学习、组织领导和政府背书等多个方面发挥着主导作用。

结合中国发展实际可以看出，在中国区域经济发展建设的进程中，区域各级政府发挥了重要的职能作用。同样，在区域技术追赶尤其是核心技术的引进过程中，需要由政府主导，并进行背书，然后再到与企业的对接，这样的合作无疑更具操作性、实践性以及信赖度。当地企业在承接引进的技术设备的过程中，所需要的场地、资金、人员等都需要得到政府的支持。

4.3.1 政府行政效率对直接影响的调节作用

在区域技术追赶能力和自主创新能力方面，政府行政效率无论对直接投入生产还是开展进一步的研发都会产生促进作用。政府对技术的引进、相关人才的培养以及产业的培育等方面会做出较为迅速的反应，并构建全面系统的应对机制。高效的政府能够更快地响应科技创新的需求，制定和调整相关政策，这对于创新活动的顺利进行至关重要，因为科技创新往往需要一个灵活和适应性强的政策环境；高效的政府能够在短时间内做出决策，并快速将资源分配到需要的领域和项目上，从而加快科技创新的进程；高效的政府还能够减少科研工作者在等待政策明确或资金支持方面的耗时，从而使他们能更快地投入到科研活动中去。

从政策制定到招商引资、再到技术落地投入生产都需要政府牵头。地方政府制定的相关政策能够为企业和社会行为做出指引，行政效率较高的区域能够从政策上给予企业全方位的支持，并且构建域内开放包容、富有经济活力、行政审批迅速、配套设施完善的良好环境，有利于技术的引进落地、相关企业的生产和研发。各地方政府基本上都会制定提升地区的技术水平、生产能力、研发能力的相应政策，但是很明显效果差异较大。

4.3.2 政府行政效率对间接影响的调节作用

高效的行政管理和良好的政府形象有助于吸引外部资金和技术合作，进一步推动科研创新活动的发展。据统计，行政效率高的地区往往能够吸引更多的技术投资和国际合作项目。政府行政效率的提高也会带动公共服务质量的提升。科研工作者在进行创新活动时，往往需要依赖政府提供的公共服务，如基础设施、数据支持等。高效的政府能够更及时地提供这些服务，从而保障科技创新的顺利进行。一个行政效率高的政府通常能够营造一个更加稳定和透明的投资环境。这对于吸引外部资金和技术支持至关重要，进而促进科技创新的发展。

技术追赶能力经过长期的积累和培养之后，能够在较高层次开展自主创新，从而促进区域经济增长。区域内的自主创新需要政府、社会、企业共同参与，自主创新的动力更加需要政府的推动。企业的本质是以追求经济利益最大化为目标，尤其是私营企业。开展技术创新需要极大的资金、人力和时间投入，一方面不符合企业的现实利益，另一方面企业也面临着巨大的风险。因此，无论是企业（包括国企以及私企）内，还是区域内高校科研院所的创新，都需要政府在政策、资金、人员等方面予以支持，这些支持是重要的推动力。高效的地方政府在这些方面会做出预先行动或者在企业、研发机构需要时立刻帮助解决其遇到的问题和面临的困难，从而助力区域内的自主创新，提升技术水平和生产水平。政府行政效率在技术追赶能力对区域经济增长影响的间接机制中同样起着关键作用。

第5章

区域高等教育人力资本技术追赶效应与自主创新效应比较的实证分析

Nelson和Phelps（1966）提出了人力资本技术追赶思想，Romer（1990）提出了人力资本技术创新思想，至此人们普遍认为技术进步主要体现在技术追赶与技术创新两个方面。Benhabib和Spiegel（1994）还将二者统一于一个理论模型中，考察了人力资本是如何通过技术追赶和技术创新双重推动全要素生产率增长的，这已经成为一个重要的研究视域。

本书在考虑到不同等级人力资本对经济增长发挥作用的差异化路径的同时，将高等教育人力资本对经济增长的作用进一步划分为技术创新效应和技术追赶效应，并将其全部引入经济增长模型，目的在于明确中国高等教育人力资本的技术创新效应与技术追赶效应对经济增长促进作用的现状与程度，从而为中国高等教育改革提供方向和思路。

5.1 研究假设

本书认同Benhabib和Spiegel（1994）的观点，自主创新（domestic innovation）是完全依赖于自身而形成的自创性的技术进步；技术追赶（innovation catchup）是依赖于外部，通过对外来先进技术的模仿实现的技术进步。人才是技术创新和技术追赶的源泉，人才培养是技术创新和技术追赶不断推进的根本。只有把人力素质的提升和人力资源的开发摆在最优先的位置，才能为技术创新和技术追赶提供持续的新鲜活力[77]；波特教授最早提出了创新驱动的概念，他认为创新驱动是经济发展的较高阶段，国家竞争优势将转向主要依靠企业的创新意识和创新能力，更依赖于知识资本、人力资本和激励创新机制提升生产效率，进而推进经济发展[38]；格罗斯曼和赫尔普曼将创新归于具有远见、寻求利润的经济个体有意识地对研究不断投资[148]。由此可见，创新是一种投入或投资，不能带来投资回报和利润的创新是不能称之为创新的，或者是不可持续的创新。

技术创新和技术追赶要依据具体的情境选择相应合理的发展模式。中国必须从自身国情出发，选择恰当的技术创新（自主创新）和技术追赶模式[72]。

对于发展中国家而言，与通过R&D实现技术进步相比，技术模仿和引进在成本上具有明显的优势（Barro和Xavier，1995）[149]。

Benhabib和Spiegel早在1994年就指出，对于技术水平落后的国家和地区而言，选择技术追赶的方式可以实现更快的发展。中国的经济增长极大程度上得益于中国的技术追赶[150]。由于中国的技术追赶始于较低层次的技术能力，因此中国政府的技术追赶是从反求工程和技术引进开始的[151]。

胡鞍钢（2003）认为中国21世纪初的经济追赶极大地得益于改革开放带来的技术追赶效应[152]。但是若要实现可持续的发展，必须技术创新和技术追赶兼顾。对于欠发达国家来说，资源向基础教育倾斜有助于经济增长（Su，2004）。高中及中专学历的人力资本在中国1990—2005年的经济增长中发挥了至关重要的积极促进作用（郭玉清，2007）。中国过去的30年，依赖资本积累和人口红利创造了中国经济增长的奇迹[153]。

假设1a：中国高等教育人力资本技术进步对中国经济发展具有显著的正向影响

假设1b：中国高等教育人力自主创新能力对经济增长的影响没有技术追赶显著

在改革开放后的相当长时间里，由于我国的经济发展水平和科学技术水平大大落后于发达国家，我们通过大力引进外资、外国设备、外国技术和外国管理方法，再加上不断学习、模仿和改造，大幅度提高了技术水平，从而不断缩小我国与发达国家的科学技术差距，通过显著提高全要素生产率来提高我国的经济增长率。

自主创新和技术引进对技术进步的推动作用或重要性是不同的。对于发达国家来说，自主创新是其技术进步的主要源泉，技术引进是其辅助，它们之所以在经济上发达，主要是因为它们在科学技术及创新方面领先；而对于发展中国家来说，由于在科学技术及创新上相对落后，技术引进则是技术进步的主要源泉，自主创新是其辅助。一个经济体由欠发达状态转型到发达状态，一个显著标志便是自主创新替代技术引进，成为技术进步的主要源泉（Fang Fuqian，2016）。人力资本的有效配置对经济增长的影响至关重要（中国经济增长前沿课题组，2014）。中国所培养的高等教育人才主要集中于金融、文化体育、娱乐、科学研究和技术服务业，而农林牧渔业、制造业等行业真正需要科技创新的部门的人力资本比重却相对较低（中国经济增长前沿课题组，2014）。

假设2：中国的技术追赶效应和自主创新效应具有明显的区域化特征

5.2 模型设定和数据说明

5.2.1 模型的设定

为准确估算人力资本对经济增长的影响，本书在经典的柯布-道格拉斯（C-D）生产函数的基础上引入Romer（1990）关于人力资本经济增长核心理念，并借鉴黄燕萍和刘榆（2013）经济增长模型的构建思维，所确立的人力资本经济增长构建思路如下：

$$Y_{it} = A_{it} H_{it}^{\alpha} L_{it}^{\beta} K_{it}^{\gamma} \tag{5-1}$$

依据Romer（1990）提出的人力资本分级模型，人力资本是初级人力资本H_{Yit}与高级人力资本H_{Ait}之和，如公式（5-2）所示：

$$H_{it} = H_{Yit} + H_{Ait} \tag{5-2}$$

不同等级的教育水平对于经济增长所发挥作用的途径是不同的，初级人力资本是直接增进产出的生产要素，而高级人力资本则通过促进以及与其他生产要素间的吸引与结合来增进产出。在本书中，依据中国教育分级的实际情况，将初级人力资本视为初等教育人力资本，包括小学、中学、高中学历的从业人员；将高级人力资本视为高等教育人力资本，包括大专及以上学历的从业人员。

Romer（1990）指出，全要素生产率为内生变量，是关于高等教育人力资本的函数。因此，如果考虑到高等教育人力资本通过技术进步促进经济增长，则高等教育人力资本便会以全要素生产率函数自变量的形式引入模型，则式（5-1）产出模型进一步改进为如下形式：

$$Y_{it} = A_{it}(H_{Ait})H_{Yit}^{\alpha}K_{it}^{\beta}L_{it}^{\gamma} \tag{5-3}$$

该产出模型表明，一个省份的总产出主要取决于四个要素：初级人力资本、物质资本存量、劳动人口与全要素生产率（高等教育人力资本为全要素生产率自变量）。将式（5-3）关于基期对数差分，并运用符号系统$dX_{it} = \log(X_{it}) - \log(X_{i0})$（其中：$X_{it}$分别代表$A_{it}$、$Y_{it}$、$K_{it}$、$H_{Yit}$）进行替换，可得：

$$dY_{it} = c + \left(\log A_{it} - \log A_{i0}\right) + \alpha \cdot dH_{Yit} + \beta \cdot dL_{it} + \gamma \cdot dK_{it} + \varepsilon_{it} \tag{5-4}$$

Benhabib & Spiegel（1994）指出，高等教育人力资本主要通过技术创新和技术追赶两个途径对全要素生产率提升发挥作用，具体函数形式为式（5-5）。其由两部分组成：技术创新函数为$H_{Ait}A_{i0}$，技术追赶函数为$mH_{Ait}(A_0^* - A_{io})$。

$$A_{it} - A_{i0} = gH_{Ait}A_{i0} + mH_{Ait}(A_0^* - A_{i0}) \tag{5-5}$$

将式（5-5）在A_{i0}附近一阶线性展开，近似如式（5-6）：

$$\log A_{it} - \log A_{i0} = gH_{Ait} + mH_{Ait}(A_0^* - A_{i0})/A_{i0} \tag{5-6}$$

对技术水平展开采用Benhabib & Spiegel（1994）所提出的形式，即$A_0^*/A_{it} \approx y_0^*/y_{i0}$。其中，$y_{i0}$为劳均产出，$y_0^*$代表全国的最高水平。因此有：

$$\log A_{it} - \log A_{i0} = gH_{Ait} + mH_{Ait}(y_0^*/y_{i0} - 1) \tag{5-7}$$

结合运算符号$dX_{it} = \log(X_{it}) - \log(X_{i0})$（此时，$X_{it}$代表$A_{it}$）将式（5-7）代入式（5-4），即得：

$$dY_{it} = c + gH_{Ait} + m(y_0^*/y_{i0} - 1)H_{Ait} + \alpha \cdot dH_{Yit} + \beta \cdot dL_{it} + \gamma \cdot dK_{it} + \varepsilon_{it} \tag{5-8}$$

令$Innovation_{it} = H_{Ait}$代表高等教育人力资本自主创新的经济增长效应；$Catchup_{it} = (y_0^*/y_{i0} - 1)H_{Ait}$代表高等教育人力资本技术追赶的经济增长效应，则有：

$$dY_{it} = c + g \cdot Innovation_{it} + mCatchup_{it} + \alpha \cdot dH_{Yit} + \beta \cdot dL_{it} + \gamma \cdot dK_{it} + \varepsilon_{it} \tag{5-9}$$

本书实证分析即以式（5-9）为基础构建，并围绕决定生产函数的核心要素K_{it}、H_{Yit}、H_{Ait}进行分析，着重关注高等教育人力资本在技术追赶和技术创新效能发挥中的现状及差异性。

5.2.2 样本数据选择及处理

本书中所用的原始数据除作特殊说明外，均取自历年的《中国统计年鉴》《中国教育经费统计年鉴》《中国劳动统计年鉴》，以及各省份历年统计年鉴和中华人民共和国国家统计局网站统计数据库。

为了检验高等教育大众化、普及化发展过程中，区域高等教育人力资本自主创新效应和技术追赶效应的效果，本书选取了1996—2014年的数据进行实证分析。1996年中国高等教育开始试行并轨招生，这是高等教育从精英化转向大众化、普及化的重要标志。到2014年，中国高等教育毛入学率达到了37.5%，高等教育在校生规模达3 559万人，已位居世界第一。

（1）总产出Y的选择及其估算

衡量产出的总量指标主要有国民收入、国内生产总值等指标，本书选择用国内生产总值作为指标，相应地，具体到各个地区就选用地区生产总值作为衡量总产出的指标。

本书所用地区生产总值数据需要换算为以1990年为基期的历年不变价格，在统计资料中可以查到历年全国和各地区的生产总值环比指数，首先转化为以1990年为基期的不变价格指数，换算公式为：

$$GDPI_{1990}^{t} = GDPI_{1990}^{1990} \cdot ......GDPI^{t-1} \cdot GDPI^{t}$$

然后利用$GDP_{1990}^{t} = GDP^{1990} \cdot GDPI_{1990}^{t}/100$，可以得到以1990年为基期不变价格的全国和各地区历年的国内生产总值或地区生产总值，$GDPI_{1990}^{t}$表示以1990年为基期的GDP不变价格指数。$GDPI_{1990}^{1990}$表示基期的GDP价格指数，其值取为100，$GDPI^{t}$表示t年份GDP环比价格指数，GDP_{1990}^{t}表示以1990年为基期不变价格计算的历年的GDP，GDP^{1990}表示以1990年为基期的GDP。

（2）物质资本存量K推算

在我国现有的统计资料中，没有现成的物质资本存量的时间序列数据，只能根据相关指标进行测算，最常用的测算方法是“永续盘存法”，物质资本存量等于上期物质资本存量减去折旧，再加上本期的固定资产投资，即：

$$K_{t} = K_{t-1} \cdot (1 - \delta) + I_{t}$$

其中：K_t、I_t代表以不变价格计算的本期物质资本存量和固定资产投资；K_{t-1}代表上一期物质资本存量；δ代表固定资产折旧率。

本书对物质资本存量的估算主要借鉴了张军（2004）[154]以及靖学青（2013）[155]的估算结果。靖学青（2013）根据张军（2004）的估算结果，进一步把重庆市从四川省剥离出来。本书在靖学青所估算出的我国1990年各地区物质资本存量不变现价的数据基础上，根据前述物质资本存量的估算公式向后推算出各地区1991—2014年历年的物质资本存量的不变价格。为保持数据前后统计口径的一致性，固定资产折旧率根据靖学青的估算过程统一选择用10%。在把历年的固定资产投资环比价格指数换算为以1990年为基期的不变价格指数的过程中，需要用到各地区1991—2014年历年的固定资产投资环比价格指数，部分省份在某些年份缺失的数据，则以全国该年份的数据代替。以1990年为基期的固定资产投资不变价格指数的具体换算过程与生产总值价格指数的换算过程相似，然后根据$I_{1990}^{t}=I^{t}/IFAPI_{1990}^{t}\cdot 100$把各年的固定资产投资现价换算为以1990年为基期的不变价格。I_{1990}^{t}表示以1990年为基期的固定资产的不变价格，I^{t}表示固定资产的现价，$IFAPI_{1990}^{t}$表示以1990年为基期的固定资产投资不变价格指数。

（3）就业人数推算

考虑到数据的可得性以及为确保统计口径的一致，本书采用《中国劳动统计年鉴》和《中国统计年鉴》中各地区的分行业就业人数作为衡量一个地区参与劳动的人数。其中，因年鉴中缺少部分年份（2011年和2012年）各地区的就业人数，所以，采用插值法进行推算。

（4）人力资本存量H估算

现有的估算教育所形成的人力资本的方法，主要有劳动产出法、学历权重（指数）法、受教育年限法、教育经费投入法。根据经济学的成本分析方法，一般用货币价值量来进行经济分析，由于其结果具有可加、可分和可比性，分析结果相对科学，因此这里我们采用教育经费投入法来估算教育所形成的人力资本。

在估算教育所形成的人力资本存量时，本书参考沈利生和朱运法（1999）[156]对我国人力资本存量的估算方法。整个社会的人力资本等于各种教育水平的劳动力人数与获得该教育程度所需教育投资之积的和，可以用公式表示为：

$$H_{it}=[l_{1it}\cdot ept\cdot 6+l_{2it}(ept\cdot 6+ejmt\cdot 3)+l_{3it}(ept\cdot 6+ejmt\cdot 3+esmt\cdot 3)+l_{4it}(ept\cdot 6+ejmt\cdot 3+esmt\cdot 3+eut\cdot 4)]/prc$$

高等教育人力资本存量的不变价格为H_{Ait}：

$$H_{Ait}=l_{4it}(ept\cdot 6+ejmt\cdot 3+esmt\cdot 3+eut\cdot 4)/prc$$

其中：H_{it}代表i地区在t年度教育形成人力资本存量的不变数量；l_{1it}代表i地区在t年度的小学水平的劳动力数量，ept代表小学生人均教育经费数；l_{2it}代表i地区在t年度的初中水平的劳动力数量，$ejmt$代表初中生人均教育经费数；l_{3it}代表i地区在t年度的高中水平劳动力数量，$esmt$代表高中生人均教育经费数；l_{4it}代表i地区在t年度的大学水平的劳动力数量，eut代表大学生人均教育经费数；H_{Ait}代表i地区在t年度由高等教育形成人力资本的不变数量；人均教育经费用现价表示，价格指数为prc（居民消费价格指数）。

受我国经济社会发展水平以及我国现有制度等因素的制约，目前我国教育尤其是高等教育对经济增长的影响主要体现在数量上，教育质量上的差别还不明显。因此在研究中我们假设接受同等教育的劳动者在质量上是无差别的，取各地区各级教育的生均教育经费作为衡量不同教育程度劳动者在质量上的差别的指标是可行的。

人力资本存量在估算过程中同样涉及不变价格的换算，具体的换算过程与固定资产投资以1990年为基期的不变价格换算过程相同，所用的价格平减换算的指标是居民消费价格指数（环比）。就业人员中受各种教育水平人数的计算根据各年份各地区就业人数乘以各地区就业人员受各种教育水平构成的百分比得出，其中因年鉴中缺少部分年份各地区的就业人数，所以，采用插值法推算。

(5) 其他制度性变量的选择及计算过程

考虑到改革开放以来，由于我国不同地区原有经济发展基础的差异以及对外开放和市场化进程的非同步性，因此在建立经济增长模型时，制度性因素也成为影响经济增长的重要考虑因素。在构建模型的过程中我们选择城镇化率作为衡量不同地区经济发展基础差异的变量指标，以全社会固定资产投资中非国有部门所占的比重、非国有企业工业产值所占的比重作为国内市场化程度的衡量指标，以进出口总额占地区生产总值的比重作为对外开放程度的衡量指标。主要变量的统计描述见表5-1。

表5-1　　主要变量的统计描述

变量名称	均值	标准误	最小值	最大值
地区生产总值（单位：亿元）	1 225.81	804.44	33.54	3 558.53
物质资本存量*K*（单位：亿元）	2 310.63	1 550.60	140.05	6 168.79
就业人口*L*（单位：万人）	2 255.716	1 570.794	117.7	6 606.5
高等教育人力资本存量（单位：亿元）	1 050.76	1 420.748	0.49	9 882.488
初等教育人力资本存量（单位：亿元）	2 544.36	3 325.813	20.98	20 371.02
城镇化率（%）	0.47	0.18	0.17	0.994
非国有固定资产投资比重（%）	0.58	0.16	0.04	0.89
非国有企业工业产值比重（%）	0.53	0.21	0.10	0.91

5.3 实证结果

运用面板数据进行回归，实证结果见表5-2。在表5-2中，Model1为基础控制变量模型。

表 5-2　　　　　　　　**模型回归结果**

	Model 1	Model 2	Model 3	Model 4	Model 5	Model 6
dL_{it}	0.085***	0.018	0.091**	0.115**	0.497***	−0.143
	(2.77)	(0.48)	(2.11)	(2.18)	(4.76)	(−1.31)
dK_{it}	0.176***	0.122***	0.124***	0.091**	0.183***	0.089***
	(20.63)	(6.28)	(6.46)	(2.11)	(4.57)	(2.63)
The rate of urbanization	0.078***	0.075***	0.083***	0.092***	0.124*	0.120**
	(2.93)	(2.80)	(3.14)	(2.59)	(1.86)	(2.59)
The structure of ownership	0.191***	0.153***	0.141***	0.236***	0.053	0.210**
	(4.63)	(3.58)	(3.26)	(4.17)	(0.63)	(2.57)
The rate of marketization	0.082***	0.091***	0.073***	0.052	0.088**	0.033
	(3.15)	(3.52)	(2.82)	(0.97)	(2.32)	(0.71)
dH_{Yit}		0.057***	0.059***	0.019	−0.014	0.139***
		(3.05)	(3.17)	(0.51)	(−0.35)	(3.95)
$Catchup_{it}$			0.056***	−0.037	0.148***	−0.055
			(2.71)	(−1.17)	(2.80)	(−0.52)
$Innovation_{it}$			−0.253***	0.148*	−0.734***	0.010
			(−4.25)	(1.79)	(−3.17)	(0.02)
_cons	−0.188***	−0.177***	−0.166***	−0.230***	−0.134***	−0.169***
	(−7.69)	(−7.21)	(−6.84)	(−4.75)	(−2.80)	(−4.61)
N	589.000	589.000	589.000	190.000	152.000	228.000
r^2_a	0.877	0.879	0.883	0.896	0.920	0.890

注：*p < 0.1；**p < 0.05；***p < 0.01。

5.3.1 区域高等教育人力资本技术追赶效应显著强于技术创新效应

如表5-2中Model 3所示，在研究期内，就内地31个省份整体而言，中国区域高等教育人力资本规模扩张所带来的技术追赶效应显著为正（技术追赶效应系数为0.056），但是高等教育人力资本规模扩张所带来的技术创新效应显著为负（技术创新效应系数为-0.253）。由此可知，就整体而言，近20年来中国区域高等教育的规模扩张，的确通过技术模仿、技术追赶等形式缩小了落后省份与发达省份之间的技术差距。但是，所发挥的自我创新能力严重不足，甚至由于一味盲目扩大规模，鱼目混珠，导致高等教育人力资本规模所表现出的技术创新能力对经济反而产生负向效应。

5.3.2 东、中、西三大区域技术追赶与技术创新比较研究

中国具有明显的区域化特征，依据地理位置，将内地31个省份划分为东、中、西三大区域。每个区域因各自所处的综合环境不同，相应地，高等教育人力资本的技术追赶效应和技术创新效应也存在显著差异。

（1）东部地区高等教育人力资本技术追赶与技术创新效应比较研究

表5-2中Model 4为东部11个省份高等教育人力资本技术创新效应与技术追赶效应。东部地区技术创新效应显著为正（技术创新效应系数为0.148），而技术追赶效应为负且不显著（技术追赶效应系数为-0.037）。一方面，东部地区有着中国最发达的11个省份，相应地，在国内占绝大比重的高技术人才云集于此，这必然是引领中国技术创新的核心源泉，因此技术创新效应显著为正；另一方面，由于东部地区本身就是经济、技术最发达的地区，是其他地区追赶的对象，因此

其自身的技术追赶效应相比较而言，就变得不显著。但是技术追赶效应为负，也说明东部地区内部各个发达省份之间的技术追赶效应并未发挥出来。

（2）中部地区高等教育人力资本技术追赶与技术创新效应比较研究

中部地区高等教育人力资本的技术追赶效应显著为正（技术追赶效应系数为0.148），而技术创新效应显著为负（技术创新效应系数为-0.734）。这也与中部地区实际相符，中国的经济中等发达省份多云集于此地区。因此，以东部发达省份为模仿和追赶目标，高等教育人力资本充分发挥着技术追赶效应。但是，与东部地区相比，高等教育人力资本自身实力存在较大差距，相应的创新能力明显不强。

（3）西部地区高等教育人力资本技术追赶与技术创新效应比较研究

西部地区高等教育人力资本的技术创新效应为正但不显著（技术创新效应系数为0.010），技术追赶效应为负但不显著（技术追赶效应系数为-0.055）。由此表明，西部地区的高等教育人力资本既未能发挥技术创新效应也未能发挥技术追赶效应。与边雅静（2004）的观点一致，在西部地区的发展中，物质资本起到了关键性作用。

5.4 结论与启示

研究结果显示，中国东、中、西三个地区的高等教育人力资本技术创新效应和技术追赶效应表现各异。整体而言，中国高等教育人力资本主要发挥的是技术追赶效应，而技术创新效应尚未发挥出来。这表明，随着中国高等教育规模的发展，中国高等教育人力资本的积累已经达到了一个较高水平，高等教育人力资本存量得到提升，中国通过学习、引进世界先进科学技术使得中国的科技水平与世界的差距在不断缩小。具体到东、中、西三大区域，又因各自综合环境不同，高等教育人力资本发挥的效力也截然不同。

东部地区的高等教育人力资本充分发挥了追赶世界科技前沿的作用并开始进入原始创新阶段，同时发挥了引领中国科技发展的领头羊作用。这表明东部地区的高等教育人力资本不仅具有较高的存量，而且质量较高。中部地区的高等教育人力资本正在通过学习、引进等途径发挥着向发达国家和中国东部地区技术追赶的作用，这种技术追赶作用使得中部地区的科技进步水平与发达国家和中国东部地区的差距在缩小。但中国中部地区的高等教育人力资本原始创新作用尚没有发挥出来，表明中部地区的高等教育人力资本存量虽然已经达到了一个较高的水平，但高等教育人力资本的质量相对不高。中国西部地区的高等教育人力资本所发挥的作用与东部和中部地区均不同，既没有发挥出技术追赶作用，也未发挥出技术创新作用，表明西部地区的高等教育人力资本既存在存量严重不足的问题，也存在质量不高的问题，尚处于积累过程之中。

从中国东、中、西部三个地区高等教育人力资本作用表现以及经济发展水平比较可以看出，经济比较发达的东部地区其高等教育人力资本的科技进步作用也处于高级阶段，即技术创新阶段；经济发展处于中等水平的中部地区其高等教育人力资本的科技进步作用也处于中级阶段，即技术追赶阶段；经济发展相对落后的西部地区其高等教育人力资本的科技进步作用则处于初级阶段，即科技储备阶段。中国的这一现象印证了在一国之内的区域之间，高等教育人力资本与科技进步具有国家层面同样的关系。

由于科技进步已经成为经济发展的新动力，为此，鉴于中国经济社会发展的目标，我们认为中国整体以及东、中、西部地区在发展高等教育方面需要采取不同的策略以实现经济社会发展对高等教育人力资本的不同需求。

就中国整体而言，一方面，需要进一步扩大高等教育规模，提升高等教育人力资本的存量；另一方面，需要通过加大经费投入和深化教学改革等途径全面提升高等教育人才培养质量，尤其是创新能力的培养。

就东部地区而言，高等教育发展的重点不在于人才培养的数量，而在于面向世界科技发展的前沿进一步提高人才的创新能力，尤其是研究生层次人才的创新能力。

就中部地区而言，需要适度发展高等教育规模，重点是扩大本科及以上层次的高等教育规模；还需要提高高等教育人才培养的质量，尤其是提高高层次专业人才的创新能力，为即将进入科技创新阶段提供保障。

就西部地区而言，首先需要大力扩大高等教育规模，迅速实现高等教育人力资本的积累，发挥高等教育人力资本的技术追赶效应；其次是努力提高高等教育质量，在实现技术追赶的同时，不仅要缩短技术追赶的周期，也要尽可能地发挥一些技术创新效应。与此同时，西部地区需要改善吸引和稳定人才的环境，确保西部地区的高等教育所培养的人才成为西部地区的高等教育人力资本。

第6章

区域高等教育人力资本技术追赶效应与自主创新效应异质性的原因分析

上一章的研究结果表明，我国区域高等教育人力资本的技术追赶效应和自主创新效应存在着明显的差异性。本章将对差异产生的原因进行具体分析。

6.1 经济发展方式的影响

改革开放以来，中国经济发展主要是依靠投资和出口实现的，经济发展的质量有待提高，还没有达到主要依靠科技进步来实现的发展阶段。现有产业结构对高等教育依赖性不强是引起区域高等教育与经济发展偏离的原因之一。目前我国的产业结构中，吸引劳动力的主体产业主要还是初级加工制造业、食品纺织等轻工业、矿业开采等行业，大量需要高素质劳动力的高科技产业尚未发展成熟。中国现阶段的产业结构尚需进一步优化，从而让高等教育人力资本发挥更大更有效的作用，促进经济持续高质量发展[157]。

6.2 地域和资源因素的影响

中国是一个地域辽阔的国家，具有多种多样的地质地貌特征，自然资源在区域之间的分布极不均衡。不同类型资源的供需在区域之间具有不一致性，进而决定了中国区域经济发展各个方面的差异。在地域、资源优势突出的地区，完全可以充分发挥自身现有的天然优势(并不需要过高的技术水平和人力资本的支撑)，实现一定时期经济的快速增长。知识经济在这些地区体现得尚不明显，地方政府和民众对高等教育的重视不足。因此，中国地域、资源方面的差异也是引起区域高等教育与经济发展偏离的原因之一。

6.3 高等教育发展的影响

伴随社会主义市场经济向纵深方向发展，高等教育与区域经济发展之间的联系日益紧密，经济体制改革和教育体制改革的深化迫在眉睫。要实现区域经济的可持续发展，单纯依赖高等教育的发展规模是不可能实现的，必须冷静思考，深入剖析高等教育发展中存在的不足，及时调整优化，才能更有效地促进区域经济的发展。

6.3.1 办学定位方面存在的不足

高等教育办学定位方面存在的不足表现为部分高校自身缺乏科学定位。例如，个别高校为了争取国家资金扶持，不顾自身定位，盲目发展研究生教育，而忽视本科教学任务；有些专科院校不注重自身专业实际的运用，盲目将专升本作为自己的办学目标。一些省份的高等职业教育尚未形成规模化、体系化，使得一些区域高等教育不能协调区域经济的有序运行。另外，目前尚缺乏权威的高校划分标准。学术界根据各高校的科研情况、教学能力，将高校划分为研究型大学、教学型大学、职业技术类院校，但缺乏可实际依据的全面、科学的参照指标。

6.3.2 高等教育结构设置方面存在的不足

中国区域高等教育发展的内在逻辑动力较弱，在资源短缺的条件下，随着扩大招生政策的实施，区域高等教育在类型结构、层次结构、学科结构等方面与区域经济社会发展现实需要之间的偏离进一步拉大。民办高等教育由于机制比较灵活，可以适时根据社会需求来调整规模和学科结构等。然而中国民办高等教育发展迅速并初步具备特色化发展的地区，比如依托母体院校大力发展独立学院的湖北省、以机械制造和服装类教育为特色的江西省、以外语教育为特色的陕西省，大多并不是处于经济发达的地区。在中国现有高等教育管理体制下，为了获取有限的资源，一些地区的高等院校不顾自身实力和经济社会的现实需要，盲目追求办学的高层次，热衷于学校升格和增设硕士点、博士点，追求短期可见的利益，这背离了区域高等教育发展的客观规律，导致中国区域高等教育层次结构与经济社会发展之间的背离。高校扩招以来，以一些招生量较大的热门的短线专业为例，之所以设置这些专业，并不是社会发展的需要，而是因为这些专业办学成本低。这些专业的学生一毕业就变得相对过剩，毕业生就业对口率较低。

近年来，我国社会主义市场经济体系进一步完善、成熟，市场经济倡导自由、平等，注重知识尤其是科学技术的广泛运用；市场经济发展要求劳动力资本综合素质的提升，对专业人才的需求程度高。高等教育要适应市场经济发展需求，及时调整学科结构与专业设置，适应市场经济对人才的分门别类需求，从而促进区域经济的长远发展。

高等教育学科结构与专业设置方面存在的不足表现为办学类型单一。例如，缺乏民办高校的竞争，会导致高校在学科结构与专业设置上存在不符合市场经济人才培养模式的情况；允许民间资本注入高等院校，在我国目前的实际操作中较为迟缓；相比发达国家私立高校的成功经验，我国私立高校的发展较为困难；公立高校对自身学科结构与专业设置的自主权有限，适应区域经济发展的新专业审批难度大，这些对高校适应区域经济发展的需求及时调整学科结构与专业设置产生了一定的影响。随着市场经济的发展，高校将进一步放开办学自主权，这有助于更好地适应市场经济对人才的需求。

6.3.3 高等教育人才培养模式方面存在的不足

高等教育人才培养模式方面存在的不足表现为人才培养的层次结构不适应经济发展转型的需要[158]。例如，黑龙江省目前新兴产业结构对人才培养的需求不同于东北老工业基地时期的人才培养需求。在黑龙江作为东北老工业基地时期，以煤炭、电力、森工为主导的工业体系，对劳动力资源提出了一定的要求，但对技术水平的要求还不是很高，对高等职业教育需求大。高等教育要适应工业化需求从而确定人才培养模式，只有人才培养模式适应工业化发展水平才能促进区域经济发展。现阶段黑龙江省经济发展转型，以煤炭、电力、森工为依托，注重对自然资源和农产品的深加工，注重新能源和新材料的开发和利用。高等教育虽已进入大众化发展阶段，但是，对人力资本的科技成果的运用和转化能力的需求不断提升，这就需要高等教育适应经济发展需求，提升人才培养模式，提高劳动力资本的综合素质。黑龙江省的研究生教育发展滞后，同时职业教育体系发展不完善。很多职业教育学生在获得高校学习资格时面临困难，这是目前黑龙江省职业教育缺乏吸引力的主要原因。虽然教育部出台政策，使职业教育与普通高等教育融通，但实际进展不明显。

另外，一些省份的高校人才培养虽然已经建立了学分制的弹性学习制度，但主要针对在校生，没有真正对各个行业有进修需求的人群开放。虽然设置学分制，但要求在四年或者五年内完成学业，想提前或者延后进修年限比较受限。

6.3.4 高校科学研究方面存在的不足

高等教育科学研究方面存在的不足表现为高校的科研水平不能满足区域经济发展的需求。一些高校科技研发存在着创新能力不足、科技成果转化率低等问题。一些科技成果在进行项目论证时，没有详细调研市场需求，也不能适应市场需要及时做出调整，导致科技成果无法实际应用。有的科技成果本身缺乏市场应用和论证环节，导致企业没有应用的信心。还有一些科技成果转化的后期改进跟不上，很多高校科研人员缺乏进入企业进行后期维护和改进科技成果的意识，也是导致科技成果转化率低的重要原因。部分高校申请专利数量少，而且质量偏低，尤其在新材料、新能源的开发和利用方面的专利不多。

6.3.5 高校政策咨询服务方面存在的不足

高校要想促进区域经济发展，除了培养区域经济发展所需的劳动力资本，带领科技创新之外，还应运用自身的人才与技术优势，鼓励师生参与到高新技术产业园区的创办中来，并为之提供政策咨询服务。目前一些高校高新技术产业园区存在的问题是规模小、数量少。高校无法起到技术引领的作用，企业也无法做到独立运转。近年来，一些高校对学生参与教师科研项目的程度要求大幅度提升，尤其对硕士生和博士生的科研参与要求加大，但是对科研成果的转化却缺乏了解，这制约了教师和学生的科研创新能力的发挥。而高校教师自身往往只注重科研项目的技术成果，并没有将技术成果与市场实际运用有机结合。很多高校教师只是为了评职称而进行科研，而高校在职称评聘过程中，比较重视科研成果是否获奖，而不考察科研成果与市场实际运用结合的情况，这不利于调动教师科技成果转化的积极性。很多地方高校没有将服务区域经济发展作为自己的办学宗旨，导致教师不愿意花时间在科技成果转化的后期应用上，不愿意到企业中做烦琐的科技成果实际转化工作。

6.4 市场机制的影响

生产要素所有者通常是以实现经济利益的最大化为目标配置自身的资源。人力资本作为最重要的生产要素之一，同样具有可自由流动的特征。虽然各地区高等教育的发展水平存在着差异，但高等教育所培养出来的人力资本是可以在各区域之间流动的，经济发达地区凭借优势地位可以方便地从其他区域获得自身发展所需要的人力资本，区域经济发展不会因本地区高等教育提供高层次人才的能力有限而停滞不前。在一国范围内人力资源具有自由流动性的特性也是引起区域高等教育与区域经济发展水平的偏离的又一原因。

第 7 章

提升区域高等教育人力资本技术追赶效应与自主创新效应的策略建议

7.1 国家层面的对策建议

7.1.1 加大经费投入提高高等教育质量

随着中国高等教育招生规模的扩大，高等教育规模问题已不是中国高等教育发展中的主要问题，高等教育的质量问题日益凸显。教育经费投入水平直接关系到人才培养的质量，中国财政性教育经费占国内生产总值的比重一直徘徊在2%～3%之间，不仅远远低于世界发达国家的水平，而且低于世界平均水平4%。在实行人才培养模式改革的同时，应该加大对教育的投入力度，争取早日实现财政性教育经费投入占国内生产总值4%的目标。高等教育质量是指高等教育产品和服务所具有的功效性、人文性和调适性在满足社会和学生发展以及高等教育系统自身有序运转方面要求的程度。忽视高等教育质量，就只能形成一个低水平、低层次、低标准的区域高等教育体系，也无法切实、有效地为经济服务，教育经费是高等教育质量提升的物质基础。

7.1.2 完善创新机制

为保障创新能力的持续提升，应完善基础研究创新机制。借助政府在资金上的支持，不断为社会和国家培养在基础研究方面的创新人才和团队。需要多维度完善创新机制：首先，保护知识产权，为加强这部分的建设，应成立知识产权交易平台并建立相应制度，遵循市场要求，做好产业创新服务；与此同时，要树立区域创新企业在市场上的地位，区域扶持了企业的发展，企业要把握好当地的异质性及创新资源，这有助于发挥区域内创新发展的针对性优势；在对外开放的环境下，做好开放政策的制度保障，积极进行国际科研协作研发和多方面交流。

党的二十大围绕科教兴国战略、人才强国战略、创新驱动发展战略做出新的重大部署，为未来创新创业工作的发展指明了方向，提供了根本遵循。高校应该承担起服务于创新创业教育工作的责任，为中国现代化建设的人才培养贡献一份力量。首先，要完善大学生创新创业教育体系就要明确自身的教育目标，这是完善创新创业教育体系的重要环节，这就要求学校要培养学生的非智力素质。简单来说，一方面，创新创业教育要培养学生进行独立思考，那就要培养学生坚韧的意志、敏锐的洞察力和创新精神，还要具有主动学习的能力和掌握现有资源的能力，进一步鼓励学生个性的发展。另一方面，就是要加强学生素质方面的建设，培养健全的人格。高等学府在培养学生创新创业意识的同时要指导他们完善自我建设，将创新创业精神融入具体的工作和学习中去。其次，开展创新创业教育工作要以社会主义核心价值观作为指引，培养学生积极进取的品质。创新创业教育质量评价体系是进行质量评价的工具和方法，一个有效的创新创业教育质量评价体系可以为学生指出当前存在的问题以及指明解决问题的方向，帮助学生找短板；可以更加直观地指出当前创新创业教育中所存在问题的症结所在，以及与其他学校存在的差距，相互借鉴、共同进步。

要完善大学生创新创业教育质量评价体系，就是要构建出一个具有指引功能、教育功能和甄别功能的评价体系，指引高校建设。同时要保证评价体系在评估过程中的客观真实性，并使评估结果具有促进作用，这样才能真正地认识创新创业教育质量评价体系。另外，大学生创新创业教育质量评价体系不是一成不变的，要随着时代的发展而不断变化，做到与时俱进。

7.1.3 政府发挥引导作用

（1）积极协调高校与企业之间的关系

随着高等教育改革的深入，高等教育管理的地方化改革能够密切高等教育与地方政府的联系。政府要加大对高校的经费投入和引导作用，从而使高校为区域经济发展做出更大的贡献。高等教育要培养区域经济发展所需人才，就需要加强校企合作。然而，高校和企业是两个不同的行为主体。高校要培养高技术含量的专门人才，高校还要提升自身的科研能力，教学与科研是高校的两大功能。而企业的目标是逐利，追求利润最大化也是企业的生存之道。因此，要加强校企合作，就需要政府发挥引导作用。高校的科研课题的技术含量越高，科研经费越充足，就越能培养出高层级的专门人才，并有助于进一步推动团队科研水平的提升，所以高校的教学与科研两大功能要得到充分发挥。高校和企业之间的互动，关键是鼓励教师和学生到企业中去，深入到产品研发的第一线，获取第一手资料，从而提高科研成果的转化率。政府要让企业认识到，企业自身进行科研的局限性在于科研周期长、雇用科研人员需要增加企业成本，而企业与高校合作能够节约科研经费，增强企业产品的科技含量，提高市场竞争力，从而可以获取更大的利润。政府要为企业和高校的合作提供政策咨询服务和资金扶持，从而提高二者合作的积极性和实效性。

（2）调整政府和市场的角色定位

要合理界定政府与市场在产业升级中扮演的角色，二者灵活搭配，各尽其责，协同推进各地区产业结构升级。中央政府在考虑经济发展、生态环境等多种因素的基础上，在发展目标、战略布局、政策引导方面做出顶层设计，细节方面由地方政府根据自身条件进行探索。同时，要高度重视市场在资源配置中所起的决定性作用，构建产业要素跨区域互动合作平台，促进创新资源、技术进步等要素跨区域合理流动，提高东、中、西部地区之间产业要素的获取、整合能力，从而促进各区域产业升级、协同发展。

（3）制定相应的扶持和激励政策

例如，我国中、西部地区，尤其是西北地区在全国经济发展中一直处于落后地位，“西部大开发”与“中部崛起”作为我国两大重要战略措施，分别为西部地区和中部地区持续发展提供了一定的动力，但尚未有效解决中、西部地区高等教育与经济发展之间的问题。

中部地区区位优势明显，贯穿南北、联系东西，起到重要的枢纽作用，能够广泛吸收综合资源。针对我国目前仍存在的突出问题——不均衡的区域经济发展，国家应该究其根本，因地制宜做出推动中部地区高等教育发展的重要决策。以湖南省为例，虽然每年在教育经费上逐步加大对教育的投入，但还是捉襟见肘，导致这种结果主要是由于人口基数过大带来的连锁反应。统计分析显示，中部地区人均教育投入水平不仅低于东部地区，甚至低于西部地区，长期处于人均教育经费紧缺的状态下，对高等教育发展十分不利。

西部地区的区位劣势一直是制约其发展的重要因素之一。改革开放后，为大力发展我国东部沿海地区，加强与发达经济体的经济交流，国家为沿海地区提供福利与政策倾斜，让东部率先发展起来。如今，全国无论高等教育发展还是经济发展均呈现东高西低的现象。

针对中、西部地区现状，国家应出台明确的政策，加大教育投入，将优势教育资源由东部地区向中、西部地区转移，给予更多的政策倾斜与资金扶持。同时要配合推进共建“一带一路”，通过加强合作、增强交流、建立平台，对“一带一路”共建地区实施高等教育科技创新服务，注重区域之间均衡协调进步，以此来促进中、西部地区快速持续发展。

政府可以通过激励政策推动高等教育改革。例如，在国外就有赠地政策，推进了高校与企业合作的高新技术产业园区的建设。土地的购买对企业或高校来说都是不能承受之重，政府赠送校企合作的用地，能够促进校企科研合作。政府出面帮助校企合作的高新技术产业园区融资，让高新技术产业园区获取发展所需资金，进而增强市场竞争力，推动区域经济发展，让校企合作的高新技术产业园区站在区域经济发展的制高点上，引领区域经济的腾飞。

7.1.4 实施高等教育圈的发展战略布局

从系统科学的角度来讲，封闭的区域高等教育是没有前途的高等教育。区域高等教育要想得到较好的发展，必须与其他区域的高等教育进行交流与合作。唯有如此，区域高等教育才有可能获得有利于自身发展的物质、信息和能量。因此，区域高等教育之间必须努力在各种途径开展交流与合作。

“圈”是指同一范围内的多个地区形成的圈子，而高等教育圈是将某个或者多个高等教育发达地区的充足教育资源辐射至周边省域，促进同一教育圈中省域间共同发展[159]。根据高等教育资源储备综合得分可知，北京、江苏、广东、山东、上海、湖北、陕西、四川、辽宁、黑龙江等地区高等教育资源储备比较充足。中央政府可以将这些教育发达地区作为核心区，对全国高等教育圈进行划分，以此实现“核心区—周边地区”的教育发展战略模式，促进区域间协调、快速发展。

针对高等教育圈的划分与地区辐射情况，总结见表7-1。

表 7-1　　　　　　　　**高等教育圈划分辐射表**

	核心区	辐射区
华北高等教育圈	北京、山东	天津、河北、山西、内蒙古中部
华东高等教育圈	江苏、上海	安徽、浙江、江西、福建
华中高等教育圈	湖北	湖南、河南
华南高等教育圈	广东	广西、海南
西北高等教育圈	陕西	甘肃、青海、宁夏、新疆、内蒙古西部
西南高等教育圈	四川	重庆、贵州、云南、西藏
东北高等教育圈	辽宁、黑龙江	吉林、内蒙古东部

华北高等教育圈中，天津、河北、山西、内蒙古中部受到以北京、山东为核心的辐射；华东高等教育圈中，安徽、浙江、江西、福建受到以江苏、上海为核心的辐射；华中高等教育圈中，河南、湖南受到以湖北为核心的辐射；华南高等教育圈中，广西、海南受到以广东为核心的辐射；西北高等教育圈中，甘肃、青海、宁夏、新疆、内蒙古西部受到以陕西为核心的辐射；西南高等教育圈中，重庆、贵州、云南、西藏受到以四川为核心的辐射；东北高等教育圈中，吉林、内蒙古东部受到以辽宁、黑龙江为核心的辐射。

7.2　地方层面的对策建议

7.2.1　强化区域自身优势

（1）确定合理的区域高等教育发展规模

随着知识经济时代的迫近，高等教育作为人力资本投入的主要渠道之一，在区域经济社会发展中扮演着越来越重要的角色。为了应对科技日新月异的变化，高等教育发展的成本也越来越高，在资源稀缺性的约束下，高等教育经费不足已经成为一个全球性的问题，区域高等教育的健康可持续发展离不开区域经济社会的强有力支持。由于中国的特殊国情，我国区域高等教育和区域经济发展长期来沿着两条不同的道路发展，二者之间具有很大的不一致性，这种非同步性随着经济社会的发展呈现出越来越大的偏离。尤其是区域高等教育发展水平滞后于经济发展水平的地区，如山东省，应该加大投入提升区域高等教育的规模，而区域经济发展水平滞后于区域高等教育发展水平的地区，如湖北省、陕西省、黑龙江省，应该在稳定现有高等教育规模不扩大的情况下，适当提升高等教育的层次水平，培育区域高等教育的核心竞争力，使区域高等教育发展规模与经济社会发展水平相适应。

（2）系统分析自身比较优势，针对性提升技术追赶能力和自主创新能力

基于前文的分析可以看出，各个区域的整体技术追赶能力和自主创新能力是由不同维度的不同指标构成的，而不同区域在不同的维度有着自身的优势。因此，各区域应当系统地分析出自身的比较优势，选择自身基础较好或者比较有竞争力的方面加大投资和关注力度，从而提升自身的综合技术追赶能力。

这种比较优势可以是在邻近区域，或者是在全国范围内资源禀赋相似的区域，甚至是在国际上的某些区域。通过针对性地提升自身技术追赶能力，从而为技术引进模仿消化吸收、技术积累以至于自主创新培育良好知识、人才等资源，进而高效促进经济发展。

经济欠发达地区在区域高等教育发展战略重点的确定上，应抓中间，重点发展综合性大学，提高所培养人才的普适性水平，在服务好本区域经济社会发展需要的前提下，培育区域高等教育的特色，提高

区域高等教育的比较优势和对区域外生源的吸引力，盘活本区域内有限的高等教育资源，进而提升区域高等教育与经济发展之间的协调度；经济发达地区，应该以市场为导向，区域高等教育发展的战略重点应该放在两端，即重点发展研究型和应用型、技能型院校，进一步增强所培养人才的区域性特征，更好地服务于本区域经济发展的现实需要，使区域高等教育资源得到优化配置，发挥最大的效益。

（3）根据区域优势特点，分产业选择不同发展路径

实现区域经济的发展和社会进步可以有不同的发展路径，也可以是不同的路径相结合。不同的区域应当根据自身的资源优势、区位优势、产业优势等选择适合自身发展的模式及路径。不同区域的发展路径和定位不能仅限于国内，应当放眼全球，将某些产业打造成具有全球辐射力和竞争力的优势产业。在国内国际双循环中，充分发展和利用外循环这个发展路径。

在部分相对弱势的产业或者行业可以选择引进模仿或者是开展合作经营、加盟直营以及扩大生产规模等方式来促进就业，从而带动区域经济发展。

在基础良好或者有优势的产业加大自主研发的力度，进一步提升特色产品的竞争力。例如，经济发展增速、技术追赶能力及自主创新能力均偏低的黑龙江，可以先由渐进式创新逐步升级至突破式创新，从而在冰雪旅游、特色农业、高端装备制造业等方面依托自身独特的优势，在某些方面实现赶超领先。

内循环经济是中国经济增长和提高收入的根本动力，在这种情况下释放市场需求和转变经济发展重点尤为重要。因此，在区域发展过程中，邻近区域要加强沟通和协调，实现在更大区域范围内产业的差异化分工，开拓不同的市场需求，寻找不同的经济发展重点和产业布局，避免同质化的恶性竞争。

同时，要扩大技术合作的范围，这不仅需要企业之间的洽谈合作，更需要政府之间的合作交流。例如，长三角区域由原先的上海、江苏和浙江扩容成沪苏浙皖三省一市，中部区域的代表省份安徽通过与沪苏浙加强一体化建设，向传统的长三角不断靠拢，自身技术发展和科技水平逐步提升。因此，其他区域也应当通过更大区域范围内的协同发展，互为补充，实现合作共赢，提升各自的技术追赶能力及创新研发能力，促进区域经济的均衡发展[160]。

7.2.2 强化区域间的协同创新效应

创新是发展的第一动力，实施创新驱动发展战略，无论对于国内新旧动能转换，还是区域协同发展，都具有决定性作用。随着科技研究交叉融合性、创新复杂性和不确定性的提升，协同创新作为实现区域协同发展的内在动力，在降低信息成本、增进区域创新效率中的作用愈发关键，在加快区域协同发展方面的作用日益突出。

7.2.3 加大经费投入提升区域高等教育质量

我们的区域高等教育应逐步从规模外延式扩展转变到质量内涵式发展的轨道上来。只有区域高等教育质量获得提升，才能为地方经济发展提供更好的服务，真正地担当起“基础研究的主力军、应用研究的生力军、高科技产业化的重要方面军”。区域高等教育经费投入的稳步提高和合理应用是提升区域高等教育质量的物质保障。

“经济基础决定上层建筑”，地方政府对教育经费的投入是区域高等教育发展的基本保障。政府与企业分担科研经费是促进校企科研合作取得实效的有效措施。政府应加大科研经费投入，制定相应的激励政策，促进校企科研合作。政府现有投资高校科研经费的资金规模已经不能满足高校日益增长的科研经费需求，政府要想加大高校科研经费投入，可以与企业共同投资高校与企业的科研合作项目，政府与企业共同承担科研经费。此举可以调动企业参与科技研发的积极性，又可以增加高校科技研发的经费，可以说是两全其美。例如，对于中西部地区来说，地方政府应提供更多的经费支持用于高等教育的大力发展。政府对各研究阶段科技经费的投入应该合理配置，以防出现前期经费充足、后期经费紧张的现象，对科技成果的创造产生不利影响。对先进技术更快地吸收与追赶也意味着科技成果的快速显现，以此可以获取更多的经费投入，从而形成财力资源配置的良性循环。

高等教育经费的来源主要由四大部分构成：财政预算内教育经费、受教育者个人缴费、学校自行筹备、社会捐助。我国虽早已实施市场经济体制，然而财政预算拨款及受教育者个人缴费仍占据着整个教育经费的绝对比重。教育经费的增加不能单纯依赖于政府的贴补和受教育者个人缴费，只有发挥高校自身的主动性，方为长久之计。

另外，加大教育经费的投入固然重要，但更为重要的是教育经费使用效益的提高[161]。目前，我国多数区域的高等教育都存在着教育经费使用不合理、使用效益不高的现象，确立一个公正、透明的教育经费使用制度是提升教育经费使用效益的有效保障。

7.2.4 加强基础建设改善办学条件

地方政府应贯彻、扎实、深化精细化管理，加强区域高校基础设施的建设，改善高校办学条件，如提高人均拥有教学、科研仪器设备资产值，增加人均科技图书量，建设高新技术产业研究中心等；加快基础设施建设和公共服务设施建设，提升服务质量，从而吸引优势人才和优质资源落户[162]；为区域高校学生提供良好的学习环境，为区域高校教师提供舒适的教学环境，为区域教学与科研人员（R&D人员）提供适宜的创造环境，以此来推动区域高等教育事业的蓬勃发展。

7.2.5 完善激励机制吸引优秀人才

本区域的人力资本储备充足且优良，对技术追赶能力和自主创新能力的提升无疑是如虎添翼。经济发展缓慢甚至落后的地区政府应该对激励机制进行完善，及时调整“人才引进”政策，以保证区域内高等教育人力资本不流失、生源地高等教育人力资本回归本地，为本地区技术追赶和自主创新提供充足的人力资本。

政府可以利用以下四种激励机制来吸引优秀人才：成就激励，充分发挥优秀人才的才能来满足其成就感，实现自我价值[163]；能力激励，承诺为优秀人才提供受教育与提升的学习机会；环境激励，创造一个和谐、轻松、友好的工作环境；物质激励，为初级技术人才，如刚毕业不久的大学生提供良好的薪酬福利，防止出现人才断层。

7.3 高校层面的对策建议

高等教育作为经济社会的一个子系统，其发展受制于一定区域的政治、经济、社会和文化、技术水平等因素的影响；一定社会的政治、经济、社会和文化、技术水平客观上也需要一定的高等教育与其相适应。因此，各地区应该把高等教育的发展纳入到区域经济社会发展的全局进行综合考虑，准确定位，扬长避短，举办有自己优势的高等教育类型、学科、专业，坚持高等教育的投入、规模、层次、结构、效益并重，区域高等教育发展要与区域经济社会发展的现实需要和承受能力相适应，才能最大限度地增加高等教育对区域经济增长的贡献。

自 1998 年高校扩招以来，我国高等教育的发展水平不断提高，并且，随着高等教育领域内中央和地方两级管理体制的深入推进，区域高等教育发展的自主权不断扩大，区域高等教育研究的意义日益凸显。人才培养、科学研究和社会服务，高等教育的这三项基本职能在新的发展阶段更应发挥出彼此匹配、相互协调且互相适应的协同适配发展作用。落实到区域及产业层面，如果协同适配发展作用发挥得好，高校对高等教育人力资本的培养在智力支撑层面就能够更好地契合地方产业升级的需要；如果协同适配发展作用发挥得不好，则区域高等教育培养的人力资本则不能为区域产业发展形成良好的智力支撑，甚至可能还会掣肘区域产业结构的升级。

7.3.1 优化高等教育管理体制

体制是被系统化的组织制度，管理体制就是指一个管理机构中被系统化了的管理制度，包括权限划分、机构设置及其运行机制。由此来看，高等教育管理体制则是被系统化了的高等教育管理制度，是关于高等教育事业的职能定位、权责划分、机构设置和运行机制的总称。它是一个国家在一定的政治、经济和文化制度基础上建立起来的对高等教育事业进行组织管理的各项制度的总和，是整个高等教育体制得以构成和运行的保证，直接影响着高等教育改革和发展的方向、速度、规模、质量和效益等。高等教育管理体制主要规定了中央与地方、政府与高校在实施高等教育过程中的相互关系及各自职能定位，包括采取什么样的管理方式来理顺国家与高校、高校与社会，以及高校内部各部门之间关系的一系列规定和制度。在我国，高等教育与经济发展是互相依赖的关系，经济水平的高低会直接影响到高等教育的发展水平，经济发展是高等教育发展的物质支持，并进一步影响到高等教育发展的规模和水平。与此同时，高等教育为经济的发展提供了重要的智力支持，为经济建设提供技术与人才的保障，知识经济时代科技与人才是实现经济快速发展的两大核心要素。因此，高等教育在很大程度上决定经济的持续发展，高等教育管理体制必须以适应社会经济发展的需要为根本目标，把握区域经济发展走势，充分与区域经济、政治、文化的发展相协调。

（1）主体分散化

教育行政部门将举办权、管理权和监督权相分离，形成相互独立又相互监督和制约的三方，即政府处于管理地位、高校拥有自主举办权、第三方则作为监督评审机构，打破原来的高等教育体制，让高等教育得到解放和自由。在这种格局下，政府依然对高等教育进行宏观管理，不同的是，高校自主举办权作为合法权利可以行使，但这并不意味着高等教育在自主举办权方面可以无所约束、任意行使。这时候就突出了第三方监督评审机构的重要性和必要性，不但可以监督和保障权力行使人的合法权益，同时对权力行使的行为具有一定的约束，能够有效改善高等教育的管理方式，促进高等教育的发展和经济增长。政府制定了一系列制度和条约来协调三方之间的关系及明确彼此的责任，真正促进高等教育走向市场机制，完善相关法制体系。所有的改革都必须有一定的制度条约来进行护航，确保其安全有效实施，而制定制度条约首先要明确彼此的权利、义务和责任。因此，高等教育要形成三方相互制约和监督的格局，就必须先厘清三方的相互关系、责任、权利和义务，然后建立一个科学可行的制度体系，进行制约和协调，如问责制、绩效考核制等。

（2）配置学术权力和行政权力

招生、科学研究、教育教学、机构设置、教师管理、学生管理、经费管理是高等学校自治的七项权力。在上述权力中，招生和学生管理属于行政权力，科学研究和教育教学属于学术权力，而机构设置、经费管理和教师管理则属于前两种权力公共支配的范畴。因此，需要明确区分权限，并在结构上考虑如何实现均衡发展。

(3) 权力纵向下移

在高等学校的内部管理结构中，纵向为校方、系部、教研室三个管理层面。因此，高等教育自治权力既应表现于校级层面，也应延伸至校级以下的系部和教研室等管理层面上。系部是学校实施科研和教学的下属一级机构，系部应充分享有学科专业建设、系内部人事调配、专业课程设置、教育资源配置等自主权，要给予系主任足够的权力充分协调、推动科研和教学工作。教研室作为高等学校最基层的科研和教学机构，负责科研教学活动的具体实施。在教研室层面，与行政权力相比，其拥有更多的自主权，能较好进行深化、拓展教学与科研质量的实质性工作。

7.3.2 明确办学定位

高校必须结合自身的特色和优势，明确自身办学定位。为了突出自身办学特色，就要进行教学内容、教学方法和手段的改革，同时调整专业设置和结构；高校可以针对区域经济发展需要设立相关专业培养尖端人才；高校还可以通过跟踪毕业生就业情况，根据市场实际需要整合专业结构。在办学模式上，对一些区域的高等学校尤其是地方所属高校在获取中央资源相对困难的情况下，可以在办学模式上大胆创新，带领学生积极投身第二个百年奋斗目标的伟大实践[164]。例如，采取中外合作、依托企业集团合作等模式办学。在办学层次上，应根据区域自身经济社会发展的特点适时调整。例如，广东、浙江等省份已成为世界制造业的中心，需要大批的高级技工、技术蓝领，因此，高等职业教育在这些地区得到了极大的发展。在学科布局上，对于区域中实力较强的高校或学科，应继续追踪学科前沿、提升创新能力，以达到国家乃至国际的先进水平。对于水平相对偏低的高校，在努力提升学科水平的同时，应致力于创办特色学科。例如，温州被称为“中国鞋都”，鞋业产值占当地产值一半以上，为了使这一产业得到更大发展，温州职业技术学院开设了鞋类设计与工艺专业，从而有效地促进了地区就业和经济的增长。

以黑龙江高校为例，黑龙江根据自身地方特色明确办学定位，进一步扩大高等教育的规模。黑龙江有自己独特的区域经济优势，不能拿其他地区高等教育办学的成功经验来直接套用。当今社会，文化与政治、经济日益交融，而知识是文化的重要载体，知识的传播要依靠教育，尤其是高等教育。黑龙江是东北地区重要的对外交流口岸，是重要的资源型经济省份，在与俄罗斯和朝鲜的经济交往中占有重要地位。为了便于与俄罗斯和朝鲜的交往，就需要大量了解双边语言和双边文化的人才，同时为俄罗斯和朝鲜的学生到黑龙江来留学创造便利条件，以利于双边的经济和文化交流与合作。俄语专业在黑龙江有悠久的历史，还应增设朝鲜语等小语种专业，以适应将来留学生增多的需求，从而使高校更好地服务于黑龙江经济发展。黑龙江大学建有校级科研机构——俄罗斯研究院，拥有中俄人文合作和上海合作组织教育合作俄语翻译中心，并经教育部批准，与俄罗斯远东国立大学共办了中俄联合研究生学院，与吉林大学、辽宁大学、延边大学共建了汉语国际教育东北基地等中外人文交流合作平台。黑龙江高等教育办学应提高师生比例。随着高等教育逐渐大众化，高校扩招规模大，学生人数增多，然而专业教师和教辅人员等师资数量却没有相应跟上高校扩招速度。高校应提高专业教师和教辅人员的待遇，从而吸引更多优秀人才从事高等教育事业。随着学生人数的增多，很多高校扩充校内硬件设施，包括增盖教学楼或者宿舍楼等，例如，哈尔滨师范大学和哈尔滨商业大学搬迁到江北。政府应该为高校发展助力，比如，帮助高校融资，协助完善高校周边的配套设施和建立便利的公交网络，以更好地服务于高校发展。

高校应改革人才培养机制，为社会输送高素质的劳动力资源。高校培养的人才素质高低对区域经济的发展至关重要。高校要提高教学质量，优化专业结构，完善人才培养方案，适应区域经济发展需要。当今信息社会瞬息万变，经济全球化不断深入，要求人才培养能够适应快节奏的经济发展步伐，具备全球化经济发展所需的创新能力和创造能力。要培养具备创新能力和创造能力的人才，就需要高校不断深化办学定位和办学特色，使自己培养的人才能够在全球化发展的浪潮中经受挑战，为社会主义市场经济发展贡献自己的力量。

7.3.3 优化区域高等教育的学科结构和专业结构

区域高等教育结构的优化应该在尊重高等教育发展规律与区域经济社会现实需要的情况下进行合理的规划，区域高等教育发展不应该以国家完整的高等教育体系为模板，片面追求学科门类的大而全、办学层次的高水平。尤其是在我国实行中央和地方两级管理的体制下，区域高等教育发展的自主性将会越来越大，区域高等教育应该分类定位，除区域范围内少部分的部属院校外，应该以区域经济社会发展的现实需要为依据，走特色化发展道路，培育区域高等教育的核心竞争力，更好地服务于区域经济社会的发展[165]。

随着扩大招生政策的实施，各地区招生量较大的专业主要集中在计算机、法学、管理学、国际贸易、英语等专业。扩大这些专业的招生规模不是社会发展的迫切需要，主要是因为这些专业办学成本相对低。但是，由于与社会需求口径不完全匹配，这些专业的很多学生一毕业就面临失业。麦可思中国大学生社会需求与培养质量调查结果显示，本科专业失业量（前10名）分别为英语、法学、国际经济与贸易、计算机科学与技术、会计学、工商管理学、金融学、电子信息工程学、市场营销学、机械设计制造及其自动化。与此同时，单科性大学普遍变身为多科性大学或是综合性大学，师范大学非师范专业的规模大于师范专业。学科和专业结构的趋同造成了极大的教育资源浪费，且难以实现对区域经济的更大推动。

高等教育的专业设置要着眼于高等教育与区域经济的互动和协调发展，高等教育优化自身学科结构和专业结构需要政府政策激励和经费支持，从而提高高校的创新力。随着社会主义市场经济的深入发展，高校应在设置学科结构和专业结构时多考虑如何为区域经济发展服务[166]。例如，黑龙江高校在为黑龙江经济发展转型提供服务时，表现出专业设置不合理、缺乏灵活机动性等问题。这就要求高校根据区域经济发展需要确定人才培养方案，拓宽专业知识面，让专业能更好适应市场经济发展需要。培养理工科专业人才时，要不断更新知识结构，使培养的人才能够适应黑龙江的新兴产业化发展需求。而农业、林业、医学类院校应适应实际发展需要，增设适应新兴产业化发展所需要的专业。黑龙江要想实现以石油、化工、煤炭、电力、森工为依托的工业体系，就需要石油、化工、煤炭、电力、农业、林业类院校提高科技研发能力，培养黑龙江经济发展转型所急需的、具备科技研发能力的高精尖类型人才，从而实现专业结构与经济结构的对接。例如，齐齐哈尔大学设有黑龙江省级振兴东北老工业基地人才培训中心；黑龙江科技大学设有瓦斯等烃气输运管网安全基础研究实验室（国家级专业中心实验室）、黑龙江省煤矿深部开采地压控制与瓦斯治理重点实验室、黑龙江省普通高等学校采矿工程重点实验室、黑龙江省普通高等学校矿物加工工程重点实验室、应急管理部煤矿瓦斯分离与综合利用技术创新中心、煤矿瓦斯分离与利用煤炭行业工程研究中心、黑龙江省洁净煤工程技术中心等。

在学科方面，应着力构建优势学科和学科群，培育区域高等教育的核心竞争力，从而更好地服务于区域经济社会的发展；在专业结构方面，应充分关注市场导向，在不违背教育自身发展规律的前提下，实现与区域经济结构的有效衔接。专业课程的设置也应依据区域经济社会发展的需要进行优化和完善。

7.3.4 实行高等教育层次结构的差异化发展

虽然目前我国高等教育实行中央和地方两级办学，但是，地方政府的权限相对有限，在区域高等教育的发展上难以有较大的作为，高等教育的最终审批权掌握在中央政府手中。同时，我国区域高等教育的发展与经济社会发展水平之间存在着非同步性，主要表现为两种类型：一是区域高等教育发展水平超前于经济社会发展水平，典型代表是陕西和湖北；二是区域高等教育发展水平滞后于经济社会发展水平，典型代表是广东、福建、山东、浙江等地区。这种状况不利于区域高等教育人力资本对经济增长贡献率的提高。经济发达地区应将高等教育发展战略的重点放在两端，即着重发展研究型、应用型和技能型院校。研究型院校要充分发挥自身的科技先导作用，与地方经济结合，促进经济结构的优化、升级。应用型、技能型院校要以市场需求为导向，调整自身的学科结构，进一步提高所培养人才的区域性特征，更好地服务于本区域经济发展的现实需要[167]。

另外，高等职业教育是有别于普通高等教育的一种教育体系。相对于实施学术教育、工程教育为主的普通高等教育而言，高等职业教育主要实施的是技术教育。二者在专业业务设置上存在着明显的区别。以理工科为例，普通理工大学培养的是研究型和探索型以及设计型人才，但将工程图纸转化为实物的任务就需要由职业技术教育所培养的人才来完成，特别是高科技发展快速的今天，更需要由高等职业教育肩负起这份重任。目前，社会上重普通教育、轻职业教育的观念一直没有明显改观。其实，与普通高等教育相比，高等职业教育具有更鲜明的地方性特点，与区域经济的关系也更为密切。高等职业教育在教育规模、专业设置、人才培养目标等诸多方面都需要与区域经济发展水平的实际相结合，不同的区域经济发展水平与特点也对高等职业教育提出了不同的要求。正是从这种意义出发，我们认为区域经济非均衡发展的现实，使得高等职业教育区域化发展成为必然。高等职业教育作为与区域经济社会联系最紧密的高等教育形式，对区域经济社会的发展起着不可替代的重要作用[13]。因此，必须对高职院校进行科学定位，紧密联系区域经济社会发展的背景因素，从而更好地为地方经济、社会发展服务。

7.3.5 提升政策咨询的服务功能

高校应提升政策咨询的服务功能，根据所在区域经济发展的实际，利用自身的学科、人力资本优势，为区域经济发展提供政策咨询服务。高校可以参加区域经济开发项目，担任企业技术革新咨询顾问。高校还可以承担本区域经济发展方案的制定工作。高校在与区域经济的互动过程中，了解企业技术革新需求、应用型人才培养等信息，并可以获取企业的资金支持。

社会主义市场经济条件下，高等教育需与区域经济协调发展，而高等教育管理体制亟须变革。区域经济要发展，就需要高等教育为其提供劳动力资源和技术服务。高校要想生存下去，办学就要适应社会需求，培养的人才要能适应市场经济发展需求，才能在争取生源中占据更大优势，从而不断发展壮大。

高等教育管理的地方化能够使高等教育更好推动区域经济发展。区域经济发展能够有效利用高等教育提供的人力资本、技术资源，为企业发展服务。高校在推进区域经济发展过程中，应准确找到自己的定位，加强与企业的合作。

7.3.6 促进创新能力的培养

科技革命浪潮促进了经济增长方式的转变，以电子信息产业为依托的信息化发展趋势，以新能源、新材料的开发和利用为发展趋势的经济发展模式，需要掌握科学知识的专业技术人才。高校应注重应用型人才的培养，办学理念、课程设置都要为区域经济发展服务，应重视理工类专业的建设，满足经济产业化发展需求。产学合作就是让受教育者在专业学习的同时，接受实践工作锻炼，培养新兴产业所需要的专门人才，这一过程是由学校和企业来共同完成的，从而提升区域内劳动力资本的工作实践能力和科研能力，以适应产业化发展需求。产学合作的人才培养模式表现为各个高校纷纷将专业对口的企业确立为自己的实践基地，并提供相应实习经费，让企业加大对学生的工作实践能力培养的力度。

在知识经济时代，学生的创新能力和创业能力的培养是高校人才培养的重要方针。科研能力和创新能力成为人力资本的重要衡量指标。设置人才培养方案应注重培养学生的科研能力，让学生具备高新技术创新理念，并培养学生的创新能力。教师要让学生参与自己的科研项目，高校要为学生提供科研启动资金，也可以让教师指导学生自己设立科研项目。学生在完成科研项目的同时，不仅能获得科技知识，更重要的是能提升创新能力。高校还可以外聘极富创新能力和创业精神的产业界人士，来指导学生的科研项目，从而激励学生提高创新能力和创业能力。例如，哈尔滨工程大学在人才培养模式创新上，对其他高校起到很好的示范作用。哈尔滨工程大学设有国家国际科技合作基地、水声技术全国重点实验室、智能海洋航行器技术全国重点实验室等科研平台。区域高校只有提高自身吸收能力，培养自身创新能力，才能最大程度上实现区域高等教育的技术赶超，从而推动区域经济的发展[168]。

在市场经济时代，市场竞争激烈，企业两极分化严重，高校的科研成果要适应市场需求才能被认可，才能给高校带来收益，才会被企业接受。科研成果落后，或者转化不及时，或者技术升级换代更新慢，都会被更先进的科学技术所取代。这就对高校的科研提出了更严格的要求。教育体制改革的深入发展，使得科研经费来源不再单一由国家供给，企业成为高校科研经费来源的重要渠道。高校要提高科研成果转化率，就要加强基础研究，创造高水平的科研成果，成为企业发展的动力源泉，促进企业发展。高校要鼓励教师到企业兼职，定期回校上岗、上课，并制定政策，鼓励师生到企业中去，做好科研成果转化的后期技术服务工作，以及技术应用过程中的相关咨询服务工作。科研成果完成之后，如何迅速实现科研成果的转化，就需要高校成立专门信息服务机构，推动科技成果转化的规范化操作。同时，高校成立的专门信息服务机构还要负责向企业提供技术培训、信息咨询等服务，加强学校与企业之间的合作。高校要想做好技术创新工作，可以整合自身优势资源，加强与兄弟院校之间的科研开发合作，实行激励政策和引进人才制度，大力引进科研攻关人才，以改变目前高校科研成果数量多、转化率低的局面。这不仅要求高校科研能力的提升，还要求高校捕捉企业发展信息，及时设计和研发出新技术、新产品。高校要加强与企业的合作，密切关注企业发展的各个环节，在合作发展中做好技术创新工作。

我国拥有“211工程”高校共116所，其中包括39所“985工程”高校。北京、江苏、上海均拥有10所以上的“211工程”高校，而西部地区，如内蒙古、西藏、青海、宁夏、贵州、云南等均只有1所“211工程”高校。从教育部2017年公布的137所“双一流”建设高校来看，高校最多的地区依旧是北京、江苏、上海。由此看出，我国高校分布区域严重不平衡，东部地区是我国重点高校的聚集地，西部地区重点高校相对匮乏，东部地区R&D人才、大学科技园等资源优势十分明显。区域间高校可以通过建立共享知识中心加强技术交流；同时借助国家的资金扶持，培养青年教师，为R&D人才后备军创造更多的学习机会，促进国内、国际的科技交流与合作。此外，还可以通过增加学术会议的召开次数对中西部的交流面进行拓宽，并通过联合培养的方式提高人才培养的质量，为欠发达地区高等教育的发展做好充足的准备。

高等教育要深度开展产学合作就要加强校企合作，培养区域经济发展所需人才。校企合作办学的教学模式要灵活，以满足区域经济发展劳动力接受高等教育的需要。授课时间除了沿用传统的函授课程、夜间课程之外，还可以利用高新技术手段采用网络授课，为在职劳动力提供进修和学习机会。校企双方成立科研合作中心，吸收学生参加科技研发工作，培养学生的科技研发能力。校企合作开展产学研一体化的人才培养模式，让学生了解科学技术从理论到实验，一直到实际运用的整个研究过程，从而增强区域经济发展劳动力资本的科技研发能力。高校向企业转让科技成果，让科研成果转化为现实的生产力，从而促进区域经济发展，可以以高校为辐射点成立高新技术产业园区，为区域经济发展做贡献。高新科技产业园区的成立让高校能直接参与到区域经济发展的产业化中，为经济结构转型做贡献。例如，2009年成立的佳木斯高新技术产业开发区就设有佳木斯大学科技园，主要负责技术研发，培育新兴产业。佳木斯高新技术产业开发区还利用地域优势，积极协调佳木斯大学等科研及教学单位，开展对俄科技合作资源的整合，形成合力，全面提升与俄罗斯等独联体国家在高新技术领域交流与合作的能力和水平，力争建设成辐射黑龙江省东部地区的对俄科技合作的基地和平台。大庆高新技术产业开发区1992年启动，同年被批准为国家级高新区，大庆高新技术产业开发区将东北石油大学等高校纳入创新载体。齐齐哈尔大学设有生命科学博士后科研基地，与齐齐哈尔市三泰精细化工工贸有限责任公司共建博士后产业基地。黑龙江大学软件园被认定为国家级民营科技示范园区——南岗民营科技园区的区级IT企业孵化器，被哈尔滨市科学技术局认定为“市级科技企业孵化器”，又被黑龙江省科技厅、省教育厅联合批准为省级大学科技园。

高校充分认识到科学技术对经济发展的巨大推动作用，不断加大与企业科研合作的力度，不仅注重与企业的科研合作，更注重与企业合作办学，打造产学研一体化人才培养模式。高校通过与企业的不断融合，来有效促进区域经济的长足发展。高校作为先进技术的供给方，对高等教育的发展至关重要。供给方率先做出改革，而政府和企业作为先进技术的需求方与合作方需要同时进行双侧改革，才有利于先进技术的充分吸收与利用，避免重复研究带来的弊端。此外，企业作为高等教育的实践基地，应与高校实现有效对接，政府在其中起指导协调作用，有利于对产学研实现一条龙服务，对提高科技成果转化率、实现区域技术追赶具有重要意义。

高校开展社区教育能够对区域内劳动力资源进行职业教育和成人教育。高校要厘清办学层次，主要是为社会培养熟练技术工种、初级技工等各种人才。高校开展社区教育能够加大高等教育的普及力度和大众化发展趋势，拓宽区域内劳动力资源接受高等教育的途径。高校设立技术进修学院能够为没有进入大学的劳动力提供技术知识教育，提供再深造的机会。高校要加大与企业的沟通力度，为进修人员提供应用性强的课程，让进修人员熟练劳动技能，提高毕业之后的就业率。

7.3.7 进一步完善创新创业教育的建设

高校是人才培养的载体，同时也是创新创业教育发展的摇篮。高校可以通过学习先进的经验，学习其他学校的长处来弥补自己的短处，转变教育观念以促进创新创业教育的发展。高校可以优化创新创业教育课程体系，打造优秀的师资力量来进一步提升创新创业教育的水平。

当代大学生是祖国流淌着的新鲜血液，作为新时代大学生必须清楚认识到创新创业的可能性与必要性，在创新创业的实践中筑牢时代新人信仰之基、明确时代新人使命之重、激发时代新人斗争之志、厚植时代新人爱国之情[169]。大学生对于创新意识的培养，首先是学会用学习、开放、发展的眼光看问题，也就是培养主动学习的能力，开阔思维，使自身具有更高的素养和知识水平。其次，培养创新意识，要学会做减法，在学习和生活过程中没有鱼和熊掌兼得的情况，学会做减法就是要简化自己的生活，管理自己的生活，不要被无关紧要的小事所干扰。最后，要学会创新，不要毫无边界地想象，自己的创新理念应该有一定的社会价值，能解决当前的一些矛盾，而且还要以实际为基础，能够付诸行动。

（1）学习先进经验取长补短

我国创新创业教育起步较晚，发展较为缓慢，各个省市之间在创新创业教育方面存在着较大的差异，且省内各个学校间也存在着差异。虽然近些年来我国的创新创业教育在全国范围内不断发展，但整体水平偏低且参差不齐，好的过于优秀，差的基础设施还不算完善。这里面存在着学生配合度不高、教师的水平不尽如人意等问题，所以高校之间应该相互借鉴、相互学习，取其精华，去其糟粕，为我国创新创业教育的发展贡献力量。同时，高校不应该把目光仅放在本省，应该跨省进行学习和交流，多参与全国性的高校开展的论坛，多举行学术报告会，邀请一些专家学者进入学校进行深入交流，同时也可以邀请政府人员和企业人员等相关社会性资源进入学校开展讲座普及社会上的相关信息，这可以激发学生们的兴趣。高校还可以采用先进的体验式教学，让学生设身处地感受创新创业。在设施方面，有的学校很早就建立了比较完善的实训基地等，它们既注重课堂上所教授的理论知识，又注重课堂下的实践知识，把理论同实践相结合，建立了一套完整的创新创业教育体系，这是值得相互借鉴学习的。

（2）转变教育观念开展创造性教育

正如我们前面所提到的，目前我国的教育模式大多是以应试教育为主，这种传统教育在我国根深蒂固并且占据着主流，学生们只是一个装有知识的容器，但缺少独立思考的能力，这极大地阻碍了学生们日后的发展，降低了创造力。大力推动创新创业教育的发展是目前国家所倡导的，同时也是社会各界所密切关注的，但好多高校还是秉承着传统的教育方式，根本无法进行创新创业教育的落实。高校是培养学生的载体，同时也是开展创造性教育的摇篮，高校应该响应国家的号召，顺应时代发展的潮流，把创新创业教育的开展提升到未来发展的高度上来，同时在课程设置上“授人以鱼不如授人以渔”。教育不单单是应试教育，而应该是在教授知识的同时培养学生们如何独立思考、如何培养创造力的过程。

（3）打造优秀的师资队伍

教师作为高校的施教者，在高等教育发展中占有举足轻重的地位。作为知识传播者，现如今对高校教师的要求也在逐步提高，不仅需要能够肩负起教书育人的基本职能，也要具备较强的科研能力，为该地区吸收能力的提高与创新能力的培养提供基础的人力资本。

不同教师的水平、阅历及能力会直接影响创新创业教育的发展水平，同时教师也是推动高等院校创新创业教育发展的重要力量。高校的教师承担着传授知识、培养学生素质的责任，可以说教师的行为习惯直接影响着学生日后的水平。高校应该多鼓励教师参与到学生的创新创业教育中来，一方面，可以调动学生们接受创新创业教育的积极性，培养创新意识和创业能力；另一方面，教师在参与创新创业教育的过程中可以积累宝贵的教学经验，为以后培养人才提供想法和思路。高校在招聘教师时应多考虑企业内部具有经验的人员，或者邀请相关领域的佼佼者为教师们提供培训，这可以丰富教师们的教学经验和阅历。本校教师可以定期召开学术研讨交流会，就所遇到的问题展开交流，以发现不足，学习优点。高校还可以为教师们提供更多的网络资源，进行线上的交流研讨，加强各个省市之间的交流，以便于优势互补、资源共用。

（4）完善创新创业教育课程体系

完善创新创业教育课程体系简单来说就是要把创新创业教育融入人才培养方案，学校可以招聘具有相关创业经历的教师来分享自己的亲身经历，或者可以去企业邀请相关的人员打造专门的课程体系，以开展创新创业教育。这种教育思维要求教师们从一种新的角度去启发学生，而不是传统的讲授式教育，以拓宽学生们的创新创业思维和视野，寻找一个实现自我的新途径。要完善创新创业教育课程体系，就要发挥出校园的优势，多利用校园这个平台为创新创业营造一个良好的学术氛围，以激发学生们的兴趣，如多开展创新创业大赛、创新创业学术研讨会和学术论坛等。

7.3.8 加强区域间高等教育的交流与合作

区域高等教育要想得到较好的发展，与其他区域的高等教育的交流与合作是必不可少的，唯有如此，区域高等教育才有可能获得有利于自身发展的物质、信息和能量。因此，区域高等教育之间必须努力寻求各种途径开展交流与合作。一是同质性区域高等教育之间的交流和合作。这种交流与合作的方式适合相邻的且具有经济社会同质性的多个区域，如东北地区的辽宁、吉林和黑龙江三个省就可在更高的层面上形成具有东北特质的区域高等教育。再如，长江三角洲地区的上海、江苏和浙江等省市，同样可以在更高的层面上形成新的区域高等教育，为长江三角洲地区经济社会的发展服务。这一交流与合作是区域高等教育向更高阶段发展的开始，是区域高等教育走向更高阶段的必然。二是异质性区域高等教育之间的交流与合作。这种交流与合作的方式适合单边区域的交流与合作，如北京地区与西藏地区高等教育的交流与合作等。

第8章

区域高等教育人力资本驱动技术追赶效应与自主创新效应的案例分析——以煤炭产业为例

8.1 煤炭产业链供应链人才需求现状

党的二十大报告提出“着力提升产业链供应链韧性和安全水平”，并且强调“加强重点领域安全能力建设，确保粮食、能源资源、重要产业链供应链安全”。我国能源禀赋具有富煤、贫油、少气的特征。面对错综复杂的国际能源形势，在新能源尚且无法完全取代传统能源的现状下，煤炭作为我国能源供给的压舱石，仍然在长期内为我国的能源安全发挥着兜底保障的功能。煤炭产业链供应链韧性是指煤炭产业链和供应链各环节在应对内外部风险与挑战时表现出的维持自身系统稳定、防止断裂和抗冲击的能力。澳大利亚、印度尼西亚、俄罗斯等国家是我国煤炭进口的主要来源国。2020年起，自澳大利亚的煤炭进口持续减少。2022年，印度尼西亚颁布了煤炭出口禁令，直接影响了我国60%的煤炭进口量。加之国内尚处于工业城镇化的中后期，对能源总量的需求仍保持在上升期。

上述情况表明，我国煤炭产业链供应链的韧性面临着巨大挑战，而产业链韧性的提升离不开技术进步和人才的支撑。党的二十大报告提出：“教育、科技、人才是全面建设社会主义现代化国家的基础性、战略性支撑。”高等教育是教育、科技、人才高度统一和集成耦合的重要载体。因此，明晰高等教育促进煤炭产业链供应链韧性提升的路径，每个环节匹配相应的人才作为支撑，才能更有效地推进煤炭产业链供应链韧性的提升，同时也才能保障高等教育更好地助力产业发展。有鉴于此，本章将从煤炭产业链供应链的现存问题入手，匹配高等教育的助力路径。

8.2 区域煤炭产业链供应链存在的问题

8.2.1 煤炭产业链供应链的“弱链、断链、短链”

我国煤炭产业链目前存在着煤炭资源勘探的精准度不高，智能化开采程度偏低，煤炭清洁利用水平较弱，煤炭产业链下游煤电、煤化工等领域碳足迹居高不下等薄弱点；煤炭供应链存在着产能结构不合理、供给弹性偏弱、“应建未建”链点空位等问题；煤炭供应仍以燃料供应形式为主，存在着由燃料向原料转化的产业链延伸程度不够等问题。

8.2.2 煤炭产业链供应链碳足迹较高

煤炭开发过程中的碳排放是我国碳排放的主要来源之一，占全国碳排放总量的60%～70%。煤炭作为燃料燃烧时，产生的灰分不仅会腐蚀设备，还会对空气造成污染，严重时会危及植物生长和人体健康。在煤电领域，我国仍然有超过60%的电力由煤炭提供，造成光伏组件、风机等产品全生命周期的碳排放较高。而且，在我国制造新能源所需的电力仍然需要依靠煤炭等传统的化石能源供应，就新能源汽车来说，虽然相较于普通燃料汽车其碳排放量低，但是烧煤发电的碳排放仍是不可避免的。

8.2.3 煤炭产业链供应链核心技术有待突破

采矿、选矿、运输、终端利用等各环节的技术水平均对煤炭产业链供应链的韧性强度产生至关重要的影响。例如，极薄煤层的开采存在着生产工艺落后、效率低、劳动强度大、安全事故多等问题；煤炭清洁高效利用环节的火力发电领域灵活燃烧发电及整体煤气化联合发电等均属于尚未有效解决的核心技术；煤炭由燃料向原料转化的技术还不足够成熟。

8.2.4　生产要素市场化程度低

由于我国的生产要素市场建设相对滞后，交易平台和市场体系并不健全，市场发育迟缓又严重影响了要素流动，拉低了要素配置效率，企业无法低成本构造产业链进行交易。虽然能源互联网提出的产业链管理被煤炭企业所重视，但在信息化建设过程中只强调了技术的研究和系统建设，疏于对信息资源进行一体化管理。在能源消费和信息不透明的状态下，由于非理性因素的存在，使得煤炭消费决策受到非理性因素的干扰，会造成煤炭消费的浪费与污染，从而破坏生态环境。而信息不透明的存在，也会使得消费者对煤炭消费缺乏足够的了解，影响消费者对能源消费的选择，不利于对煤炭消费的理性选择，从而造成能源浪费。

8.3　区域高等教育促进煤炭产业链供应链韧性提升的对策建议

8.3.1　高等教育推进煤炭产业链供应链“强链、补链、延链”

2023年，教育部会同国家发展改革委、工业和信息化部、财政部、人力资源社会保障部颁布的《普通高等教育学科专业设置调整优化改革方案》中提出：“加强人才需求预测、预警、培养、评价等方面协同，实现学科专业与产业链、创新链、人才链相互匹配、相互促进。”

因此，在促进煤炭产业链供应链韧性提升的过程中，具有相应学科专业背景的高校应注重煤炭深加工，煤炭产业向精细化、绿色化转型等学科专业方向的人才培养和科研工作；在煤化工技术专业方面，需要强化对煤基液体燃料及化工产品、煤炭气化、煤炭高效燃烧、污染物减排及煤系针状焦制备等方面的人才培养和研发等。

8.3.2 高等教育促进创新链赋能煤炭产业链供应链韧性

煤炭领域的相关高校可以通过人才培养方向的调整和学科方向的细化，直接对接煤炭创新链，找准链条改善煤炭产业链供应链的薄弱点，帮助打通链条间的连接点。例如，有条件的高校的采矿工程专业可以开设煤炭地下气化技术课程并开展相应研究，旨在在保障煤炭转化效率的同时减少碳排放甚至实现近零排放。具有煤炭行业背景的高校可以通过搭建专业的技术平台，推进绿色开采、提升煤炭清洁利用水平、加快碳封存和碳利用技术的研发、强化煤电与可再生能源的互补技术等。另外，高校还可以通过“揭榜挂帅”等方式，融入煤炭创新链，助力煤炭产业链供应链韧性的提升。

8.3.3 高等教育发展新兴产业学科专业促成对煤炭产业链供应链的辅助支撑

在煤炭产业的低碳转型过程中，成本负担是不容忽视的重要挑战。在煤炭产业转型升级的同时，拓展其他产业方向，既能够帮助资源型城市挖掘新的经济增长点，又能够反哺传统能源产业，实现其产业链供应链的延伸和创新链的扩展。在充足的资金支持下，帮助煤炭传统能源产业实现技术攻坚，推进更高水平的煤炭清洁高效利用。例如，形成高端煤基含氧化合物等多品种的原料化消费，以及在石墨烯、碳基固体氧化物燃料电池等领域大规模的材料化应用，促进实现煤炭产业链供应链真正的低碳高质量发展态势。这些新兴产业的高质量发展离不开专业的高层次人才和先进的技术水平的支撑。

8.3.4 高等教育培养新业态学科专业为煤炭产业链供应链注能

具有煤炭行业背景的高校可以结合自身学科优势，建立智慧矿业学院，形成“互联网+煤炭行业”学科专业方向，为煤炭产业链供应链注能。随着“互联网+传统行业”的发展模式在各行各业中不断持续发展，在能源产业链中引入互联网+、大数据、区块链、物联网、云计算、人工智能、智能制造等新业态势在必行，使煤炭产业链运转更高效、抗风险能力更强，赋予其新动能，焕发新活力。随着新业态的不断发展，煤炭产业组织内部、能源产业链和供应链的边界趋于模糊，有利于各种业态之间充分利用现代信息技术，实现融合发展。煤炭互联网业态的发展有利于提高能源的传输效率和可靠性，并能赋予能源数据属性，促进能源供给侧、消费侧的信息化，有利于构建基于互联网模式的新业态，使能源产业更便利、更高效。

高等教育的产学研结合有助于实现煤炭互联网关键技术的攻关，从而协助煤炭产业链供应链韧性的进一步增强。这种新业态不仅能依靠其信息优势增强煤炭产业链供应链对冲击的反应速度、打破生产要素的时空限制，还可以极大地降低生产、管理及交易的成本，优化资源配置和产业链供应链各部门的分工，提升产业效率。

8.3.5 高等教育促进生产要素市场资源配置效率提升

高校通过人才培养质量的提升，可以培养出充分认识市场规律、灵活掌握经济学知识的高等人才。这些人才能够科学运用经济学知识，指导经济社会实践，不断推进生产要素市场资源配置效率的持续提升。这些高等教育人才还能够帮助构建新的发展格局，利用好国际国内两种资源、两个市场，在面对后疫情时代全球经济复苏乏力的形势下，整合优质、低成本煤炭资源，提升效率，降低煤炭生产成本。

8.3.6 高等教育发挥智库作用推进煤炭产业链供应链政策的完善

有效的政策扶持对煤炭产业链供应链韧性的提升发挥着重要的支撑作用。党的二十大报告提出："深入推进能源革命，加强煤炭清洁高效利用。"国务院于2021年11月份设立了2 000亿元的专项再贷款用于支持煤炭的清洁高效利用等。政策和资金的扶持有效推进了煤炭利用全过程的低消耗、低污染、高循环、高效率。

具有煤炭行业背景的高校的智库可以结合实践调研，进一步剖析促进煤炭产业链供应链持续优化的影响机制，提出保障煤炭产业链供应链安全稳定的政策建议，将能够有效地推进其韧性的提升。

第9章

区域间创新机制协同驱动的案例分析——以京津冀为例

京津冀的协同发展战略的最终目标是建立协同创新共同体和国家科技创新中心，为其他区域的协同创新提供借鉴。虽然京津冀区域总体创新资源丰富，但受到北京、天津、河北三地综合发展水平不均衡、组织分工及共建脉络不清晰、信息共享程度低等因素的制约，三地创新合作还处于起步阶段，协同创新发展尚未取得阶段性突破。本研究选择具有典型示范意义的京津冀区域，就区域协同创新问题进行系统研究，既具有运用综合创新理论、区域发展理论与协同理论搭建分析框架的学理价值，又具有为京津冀区域协同创新探路，为国内外城市圈或大区域实现协同创新提供政策借鉴的实践意义[170]。

9.1 京津冀区域协同创新现状

9.1.1 京津冀区域协同创新的区域特征

在京津冀协同发展战略中，北京起到了领头雁的作用。“十二五”期间，北京市的科技创新水平得到了长足的发展，技术合同成交额、专利申请量以及授权量等数据均实现翻番。北京市科技创新发展指数在2012—2017年年均增长3.41分，总体增长17.04分，这表明北京市创新发展动力强劲，“科技成果转化效果”显著。因此，北京已经成为国内创新资源最密集、创新成果最多、创新创业最活跃的地区之一，对全球、国家和区域科技创新发展起到样板作用。

然而，在疏解首都非核心职能过程中，人口限制政策和高生活成本带来的压力提高了北京实施创新发展战略的成本，从而降低了北京聚集创新发展要素的能力。而且，北京虹吸效应的存在不利于周边省市创新发展战略的实施。北京市利用得天独厚的政治、经济、文化科技优势，形成了产业聚集、产业规模和产业链缺乏转移梯度等现象，在区域发展中处于绝对优势地位，这导致了北京市与周边地区发展脱节、自我封闭的现象，拉大了北京与天津、河北之间的差距。

随着区域协同发展的不断推进，京津两地协同创新发展战略的实施取得了阶段性突破，尤其是两地政府2016年签署的共建天津滨海-中关村科技园协议等，为两地协同创新发展营造了良好氛围。同时，在政策红利的推动下，天津市地区生产总值增速加快，但产业结构不平衡，“高增长、高投入、高集聚”模式的问题日益突出，后续发展动力不足。公有经济占比过高和体制壁垒已经成为天津市产业转型的两大瓶颈。

从区位和自然资源因素角度看，河北省在京津冀经济圈中起着资源型区域的作用，这是河北省无可替代的优势，这说明其已经形成了资源加工型工业经济结构。然而在经济总量、整体发展规模等方面，河北省与北京、天津相比仍然存在较大差距，主要体现在以下几个方面：河北省的区域创新能力综合指标排名偏低；当地企业缺乏高新技术的自主研发能力；产业交叉融合程度低，经营方式粗放；科研、培训经费不足，缺乏科技创新人才；产学研结合松散，科技成果转化效率低。综上，河北省创新发展基础薄弱，京津冀区域创新能力不平衡。

9.1.2 京津冀区域协同创新的横向比较

创新依赖的经济基础差别较大。自然资源禀赋、产业基础、要素集聚和政策红利等方面存在差异是京津冀三地内部经济发展显著不平衡的主要原因。随着我国经济发展进入新常态，经济结构优化压力加大，北京、天津、河北的生产总值增速均呈下降趋势，然而由于创新发展所依赖的经济基础不同，三地的经济发展形态各具特色。其中，河北省将应对去产能清库存、加快产业结构转型升级的挑战；天津在京津冀区域协同发展中将扮演更重要的角色；北京形成了以第三产业为主的产业结构和以消费为主的需求结构。目前，北京已经先于津冀两地进入了经济增速的换挡期。第三产业是北京市经济发展的主要动力，呈现出“三二一”型结构；河北省三产业比例呈现“二三一”型结构，说明投资是河北省经济发展的主要驱动力；天津市三产业比例呈现出“三二一”型结构，第三产业与第二产业比重相当，说明工业化程度、技术化水平齐头并进，各产业位于价值链的前沿，逐步向创新驱动型产业过渡。总的来说，京津冀区域间产业梯度明显，链接融合不够。京津冀三地的产业梯度，在价值链布局、产业链条分工上所处的不同位置，为京津冀区域协同创新提供了较为有利的基础条件。但另一方面，因产业梯度造成的“产业悬崖”，导致京津冀产业合作受到束缚。同时，津冀两地之间的产业同构问题非常严重，导致区域之间较难形成合理的产业分工。另外，企业间横向联系较少，导致区域合作活力不足。

创新资源投入差距悬殊。北京市的研究和发展经费支出与地区生产总值比值最高，天津次之，河北最低，换言之，北京市的R&D经费投入远远高于津冀两地，这一方面体现了北京拥有诸多科研机构以及国家实验室的优势，另一方面也展现了北京市持续支撑创新投入的雄厚财力和产业基础。然而，北京过于“强势”的状况不利于区域间资金、信息、资源等要素的优化配置，这将对京津冀区域协同创新共同体的构建产生不利影响。

京津冀三地创新发展环境建设存在显著差异，这不利于京津冀区域协同创新的可持续发展。根据互联网用户数量可知，京津冀的信息化水平差异显著，由于大城市具有完善的基础设施以及虹吸效应的存在，优秀人才向大城市聚集，导致了京津冀区域协同创新的基础条件可能会愈发薄弱。相关数据分析表明，在京津冀地区的创新产出方面，北京市技术市场交易活跃，科技成果市场化水平较高，而天津与河北的程度较低。

9.2 京津冀区域协同创新发展存在的问题

（1）协同创新体系亟待健全

2015年4月，中共中央政治局会议审议通过了《京津冀协同发展规划纲要》，确定了京津冀三地各自的科技创新优先领域。虽然《纲要》已经出台，但京津冀区域协同创新发展仍未呈现明显效果。因此，京津冀区域协同创新的体系构建还需要国家层面的确认和助推。当前，京津冀区域协同创新体系主要存在如下问题：一是区域间科技创新资源共享理念远未形成，导致区域科技资源投入结构类同，资源浪费严重，有限的投入也是重复式的工作，很难具备实质性创新意义；二是区域间分工不明确，一些以研发为主体的区域为研发而研发，而一些以产业化为主体的区域却苦于缺乏研发成果支持。

（2）协同创新内在动力不足

京津冀区域总体的创新实力不强，且内部发展悬殊，没有发挥“1+1+1>3”的协同效应。一方面，长期以来，北京作为京津冀区域的中心城市，由于优势资源的高度集聚而形成的虹吸效应远超过其对周边地区的辐射效应，周边地区不可避免地面临创新驱动力衰退的命运。另一方面，在由要素驱动向创新驱动转变过程中，政府原有的以行政命令为手段、以项目为抓手的传统创新发展模式逐渐失灵，新的动力转化对创新主体、创新对象和创新行为方式等提出新的要求。然而，从京津冀区域协同发展历程来看，三地处于各自为政状态。无论是产业结构调整、打造中心城市，还是构建城市体系，基本都局限在一省一市内。

（3）创新主体协同能力较弱

目前，京津冀三地协同创新主体存在以下问题：三地创新主体（或部门）之间的互动交流较少；创新中介市场体系不健全，难以在创新主体之间发挥“催化剂”作用。目前，该区域尚未建立完善的科技中介服务体系与标准流程，科技中介机构的服务功能尚未创造出其应有的价值，这导致先进技术的外溢和扩散受阻，也使该区域错失了向高端产业转型的机会。总而言之，京津冀区域创新主体协调能力薄弱，创新主体缺乏互动交流。

（4）协同创新资源要素流动不畅

尽管京津冀区域的创新能力在国内具有较强的竞争优势，但由于历史因素和行政体制的掣肘，京津冀区域的创新资源布局较为分散，没有形成创新协同的合力，这制约了京津冀区域整体资源利用效率的提升和技术外溢水平的发挥。京津冀区域协同创新能力不足，要素流通不畅，根本原因在于市场对创新资源配置的决定性作用没有充分发挥，如科技中介服务和技术交易市场的作用发挥不足，各地自成体系，导致大量科技创新成果流向区域以外，从而形成了京津冀地区科技成果跨地区转化的“蛙跳”现象。

9.3 京津冀区域协同创新机制构建思路与对策

（1）构建政府引导、企业主导的区域主体协同创新机制

在所有创新主体中，政府是政策的制定者和执行者，而作为市场主体的企业在协同创新中发挥着主导作用。因此，为了实现整个区域的协同创新，形成政府引导、企业主导、其他主体参与的有机体是构建区域协同创新机制的核心。

一是企业间的协作创新。政府相关部门应科学地统筹规划企业的专业化分工以及企业间的协作，完成产业聚集并形成具有协同效应的产业集群，进而实现京津冀区域创新主体之间的协同发展。同时，政府部门还应因地制宜地引进优势企业和扶持当地特色企业，促进同一产业的聚集和不同产业深度协作形成产业集群，实现区域内各企业的协同发展与互补发展。

二是“产—学—研”之间的协同创新。首先，针对企业不愿参与科研工作的现状，政府应增加财政投入，推动基础研究工作与科技创新活动的开展。其次，通过制定和完善创新政策，激发“产—学—研”之间协同创新的主观能动性，并突出以高校及科研院所应用型研究为市场导向的作用。最后，政府依托京津冀地区的产学研合作项目，为“产—学—研”各创新主体之间的协同创新搭建平台，从而营造良好的协同创新环境和氛围。

三是科技中介机构与其他创新主体的协同创新。在当前京津冀区域协同创新体系中，科技中介机构协同创新作用的发挥存在专业水平不高、政策扶持不够等问题。为此，政府应当不断加大对科技中介机构的支持力度，创造科技中介机构与其他创新主体开展协同的条件。

（2）优化主体角色定位并提高协同创新内在动力

地方政府、企业、高等院校和科研院所以及提供服务的中介组织是区域协同创新体系的四大主体，只有在每个创新主体明确自身功能定位、作用领域以及优缺点的基础上，将自身核心能力建设和集中关注协同创新需求相结合，才能实现创新主体间协同能力的提升。政府是区域协同创新的领导主体。政府作为京津冀区域协同创新的领导主体，通过各行政区域的政策规划与组织协调，深刻影响着整个区域内各创新主体之间的协同创新。

（3）构建京津冀区域协同创新的协调机制

京津冀区域协同创新离不开协调机制的支持，该机制以创新主体间的协调通畅为核心，从而实现多个创新主体之间的协同联动和有效整合。

一是建立纵横结合的协调组织架构。京津冀区域应建立纵横协调相结合的区域协调机制，纵向包含“中央—省、直辖市—地级市—县、区”四级协调体系；横向包含三地政府机构或不同部门的多层次网络协调体系。该协调机制主要表现为“决策层+协调层+执行层”的协调机制。

二是完善监督、激励与法律支持相结合的保障体系。首先，京津冀区域协同创新发展工作办公室应针对三地创新政策和规划等情况进行绩效评估，通过指标体系评出不同等级，并将评价结果计入地方政府绩效考核。其次，京津冀区域协同创新发展的协调机制需建立激励制度。京津冀区域协同创新发展工作办公室在税收政策、补偿政策等方面进行激励设计，保证区域协同创新发展协调机制顺畅运行。最后，为兼顾各创新主体不同的利益诉求，应健全法律体系保障各创新主体的合法权益与利益分配，需要研究并制定相应的地方性法规，依法约束和保障京津冀区域协同创新发展过程中各创新主体行为，加强协调互动力度，革除盲目竞争等弊端。

（4）建立创新资源协同的支撑机制

创新主体异质性阻碍了创新资源共享，从而导致京津冀地区的协同创新过程中出现创新资源难以有效整合的现象，极大影响了区域协同创新的推进。因此，建立京津冀地区创新资源协同的支撑机制具有十分重要的作用，该机制主要包括以下三个方面的内容：

第一，建立创新资源共享的利益分配机制。以创新资源协调为核心，妥善处理各创新主体间的利益诉求与矛盾，实现创新主体在创新资源分配中的利益均衡以及实现创新主体利益最大化。

第二，完善创新资源共享的制度保障机制。首先，建立京津冀区域协同创新政策联动报告制度，推动京津冀三地政策的协同性。其次，设立京津冀区域协同创新的专项资金，对京津冀区域内的高等院校及科研院所等的招标，定期筛选出区域协同创新重大项目并予以支持，鼓励京津冀三地单独设立协同创新专项资金，对京津冀区域协同创新项目给予支持，激发企业、高等院校、科研院所等的积极性。再次，建立京津冀三地企业、创新评分、科技成果等领域的互认制度，推动创新资源的流动和共享。最后，综合运用财税、知识产权等方面的政策，推动京津冀区域内创新主体间创新资源的共享。

第三，搭建创新资源共享的服务平台。通过构建创新资源共享的服务平台，能够有效促进创新资源的流动与共享，有利于形成京津冀区域内创新发展的协同。同时，京津冀三地政府还可以通过出台鼓励或优惠政策，对提供仪器设备的单位与使用仪器设备的单位提供补贴，鼓励共享创新资源，提高创新主体间共享创新资源的积极性。

京津冀区域三地创新合作还处于起步阶段，这主要受到区域发展水平、区域协调能力、组织分工、信息共享程度等因素的影响。因此，要进一步推动京津冀协同创新，共同构筑协同发展新高地。通过分析，本书认为京津冀区域协同创新发展存在协同创新体系亟待健全、协同创新内在动力不足、协同创新资源要素流动不畅等方面的问题，本书基于此提出了具有针对性的改善策略：构建政府引导、企业主导的区域主体协同创新机制；优化主体角色定位，增强协同创新内在动力；构建京津冀区域协同创新的协调机制，通过京津冀区域协同创新机制构建思路与对策，以期为该地区乃至全国其他区域协同创新发展策略的制定提供理论参考。

第10章

高等教育人力资本技术追赶效应与自主创新效应的微观案例分析

企业是区域经济运行中的微观经济主体，高等教育人力资本是企业的重要因素。企业高管的教育水平与企业R&D投入和企业创新绩效呈现显著正相关[171]。企业的高等教育人力资本拥有更好的技术追赶能力和自主创新能力，从而能够更有效地推动企业绩效和市场价值的提升，进而带动区域的经济增长。企业高管是企业的引领者，有鉴于此，本章将以沪深A股上市企业高管团队为企业人力资本的核心研究样本，分析企业高等教育人力资本对企业绩效的影响。

10.1　上市企业高等教育人力资本现状

近年来，沪深A股上市企业高等教育人力资本水平，尤其是高管的受教育水平备受关注。数据分析显示，上市企业高管学历以本科及以上为主（如图10-1所示），但是还达不到硕士研究生水平，仍有提升空间。随着资本市场改革和教育的普及，预计上市企业高管受教育水平将进一步提升。这反映了信息科技社会对高素质人才的需求，预示着企业管理层将更重视知识更新和能力提升以应对市场变化。

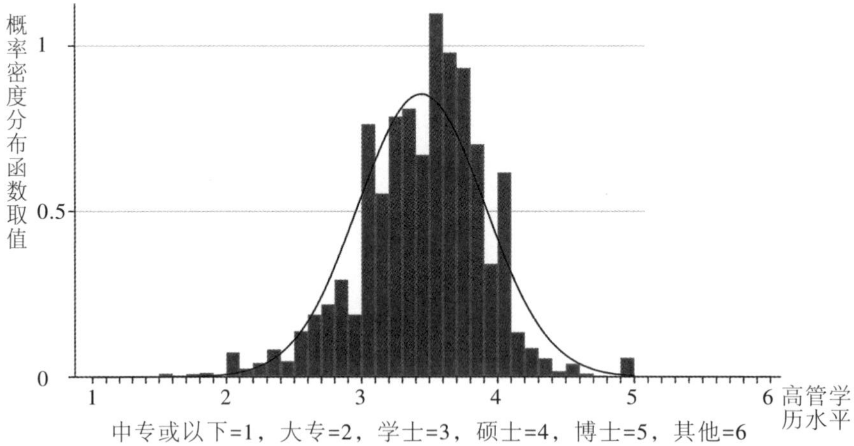

图10-1　高管团队平均学历分布图

为了全面把握我国上市企业高管的平均学历水平，本章分析了这些高管学历水平现状，通过Excel制作的折线图来呈现。近年来，沪深A股上市企业高管团队背景特征变动趋势的主要特点如下：从图10-2可以看出，近年来，中国沪深证券交易所上市企业高管的平均受教育程度总体呈上升趋势。随着中国经济的不断发展，创新和科技元素将作为经济发展的主要动力。因此，我们可以预见，未来企业的发展乃至整个宏观经济的发展将更多地依靠科技和人才，对于高管的学历教育也将更加重视。

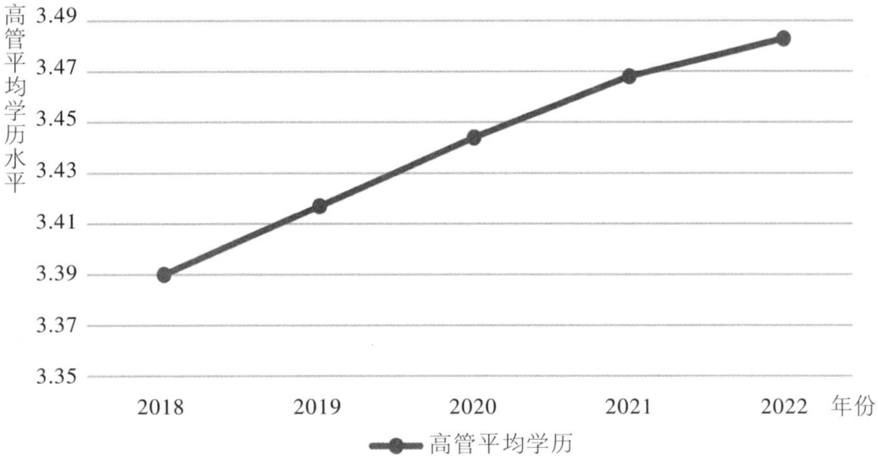

图10-2　高管团队平均学历水平变化趋势图

为了了解企业高管学历平均水平对于企业绩效和市场价值的影响，本章运用Excel制作的折线图进行分析。沪深A股上市企业的市场价值和高管学历水平变化趋势如图10-3所示。近年来，中国沪深证券交易所上市企业的市场价值随着高管平均受教育水平的上升也呈现着上升的趋势。由此我们可以预见，随着时代的进步，企业绩效和市场价值的增长，将愈发依赖于人力资本的力量。因此，高等教育人力资本已成为推动企业发展和社会进步的关键因素。

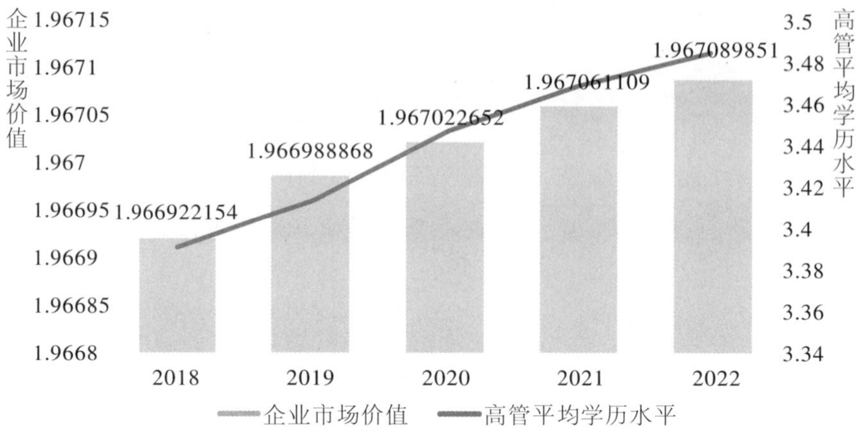

图 10-3　企业市场价值和高管团队平均学历水平变化趋势图

10.2　实证分析变量的选取

10.2.1　被解释变量

目前，很多学者在研究上市企业时，都会根据他们关注的方面(比如企业短期的财务表现、长期的财务表现，还有一些不是财务方面的表现）来选择不同的评估方法。这些测度指标包括净资产收益率(ROE)、托宾Q值或者资产收益率（ROA）等。因为我国的市场还不够完善，而且，企业公布的信息也不是很多，所以本章选择用托宾Q值来评估企业绩效和市场价值[172]。

10.2.2　解释变量

解释变量为上市企业高管团队人力资本水平，通过对国内外相关文献进行梳理，主要通过两个方面反映：高管团队的学历水平(Edu)、高管团队的海外教育背景（Sea)。

（1）高管团队的平均学历水平

参考Tihanyi等（2000）对学历水平的衡量方式，采用阶梯排序的方式进行赋值，给出的数值越高，说明高管教育水平越高。本研究将高管成员的教育背景分为六类：中专或以下=1，大专=2，学士=3，硕士研究生=4，博士研究生=5，其他=6[173]。

（2）高管团队的海外教育背景

参考宋建波等（2016）将企业管理者在内地（大陆）范围以外的国家及地区（包括中国香港及中国台湾）获得学历学位证书、参加海外短期课程培训以及出任海外访问学者等行为认定为其具备海外学习经历[174]。随着中国经济的飞速增长和法治环境的日益完善，海外人才和留学生纷纷选择回国发展。国内企业拓展国际市场，接纳海外人才，尤其是那些拥有海外背景的人才，他们的加入对企业适应国际市场竞争至关重要。因此，本研究特别关注高管的海外教育背景，将拥有海外留学经历的高管标记为1，否则为0。用具备海外学习经历的高管总人数除以总高管人数，得到比值。

10.2.3 控制变量

除了高管团队的人力资本水平，企业规模及资产负债率等因素也从各个方面影响着企业绩效和市场价值。本研究参考朱艳立（2023）、郑云霞（2023）的研究，结合本研究实际设置以下控制变量以控制上述因素对企业市场价值的影响[175，176]。

（1）企业规模

企业规模通常以其总资产来衡量，这不仅直观地反映了企业的经济实力，还反映了企业所能调用的资源比例。对于中小企业而言，由于其总资产相对较少，可利用的资源较为有限，因此在选择创新项目时，它们往往更倾向于风险较低、成本可控的项目。相比之下，大企业凭借其雄厚的经济实力，能够承担更大风险的投资项目。这种高风险往往伴随着高回报的潜力，使大企业能够利用规模经济效应，在市场中占据更有利的地位，进一步提升企业的市场价值。

（2）资产负债率

资产负债率是衡量企业负债水平及风险程度的重要指标，体现的是企业总负债与总资产之间的比率关系，即总资产中债务所占的比例。这一数值越高，意味着企业自有资金的占比越低，更多地依赖于外部债务进行运营，从而增加了企业的运营风险。

（3）股权集中度

对于上市企业而言，股东群体是多元的，既有内部股东又有外部股东。然而，企业的运营核心始终是确保股东们的利益最大化。内部股东由于持有较多股份，自然对企业的掌控力更为显著。随着企业规模的逐步扩大，内部股东的数量也在增加，他们的控制权也随之增强。然而，这也可能带来一些潜在问题。随着管理层的扩大，有时可能会出现一些机会主义行为，即管理层可能为了个人利益而做出对企业不利的决策，进而影响企业的整体价值。为了衡量企业的股权集中程度，我们通常会观察企业前十大股东所持有的股份占比之和。这一数值的高低直接反映了大股东对企业控制力的强弱。

（4）营业收入现金含量

营业收入现金含量是指一定时期内通过主营业务收入或其他业务收入所获得的现金收入。企业的现金流状况能够反映企业的经营现状，企业的现金流越稳定、现金流越充足，则相应地企业会更有能力和动力承担企业的社会责任支出。

变量设计汇总及说明见表10-1。

表10-1　　　　　　　　**变量设计汇总及说明**

类型	名称	符号	界定
被解释变量	企业价值	TQ	市场价值 /资产重置成本
解释变量	高管学历水平	Edu	取高管教育水平均值。1=中专或以下，2=大专，3=本科，4=硕士研究生，5=博士研究生，6=其他
	高管海外教育背景	Sea	设有海外留学背景=1，否则=0
控制变量	企业规模	Size	年总资产的自然对数
	资产负债率	Lev	期末负债与资产的比值
	股权集中度	Stock	前十大股东持股比例之和
	营业收入现金含量	Cash	经营活动现金净流量 /营业收入
	行业	Ind	行业虚拟变量
	年份	Year	年度虚拟变量

10.3　模型设定和统计分析

在综合考量了前文文献综述的深入分析、相关假设研究的合理性，并结合国内外学者的广泛研究成果后，考虑高管教育人力资本、企业绩效以及控制变量等因素的选取，基于这些因素构建回归模型。

模型 1，高管团队学历水平与企业市场价值的回归模型：

$$TQ \equiv \alpha + \beta_1 Edu + \beta_2 Size + \beta_3 Lev + \beta_4 Stock + \beta_5 Cash + Ind + Year + \varepsilon$$

模型 2，高管团队海外教育背景与企业市场价值的回归模型：

$$TQ \equiv \alpha + \beta_1 Sea + \beta_2 Size + \beta_3 Lev + \beta_4 Stock + \beta_5 Cash + Ind + Year + \varepsilon$$

本研究对2018—2022年我国沪深A股上市企业高管的人力资本水平进行统计分析，在表10-2中列出了选择的沪深A股上市企业的被解释变量托宾Q值和控制变量企业规模、资产负债率、股权集中度、营业收入现金含量以及作为解释变量的两个高管教育背景的观测值的平均数、标准差以及最小值和最大值。

表10-2 **描述性分析**

VARIABLES	N	mean	sd	min	max
TQ	13 525	1.935	1.208	0.818	7.942
Edu	13 525	3.441	0.469	1	5
Sea	13 525	0.0842	0.0957	0	0.769
Size	13 525	22.39	1.267	20.15	26.36
Lev	13 525	0.416	0.183	0.0697	0.844
Stock	13 525	0.572	0.150	0.235	0.901
Cash	13 525	0.111	0.143	-0.300	0.629

资料来源：国泰安数据库。

在表10-2中，TQ均值为1.935，Edu的均值为3.441，这直接说明了在当前领域，高管们的学历普遍达到了本科及以上水平，但距离硕士研究生学历还有一段距离。同时，Edu的最小值为1，这说明仍有一部分企业的高管学历停留在中专及以下水平，与那些高学历的高管团队形成了鲜明的对比，凸显了沪深A股上市企业高管在学历水平上的显著差异。这种差异，或许与我国义务教育及高等教育普及得相对较晚有着密切的关系。然而，值得一提的是，即便在学历上存在差异，许多企业的管理人员依然凭借丰富的实践经验累积了深厚的管理智慧。尤其是那些年龄较大的高管，他们或许没有高学历的光环，但凭借多年的经验积累，依然在企业高管团队中扮演着举足轻重的角色。Sea的均值为0.0844，意味着在我们选取的样本中，仅有大约8%的高管具备海外教育背景。这一数据清晰地表明，拥有海外教育背景的高管在上市企业中并不普遍。至于其他财务指标，Size的平均值为

22.39，标准差为1.267，显示了上市企业在资产规模上的显著差异；Lev的平均值为0.416，标准差为0.183，揭示了负债水平的较大波动；Stock的平均值为0.572，标准差为0.150，表明企业股权集中度普遍较高；而Cash的平均值为0.111，标准差为0.143，则显示出企业间现金流状况的相对稳定性。

由于涉及的变量较多，本研究利用Stata15.0统计分析软件进行相关性分析，我们得到了表10-3中的数据，从中可以观察到以下主要关系：被解释变量托宾Q值与解释变量学历水平Edu之间呈正相关关系，但相关系数仅为0.008，且该结果并不显著。托宾Q值与另一解释变量海外教育背景Sea之间呈现出显著的正相关关系，相关系数为0.108。为了更准确地确定解释变量与被解释变量之间的关系，我们仍须进行进一步的回归分析。此外，控制变量与被解释变量之间的关系也值得关注：企业规模Size和资产负债率Lev与托宾Q值均呈现显著的负相关关系，相关系数分别为-0.282和-0.269，表明企业规模越大、负债比例越高，其市场价值相对越低。股权集中度Stock与托宾Q值呈现负相关关系，但相关系数为-0.012，且这种关系并不显著。营业收入现金含量Cash与托宾Q值之间存在显著的正相关关系，相关系数为0.095，意味着现金含量较高的企业其市场价值也相对较高。这些初步的判断和分析为我们后续的回归分析提供了基础，有助于我们更深入地理解各变量之间的关系。

表10-3　**相关性分析**

变量	tq	edu	sea	size	lev	stock	cash
TQ	1						
Edu	0.008	1					
Sea	0.108^{***}	0.225^{***}	1				

续表

变量	tq	edu	sea	size	lev	stock	cash
Size	−0.282***	0.310***	0.106***	1			
Lev	−0.269***	0.130***	−0.004	0.460***	1		
Stock	−0.012	−0.046***	0.030***	0.140***	−0.016*	1	
Cash	0.095***	0.020**	0.035***	0.118***	−0.172***	0.136***	1

注：***，**，*分别表示在1%、5%和10%的显著性水平上显著。

10.4 回归分析

模型1聚焦于高管团队学历水平如何影响企业的市场价值。研究结果显示（见表10-4），高管团队的学历水平与企业市场价值之间存在着显著的正向相关性，其系数为0.203，且在1%的置信水平下显著。这一发现意味着，一个企业的高管团队平均学历越高，其对提升企业市场价值的正面效果越显著。因此，我们的研究结论为，高管团队受教育水平的提升能够显著提升企业绩效和市场价值。这种提升归因于教育水平的提升为管理者带来了更丰富的知识储备和更广阔的视野，从而推动企业创新，进而提升企业绩效和市场价值。模型2聚焦于高管团队的海外教育背景如何影响企业的市场价值。研究数据清晰地显示，高管团队的海外教育背景同样对企业市场价值产生了显著的正向影响，其系数为1.159，且在1%的置信水平下显著。这表明，一个企业的高管团队拥有更高的海外教育背景，其对提升企业市场价值的正面效果更为显著。因此，实证结果表明，高管团队的海外教育背景对企业市场价值具有显著的正向作用。高管团队人员是企业经营管理与持续发展的智囊团，人力资本水平高等同于为企业经营发展集聚了优质的资源，能够为企业创新和发展出谋献策，加速企业项目的高质量推进，进而推动企业绩效和市场价值的提高。

表10-4　　　　　　　　　　　　回归分析

VARIABLES	(1)	(2)
	tq	tq
Edu	0.203***	
	(9.49)	
Size	-0.239***	-0.230***
	(-22.38)	(-22.00)
Lev	-0.649***	-0.633***
	(-9.64)	(-9.45)
Stock	0.699***	0.630***
	(10.69)	(9.59)
Cash	0.921***	0.876***
	(11.21)	(10.74)
Sea		1.159***
		(9.71)
Constant	6.364***	6.800***
	(29.01)	(30.29)
N	13 525	13 525
R-squared	0.259	0.262
Ind	YES	YES
Year	YES	YES
adj_R^2	0.254	0.257

Robust t-statistics in parentheses*** p<0.01，** p<0.05，* p<0.1。

10.5 提升企业高等教育人力资本技术追赶效应与自主创新效应的策略建议

通过上述分析可以发现，以企业高管为代表的企业高等教育人力资本水平（包括学历水平与海外教育背景）会对企业绩效和市场价值产生显著的促进，进而推动区域的经济增长。结合实证研究结果，本研究对促进企业市场价值的提高提出如下几点建议。

10.5.1 注重高质量人力资本的引进

在企业的长期发展中，高质量人力资本的引进不仅是提升企业核心竞争力的关键，也是推动企业持续创新与技术进步的重要动力。具体实施方式如下：

（1）多元化渠道引进高质量人力资本

企业应积极拓展高质量人力资本的引进渠道，通过校园招聘、社会招聘、猎头推荐、国际合作等多种方式，吸引国内外优秀人才。针对不同类型的岗位需求，企业可以采取不同的招聘策略。例如，对于技术研发岗位，企业可以加强与高校、科研机构的合作，通过产学研合作项目、实习实训基地等方式，吸引并引进具有创新能力和实践经验的优秀人才。同时，企业还可以通过设立海外研发中心、与国际知名高校和研究机构建立合作关系等方式，吸引并引进具有国际视野、跨文化沟通能力的高层次人才。此外，企业还可以通过建立人才引进的激励机制，如提供具有竞争力的薪酬福利、股权激励、职业发展机会等，吸引并留住高质量人力资本。这些激励机制不仅能够激发人才的创新活力，还能提升企业的整体竞争力。例如，企业可以为引进的高端人才提供个性化的薪酬方案，包括年薪制、股权激励、绩效奖金等，同时提供完善的福利保障，如医疗保险、住房补贴、子女教育等，解决人才的后顾之忧。

（2）强化人才评估与选拔机制

在引进高质量人力资本的过程中，企业应建立科学、公正的人才评估与选拔机制。这包括对人才的学历背景、专业技能、工作经验、创新能力、团队协作能力等多个方面进行全面评估。企业可以通过面试、笔试、案例分析、团队讨论等多种方式，对候选人的综合素质进行考察。特别是对于关键岗位和核心人才，企业还应进行背景调查和心理测评，确保引进的人才符合企业的文化和价值观。为了提升人才选拔的准确性和公正性，企业可以引入第三方专业机构进行评估和筛选。这些机构通常具有丰富的经验和专业的工具，能够对候选人的能力和潜力进行客观评价。同时，企业还应建立人才试用期制度，对引进的人才进行实际工作能力的考核。在试用期内，企业可以对人才的工作态度、专业能力、团队协作能力等进行综合评价，确保引进的人才能够真正为企业创造价值。

（3）打造良好的企业文化与工作环境

为了吸引并留住高质量人力资本，企业需要打造具有吸引力的企业文化与工作环境。企业文化是企业精神的体现，能够影响员工的行为和态度。企业应倡导开放、包容、创新的企业文化，鼓励员工积极参与企业的决策与管理，激发员工的创新精神和归属感。企业可以通过定期举办文化活动、建立创新奖励机制等方式，营造积极向上的工作氛围。同时，企业还应提供舒适的工作场所和完善的福利设施，如现代化的办公设施、健身房、员工餐厅等，让员工感受到企业的关怀与尊重。此外，企业还可以组织丰富的员工活动，如户外拓展、团队建设、文体比赛等，增强员工的凝聚力和向心力。这些举措不仅能够提升员工的工作满意度和幸福感，还能吸引更多高质量人才的加入。

（4）制订人才培养与发展计划

引进高质量人力资本后，企业还需要制订人才培养与发展计划，确保人才能够持续成长并为企业创造更大价值。企业应根据人才的特点和需求，制定个性化的职业发展路径规划，为人才提供清晰的职业晋升渠道和发展空间。同时，企业还应提供定期的培训与学习机会，帮助人才提升专业技能和综合素质。这些培训可以包括内部培训、外部培训、在线学习等多种形式，涵盖专业知识、管理技能、领导力等多个方面。为了提升人才的实践能力和创新能力，企业可以与高校、研究机构等建立合作关系，共同开展人才培养项目。通过产学研合作、实习实训基地建设等方式，人才可以在实际工作中积累经验、锻炼能力。此外，企业还可以鼓励人才参与重要项目的决策，让他们在实践中成长和锻炼。这些项目可以是企业的核心业务、创新项目、市场开拓等，通过让人才承担更多责任和挑战，激发他们的创新精神和领导力。

（5）建立长期的人才激励机制

为了留住高质量人力资本并激发其创新活力，企业需要建立长期的人才激励机制。这包括提供具有竞争力的薪酬福利、股权激励、职业发展机会等。企业应根据人才的能力和贡献，制订差异化的薪酬方案，确保人才的付出得到充分的回报。同时，企业还可以通过股权激励等方式，将人才的利益与企业的长期发展绑定在一起，激发人才的归属感和责任感。除了物质激励外，企业还应关注人才的精神需求和发展空间。企业可以为人才提供个性化的职业发展规划和晋升路径，让他们看到自己在企业中的成长空间和发展前景。同时，企业还可以建立创新奖励机制，对在技术创新、产品研发、市场开拓等方面取得显著成果的人才给予重奖。这不仅可以激励更多人才积极参与创新活动，还能提升企业的品牌形象和市场影响力。此外，企业还应建立人才流失预警机制，及时发现并解决人才流失的问题。通过定期的人才满意度调查、离职面谈等方式，企业可以了解人才的需求和不满之处，及时采取措施加以改进。同时，企业还可以建立人才储备库，对潜力人才进行重点关注和培养，确保企业在面对人才流失时能够迅速补充和替代。

（6）构建人才生态系统

为了吸引和留住高质量人力资本，企业还需要构建人才生态系统。这包括优化企业内部的组织结构、工作流程和沟通机制，为人才提供良好的工作环境和合作氛围。企业应加强部门之间的沟通与协作，打破信息孤岛和壁垒，提升工作效率和协同能力。同时，企业还应建立开放的创新平台，鼓励员工提出创新想法和建议，为员工提供展示才华和实现价值的舞台。

此外，企业还应加强与外部合作伙伴的联系与合作，共同构建人才发展网络。通过与高校、研究机构、行业协会等建立合作关系，企业可以拓宽人才引进渠道、共享人才资源、提升人才培养质量。同时，企业还可以参与行业人才标准和认证体系的制定和推广工作，提升企业在行业人才领域的影响力和话语权。

（7）关注人才的心理健康与职业发展

在引进和培养高质量人力资本的过程中，企业还应关注人才的心理健康和职业发展。随着工作压力的增加和生活节奏的加快，人才的心理健康问题日益突出。企业可以通过建立心理咨询中心、开展心理健康讲座等方式，为人才提供心理支持和辅导。同时，企业还应关注人才的职业发展需求和个人成长规划，为他们提供个性化的职业指导和帮助。企业可以设立职业导师制度，为新员工提供一对一的职业指导和帮助。通过职业导师的传授和分享经验，新员工可以更快地适应企业文化和工作环境，提升自己的职业素养和工作能力。此外，企业还可以建立内部晋升机制和职业发展通道，为人才提供广阔的发展空间和晋升机会。通过明确的晋升标准和流程以及公正的评估机制，人才可以看到自己在企业中的成长路径和发展前景，从而更加积极地投入工作。

（8）推动人才国际化进程

随着全球化的深入发展，企业的人才国际化进程也越来越重要。企业应积极引进具有国际视野和跨文化沟通能力的人才，推动企业的国际化战略实施。同时，企业还应加强与国际知名高校和研究机构的合作与交流，共同培养具有国际竞争力的高素质人才。为了推动人才国际化进程，企业可以采取多种措施。例如，设立海外研发中心或分支机构，为人才提供海外工作和学习机会；组织国际交流活动和合作项目，让人才有机会接触和了解不同国家和地区的文化和市场；开展跨文化沟通和管理培训，提升人才的国际视野和跨文化沟通能力等。这些措施不仅可以提升企业的国际竞争力，还可以为人才提供更广阔的发展空间和机会。

10.5.2 加强对企业内部人力资本质量的提升

企业内部人力资本质量的提升是企业持续创新与发展的关键。为了进一步提升企业内部人力资本的质量，企业可以从以下几个方面入手：

（1）建立完善的培训体系

企业应建立完善的培训体系，为员工提供多样化的培训与学习机会。这包括新员工入职培训、岗位技能培训、职业发展培训、管理能力培训等。通过系统化的培训，员工可以不断提升自己的专业能力与综合素质，为企业创造更大价值。在培训过程中，企业应注重理论与实践的结合，通过案例分析、模拟演练、实操训练等方式，提升员工的实战能力与创新能力。同时，企业还可以邀请行业专家、学者进行专题讲座与交流，拓宽员工的视野与知识面。

（2）鼓励员工自主学习与创新

企业应鼓励员工自主学习与创新，为员工提供必要的学习资源与技术支持。这包括建立企业图书馆、在线学习平台、技术交流平台等，方便员工获取最新的知识与技术动态。同时，企业还可以设立创新基金、创新工作室等，支持员工开展创新活动。通过举办创新大赛、创意征集等活动，激发员工的创新灵感与热情。此外，企业还可以建立创新激励机制，对在创新活动中表现突出的员工给予表彰与奖励。

（3）加强团队协作与知识共享

团队协作与知识共享是提升企业人力资本质量的重要途径。企业应通过建立跨部门、跨领域的团队协作机制，促进不同背景、不同专业的员工之间的交流与合作。通过团队协作，员工可以相互学习、相互启发，共同应对挑战和解决工作中的难题。同时，企业还应建立知识共享平台，鼓励员工将自己的经验、技能、知识等分享给同事。通过知识共享，员工可以不断提升自己的专业素养与综合能力，为企业创造更大价值。

（4）优化人才结构与配置

企业应优化人才结构与配置，确保人才能够充分发挥自己的优势与潜力。这包括根据企业的战略目标与业务需求，合理配置各类人才资源；通过建立人才梯队与储备机制，确保企业关键岗位与核心业务的人才需求得到满足。在优化人才结构的过程中，企业还应注重人才的多元化与差异化发展。通过为不同背景、不同专业的员工提供个性化的发展路径与机会，激发人才的创新活力与工作热情。同时，企业还应建立公平、公正、公开的人才评价与晋升机制，确保优秀人才能够得到及时认可与晋升。

（5）强化绩效管理与激励机制

绩效管理与激励机制是提升企业人力资本质量的重要保障。企业应建立科学、合理的绩效管理体系，对员工的工作表现进行客观、全面的评价。通过设立明确的绩效目标与考核标准，引导员工关注工作成果与业绩提升。同时，企业还应建立多元化的激励机制，包括薪酬激励、股权激励、职业发展激励等。通过给予员工充分的认可与回报，激发员工的工作热情与创造力。此外，企业还可以建立员工建议与反馈机制，鼓励员工积极参与企业管理与决策过程，提升企业的民主化管理水平。

（6）推行导师制度，促进经验传承

为了加速新员工融入团队和快速提升技能，企业应推行导师制度。每一位新员工或晋升到新岗位的员工都可以被分配一位经验丰富的导师，进行一对一的指导和帮助。导师不仅可以在专业技能上给予指导，还可以在企业文化、职场规则、人际沟通等方面提供宝贵的建议。这种制度能够有效促进企业内部知识的传承和经验的分享，减少新员工适应新环境的摩擦成本，同时增强员工的归属感和忠诚度。导师制度应设计成双向互动的模式，鼓励导师和学员之间进行定期的反馈和交流，确保学习效果。企业可以通过设立“优秀导师奖”等方式，激励更多资深员工参与到导师工作中来，形成良好的传帮带氛围。

（7）实施项目制学习，增强实践能力

项目制学习是一种将理论知识应用于实际工作中的有效方式。企业可以结合实际业务需求，设计一系列跨部门、跨职能的项目，让员工在项目中学习、成长。这种学习方式不仅能够提升员工解决实际问题的能力，还能增强团队协作和跨部门沟通的能力。项目制学习应注重结果的评估和反馈，每个项目结束后，都应进行项目复盘，总结经验教训，提炼成功要素。企业可以通过设立项目奖励机制，对表现突出的团队和个人给予表彰，激发员工参与项目的积极性和创造性。

（8）建立职业发展规划，明确成长路径

企业应帮助每位员工制定个人职业发展规划，明确其职业发展方向和成长路径。这包括定期的职业发展对话，了解员工的职业目标、兴趣和能力，以及他们希望获得的技能和经验。基于这些信息，企业可以为员工量身定制培训计划和发展机会，如参加行业会议、获得专业认证、参与承担更大责任的项目等。职业发展规划应与企业的发展战略相结合，确保员工的成长路径与企业的业务需求相匹配。同时，企业还应提供多样化的职业发展通道，不仅限于管理职位的晋升，还包括技术专家、项目经理、培训师等多种职业发展路径，满足不同类型员工的职业发展需求。

（9）强化领导力培养，提升管理水平

领导力是企业内部人力资本质量的重要组成部分。企业应加强对中高层管理人员的领导力培养，通过领导力培训、高管教练、行动学习等方式，提升其战略思维、团队管理、决策制定等方面的能力。同时，企业还应建立领导力评估体系，定期对管理人员的领导力进行测评，根据其表现制订个性化的提升计划。领导力培养不仅限于中高层管理人员，对于有潜力的基层员工，企业也应提供领导力发展的机会，如设立领导力储备项目，让员工在早期的职业生涯中就开始接触和学习管理知识，为未来的职业发展打下坚实的基础。

（10）营造持续学习的文化氛围

企业应营造一种持续学习的文化氛围，鼓励员工将学习作为一种习惯和生活方式。这包括设立学习日、读书分享会、在线学习社群等，为员工提供多样化的学习平台和机会。企业应倡导“学习即成长，成长即价值”的理念，让员工认识到学习不仅是个人发展的需要，也是企业持续创新和进步的源泉。为了营造持续学习的文化氛围，企业领导层应率先垂范，成为学习的倡导者和实践者。通过分享自己的学习经历、推荐好书好课、参与学习活动等方式，展现领导层对学习的重视和支持。同时，企业还应建立学习成果展示和分享的机制，让员工有机会展示自己的学习成果和成长故事，激励更多员工参与到学习中来。

10.5.3 发挥高管团队模范带头作用

高管团队作为企业的核心领导力量，其模范带头作用对于提升企业整体绩效与竞争力具有重要意义。为了充分发挥高管团队的模范带头作用，企业可以从以下几个方面入手：

（1）树立正确的价值观与领导风格

高管团队应树立正确的价值观与领导风格，以身作则、率先垂范。这包括倡导诚信、创新、协作、共赢的企业文化；坚持客户至上、质量第一的经营理念；注重团队合作与知识共享；鼓励员工积极参与企业决策与管理过程等。通过树立正确的价值观与领导风格，高管团队可以赢得员工的信任与尊重，激发员工的工作热情与创造力。同时，高管团队还应不断提升自己的专业素养与综合能力，为企业树立榜样与标杆。

（2）制定明确的战略目标与规划

高管团队应制定明确的战略目标与规划，为企业发展指明方向。这包括分析市场环境、竞争对手与客户需求；明确企业的定位、优势与劣势；制定切实可行的发展战略与行动计划等。在制定战略目标与规划的过程中，高管团队应注重与员工的沟通与协商，充分听取员工的意见与建议。通过集思广益、群策群力，制定出更加符合企业实际情况与发展需求的战略目标与规划。

（3）加强团队协作与沟通

高管团队应加强团队协作与沟通，形成强大的团队合力。这包括建立定期的团队会议与汇报制度；明确团队成员的职责与分工；加强团队成员之间的信息共享与交流等。通过加强团队协作与沟通，高管团队可以及时发现并解决工作中存在的问题；协调各方资源与支持；共同推动企业战略目标的实现。同时，高管团队还应注重与员工的沟通与互动，了解员工的需求与期望；为员工提供必要的支持与帮助；激发员工的工作热情与创造力。

（4）积极参与创新活动与技术研发

高管团队应积极参与创新活动与技术研发，为企业注入新的活力与动力。这包括关注行业发展趋势与技术创新动态；鼓励员工提出创新性的想法与方案；投入必要的资源与资金支持创新活动与技术研发等。通过积极参与创新活动与技术研发，高管团队可以不断提升企业的核心竞争力与市场占有率。同时，高管团队还应注重创新成果的保护与应用推广；将创新成果转化为企业的实际效益与竞争优势。

（5）建立科学的决策机制与流程

高管团队应建立科学的决策机制与流程，确保企业决策的科学性、合理性与有效性。这包括明确决策的目标与原则；收集并分析相关信息与数据；评估不同决策方案的风险与收益；制订详细的实施计划与监控措施等。通过建立科学的决策机制与流程，高管团队可以提高决策的质量与效率；降低决策的风险与成本；确保企业战略目标的顺利实现。同时，高管团队还应注重决策过程中的沟通与协调；充分听取各方意见与建议；确保决策结果的公正性与可接受性。

（6）强化责任担当，勇于面对挑战

高管团队作为企业航行的舵手，必须强化责任担当，勇于面对各种挑战。在复杂多变的市场环境中，企业难免会遇到各种预料之中或之外的困难和危机。高管团队应勇于承担责任，积极寻求解决方案，而不是推诿或逃避。强化责任担当不仅体现在对结果的负责上，更体现在对过程的把控上。高管团队需要建立健全的监控机制，确保企业战略执行过程中的每一个环节都能得到有效管理。在面临挑战时，高管团队应保持乐观积极的态度，通过有效的沟通和协作，带领团队共同克服困难，转危为机。为了提升应对挑战的能力，高管团队还应不断学习和研究行业趋势、市场动态以及新兴技术，保持敏锐的市场洞察力。通过参加行业论坛、研讨会、高级管理培训等活动，不断更新知识体系，提升决策水平和领导能力。

（7）推动企业文化建设，营造积极氛围

企业文化是企业的灵魂，高管团队在推动企业文化建设方面扮演着至关重要的角色。高管团队应成为企业文化的倡导者和传播者，通过自身的言行举止，传递企业的核心价值观和理念。推动企业文化建设，首先要明确企业的使命、愿景和核心价值观，并将其融入企业的日常运营和管理中。高管团队应通过各种渠道和方式，如内部培训、员工大会、企业内刊等，不断向员工传达企业文化的内涵和意义，让员工深刻理解和认同企业文化，从而形成共同的价值观和行为准则。高管团队还应关注企业文化的落地和执行情况，确保企业文化不仅仅停留在口号和标语上，而是真正转化为员工的实际行动和工作习惯。通过设立企业文化奖项、举办企业文化活动等方式，激励员工积极参与企业文化建设，营造积极向上的工作氛围。

（8）注重员工关怀，提升员工满意度

员工是企业最宝贵的财富，高管团队应注重员工关怀，提升员工满意度和忠诚度。高管团队应深入了解员工的需求和期望，关注员工的工作状态和生活质量，为员工提供必要的支持和帮助。注重员工关怀，首先要建立健全的员工福利体系，包括提供具有竞争力的薪酬福利、完善的保险制度、丰富的员工活动和培训机会等。高管团队应定期评估员工福利体系的实施效果，根据员工的反馈和市场的变化，及时调整和优化福利政策。除了物质层面的关怀，高管团队还应关注员工的精神需求和心理健康。通过建立员工关怀机制，如设立心理咨询热线、举办心理健康讲座、组织团队建设活动等，帮助员工缓解工作压力，提升心理韧性。高管团队还应鼓励员工之间的互助和支持，营造温馨和谐的工作环境。

（9）加强外部合作与交流，拓宽企业视野

高管团队应积极参与外部合作与交流，拓宽企业的视野，拓展企业的资源。通过与行业内的领军企业、研究机构、高校等建立紧密的合作关系，共同开展技术研发、市场开拓、人才培养等活动，提升企业的创新能力和竞争力。加强外部合作与交流，还可以帮助企业获取更多的行业信息和市场动态，为企业的战略决策提供有力的支持。高管团队应定期参加行业会议、论坛、研讨会等活动，与业界同仁交流经验、分享见解，不断拓宽自己的视野和思路。同时，高管团队还应关注国际市场的动态和趋势，积极参与国际交流与合作。通过引进国际先进的技术和管理经验，提升企业的国际化水平和全球竞争力。在“走出去”的过程中，高管团队还应注重企业文化的国际传播和品牌形象的塑造，提升企业在国际市场上的知名度和美誉度。

（10）持续优化自身结构，提升团队效能

高管团队自身结构的优化和团队效能的提升也是发挥其模范带头作用的重要方面。企业应定期对高管团队进行评估和调整，确保团队成员的专业背景、年龄结构、性别比例等方面能够相互补充、形成合力。优化高管团队结构，首先要明确团队成员的职责和分工，确保每个成员都能够发挥自己的专长和优势。通过合理的授权和分工，激发团队成员的积极性和创造力。同时，高管团队还应注重团队成员之间的协作和配合，建立有效的沟通机制和协作流程，确保团队工作的顺畅和高效。为了提升团队效能，高管团队还应注重团队建设和团队文化的培育。通过举办团队建设活动、定期的团队培训等方式，增强团队成员之间的凝聚力和向心力。同时，高管团队还应建立科学的绩效评价机制和激励机制，对团队成员的工作表现进行客观、公正的评价，并给予相应的奖励和激励，激发团队成员的工作热情和积极性。

参考文献

[1] MAZZOLENI R, NELSON R R. Public research institutions and economic catch-up [J]. Research Policy, 2007, 36 (10): 1512-1528.

[2] 李俊江，孟勐．技术前沿、技术追赶与经济赶超——从美国、日本两种典型后发增长模式谈起［J］．华东经济管理，2017，31（1）：5-12.

[3] GERSCHENKRON A. Economic backwardness in historical perspective [M]. Cambridge, MA: Belknap Press of Harvard University Press, 1962: 9.

[4] NELSON R R, PHELPS E S. Investment in humans, technological diffusion, and economic growth [J]. The American Economic Review, 1966, 56 (1/2): 69-75.

[5] ABRAMOVITZ M. Catching up, forging ahead, and falling behind [J]. The Journal of Economic History, 1986, 46 (2): 385-406.

[6] KRUGMAN P R, BREZIS E S. Technology and the life cycle of cities [J]. Journal of Economic Growth, 1997 (2): 369-383.

[7] 李林，杨承川，何建洪．我国先进制造企业技术赶超中的技术能力阶段性跃迁研究［J］．管理学报，2021，18（1）：79-90.

[8] 胡瑞文．高等教育应适度超前发展［J］．教育情报参考，2005（2）：18.

[9] 许玲．区域高等教育与经济发展水平协调性研究——基于2004年和2011

年横截面数据的分析［J］. 教育发展研究，2014，34（1）：24-29.

［10］ 刘君. 区域高等教育科技创新能力评价研究［D］. 广州：华南理工大学，2016.

［11］ 乐菲菲. 教育与经济增长关系研究现状及未来展望［J］. 东岳论丛，2011，32（7）：189-192.

［12］ 马歇尔. 经济学原理［M］. 彭逸林，王威辉，商金艳，译. 北京：人民日报出版社，2009.

［13］ SCHULTZ T W. Investment in human capital［J］. The American Economic Review，1961，51（1）：1-17.

［14］ 肯尼. 教育经济学国际百科全书［M］. 闵维方，等译. 北京：高等教育出版社，2000.

［15］ BILS M，KLENOW P J. Does schooling cause growth?［J］. The American Economic Review，2000，90（5）：1160-1183.

［16］ 贝克尔. 人力资本理论［M］. 郭虹，译. 北京：中信出版社，2007.

［17］ FLEISHER B，LI H Z，ZHAO M Q. Human capital，economic growth，and regional inequality in China［J］. Journal of Development Economics，2010，92（2）：215-231.

［18］ SANTOALHA A，BISCAIA R，TEIXEIRA P. Higher education and its contribution to a diverse regional supply of human capital：Does the binary/unitary divide matters?［J］. Higher Education，2018（75）：209-230.

［19］ AROB P，BENNEWORTH P. Understanding the regional contribution of higher education institutions：A literature review［J］. OECD Education Working Papers，2007，7（7）：7-60.

［20］ AHSAN H，HAQUE M E. Threshold effects of human capital：Schooling and economic growth［J］. Economics Letters，2017（156）：48-52.

［21］ 刘改芳，杨威，李亚茹. 文化资本对地区旅游经济贡献的实证研究［J］. 东岳论丛，2017（2）.

［22］ BENHABIB J，SPIEGEL M M. The role of human capital in economic development evidence from aggregate cross-country data [J]. Journal of Monetary economics, 1994, 34 (2): 143-173.

[23] GENNAIOLI N, PORTA R L, LOPEZ-DE-SILANES F, et al. Human capital and regional development [J]. The Quarterly Journal of Economics, 2013, 128 (1): 24-33.

[24] DANQUAH M, AMANKWAH-AMOAH J. Assessing the relationships between human capital, innovation and technology adoption: Evidence from sub-saharan Africa [J]. Technological Forecasting and Social Change 2017 (122).

[25] 王燕梅. 以域观范式理解中国经济现代化道路——兼论发展经济学范式变革 [J]. 改革, 2023 (6).

[26] PEREZ C, SOETE L.Catching up in technology: Entry barriers and windows of opportunity [M]. London: Frances Pinter, 1988.

[27] COHEN W M, LEVINTHAL D A.Innovation and learning: Two faces of R&D [J]. The Economic Journal, 1989, 99 (397): 569-596.

[28] LEE K, LIM C. Technological regimes, catching-up and leapfrogging: findings from the Korean industries [J]. Research Policy, 2001, 30 (3): 459-483.

[29] LEE K. Making a technological catch-up: Barriers and opportunities [J]. Asian Journal of Technology Innovation, 2005, 13 (2): 97-132.

[30] MATHEWS J A. Dragon multinationals: New players in 21st Century globalization [J]. Asia Pacific Journal of Management, 2006, 23 (1): 5-27.

[31] LEE K, PARK K H. Linking the technological regime to the technological catch-up: Analyzing Korea and Taiwan using the US patent data [J]. Industrial and Corporate Change, 2006, 15 (4): 715-753.

[32] ESCRIBANO A, FOSFURI A, TRIBO J A. Managing external knowledge flows: The moderating role of absorptive capacity [J]. Research Policy,

2009, 38 (1): 96-105.

[33] PETRALIA S, BALLAND P A, MORRISON A. Climbing the ladder of technological development [J]. Research Policy, 2017, 46 (5): 956-969.

[34] RAY P K, RAY S, KUMAR V. Internationalization of latecomer firms from emerging economies-The role of resultant and autonomous learning [J]. Asia Pacific Journal of Management, 2017 (34): 851-873.

[35] SHIN J. Dynamic catch-up strategy, capability expansion and changing windows of opportunity in the memory industry [J]. Research Policy, 2017, 46 (2): 404-416.

[36] FAGERBERG J. Why growth rates differ [M]. Cheltenham: Edward Elgar Publishing, 1988: 432-457.

[37] BENHABIB J, SPIEGEL M M. Human capital and technology diffusion [J]. Handbook of Economic Growth, 2005, 1 (5): 935-966.

[38] 波特 M. 国家竞争优势 [M]. 李明轩，邱如美，译. 北京：中信出版社，2012：31-48.

[39] GRILICHES Z, LICHTENBERG F R. Inter industry technology flows and productivity growth: A reexamination [J]. The Review of Economics and Statistics, 1984, 66 (2): 324-329.

[40] KIAMEHR M. Paths of technological capability building in complex capital goods: The case of hydro electricity generation systems in Iran [J]. Technological Forecasting and Social Change, 2016, 122 (9): 215-230.

[41] LOOS H Z A V D, NEGRO S O, HEKKERT M P. International markets and technological innovation systems: The case of offshore wind [J]. Environmental Innovation and Societal Transitions, 2020 (34): 121-138.

[42] FARUQ H A. Impact of technology and physical capital on export quality [J]. The Journal of Developing Areas, 2010, 44 (1): 167-185.

[43] LORENCZIK C, NEWIAK M. Imitation and innovation driven development under imperfect intellectual property rights [J]. European Economic Review,

2012, 56 (7): 1361-1375.

[44] HOBDAY M. Innovation in East Asia: The challenge to Japan [M]. Cheltenham: Edward Elgar Publishing, 1995: 138-150.

[45] DUTRENIT G.Building technological capabilities in latecomer firms: a review essay [J]. Science, Technology & Society, 2004, 9 (2): 209-241.

[46] ALTENBURG T, SCHMITZ H, STAMM A.Breakthrough? China's and India's transition from production to innovation [J]. World Development, 2008, 36 (2): 325-344.

[47] PRIMO M, DUBOIS F.Technological capabilities of Brazilian shipbuilding suppliers [J]. Journal of Technology Management & Innovation, 2012, 7 (2): 39-51.

[48] VERSPAGEN B, KALTENBERG M.Catching-up in a globalised context: Technological change as a driver of growth [J]. MERIT Working Papers, 2015.

[49] MIAO Y Z, SONG J, LEE K, et al.Technological catch-up by East Asian firms: Trends, issues and future research agenda [J]. Asia Pacific Journal of Management, 2018, 35 (3): 639-669.

[50] URRACA-RUIZ A.On the evolution of technological specialization patterns in emerging countries: Comparing Asia and Latin America [J]. Economics of Innovation and New Technology, 2019, 28 (1-2): 100-117.

[51] SOLOW R M.Technical change and the aggregate production function [J]. Review of Economic and Statistics, 1957, 39 (3): 312-320.

[52] UZAWA H.Optimum technical change in an aggregative model of economic growth [J]. International Economic Review, 1965, 6 (1): 18-31.

[53] MADSEN J B, ISIAM M R, ANG J B.Catching up to the technology frontier: The dichotomy between innovation and imitation [J]. The Canadian Journal of Economics, 2010, 43 (4): 1389-1411.

[54] Molinari B, Roariguez J, Torres J. Growth and technological progress in

selected pacific countries [J]. Japan and The World Economy, 2013, 28 (c): 60-71.

[55] AGENOR P, ALPASLAN B. Infrastructure and industrial development with endogenous sill acquistion [J]. Bulletin of Economic Research, 2018, 70 (4): 313-333.

[56] LOPEZ-PUEYO C, BARCENILLA S, GIMENEZ G. The two faces of human capital and their effect on technological progress [J]. Panoeconomicus, 2018, 65 (2): 163-181.

[57] 唐万宏. 以科学发展观优化配置高等学校教育资源 [J]. 江苏高教, 2007 (1): 59-61.

[58] 刘宇, 张平. 基于经济增长理论的高等教育规模对区域经济发展影响模型的构建 [J]. 科技管理研究, 2009, 29 (9): 332-334.

[59] ZHANG C G, ZHUANG L. The composition of human capital and economic growth: Evidence from China using dynamic panel data analysis [J]. China Economic Review, 2011, 22 (1): 165-171.

[60] 胡磊. 基于内生技术进步的经济增长方式实证研究 [J]. 中国外资, 2011 (8): 4-6.

[61] 劳昕, 薛澜. 我国高等教育资源的空间分布及其对地区经济增长的影响 [J]. 高等教育研究, 2016, 37 (6): 26-33.

[62] 吴英娟, 李燕. 高等教育资源配置与经济发展互动机理分析 [J]. 长春理工大学学报 (社会科学版), 2017, 30 (4): 109-113.

[63] 林毅夫, 张鹏飞. 后发优势、技术引进和落后国家的经济增长 [J]. 经济学 (季刊), 2005 (4): 53-74.

[64] 肖利平. 技术追赶机制研究——一个基于吸收能力与R&D的理论模型 [J]. 财经理论与实践, 2011, 32 (3): 89-93.

[65] 张金山. 后发企业技术追赶影响因素实证研究 [D]. 淄博: 山东理工大学, 2015.

[66] 魏江, 潘秋玥, 王诗翔. 制度型市场与技术追赶 [J]. 中国工业经济,

2016（9）：93-108.

[67] 肖利平，何景媛. 吸收能力、制度质量与技术追赶绩效——基于大中型工业企业数据的经验分析［J］. 中国软科学，2015（7）：137-147.

[68] 孟勐. 后发经济体技术赶超研究［D］. 长春：吉林大学，2017.

[69] 朱美光. 环渤海和长三角经济带“技术追赶”问题研究［J］. 科学学与科学技术管理，2010，31（8）：51-53.

[70] 吴先明，胡博文. 后发企业国际化与技术追赶绩效——基于2003—2013年省际面板数据的实证分析［J］. 商业研究，2018（1）：97-104.

[71] 吴晓波，余璐，雷李楠. 超越追赶：范式转变期的创新战略［J］. 管理工程学报，2020，34（1）：1-8.

[72] 吴东，吴晓波. 技术追赶的中国情境及其意义［J］. 自然辩证法研究，2013（11）：45-50.

[73] 丁锋. 自主创新、技术引进与经济增长［J］. 管理现代化，2018，38（5）：42-45.

[74] 曲如晓，臧睿. 自主创新、外国技术溢出与制造业出口产品质量升级［J］. 中国软科学，2019（5）：18-30.

[75] 何郁冰，韩秋敏，曾益. 自主创新对于中国制造业国际竞争力的影响［J］. 科研管理，2019，40（7）：33-46.

[76] 黄燕萍，刘榆，吴一群，等. 中国地区经济增长差异：基于分级教育的效应［J］. 经济研究，2013，48（4）：94-105.

[77] 胡鞍钢，张新. 中国特色创新发展道路：从1.0版到4.0版［J］. 国家行政学院学报，2016（5）：13-20；141.

[78] 中国人民大学宏观经济分析与预测课题组，张杰. 进入创新和产业融合发展关键期的中国经济［J］. 经济理论与经济管理，2017（12）：5-22.

[79] 柳卸林，高雨辰，丁雪辰. 寻找创新驱动发展的新理论思维——基于新熊彼特增长理论的思考［J］. 管理世界，2017（12）：8-19.

[80] 王艳涛，崔成. 人力资本结构与技术创新模式关系研究［J］. 技术经济与管理研究，2019（6）：30-35.

[81] 魏婕，安同良. 面向高质量发展的创新驱动 [J]. 中国科技论坛，2020 (1)：33-40.

[82] 郭熙保，肖利平. 技术转移、自主创新与技术追赶方式转变 [J]. 华中科技大学学报（社会科学版），2007 (4)：64-70.

[83] 黄永春，李倩. GVC视角下后发国家扶持新兴产业赶超的政策工具研究——来自中、韩高铁产业赶超案例的分析 [J]. 科技进步与对策，2014，31 (18)：119-124.

[84] 欧阳峣，汤凌霄. 大国创新道路的经济学解析 [J]. 经济研究，2017，52 (9)：11-23.

[85] 田然，郭丹丁. 论技术进步在经济增长中的贡献——基于中国、韩国比较分析视角 [J]. 北京工商大学学报，2007 (3).

[86] 崔鑫生. 专利表征的技术进步与经济增长的关系文献综述 [J]. 北京工商大学学报（社会科学版），2008 (1)：124-128.

[87] 张雄辉. 技术进步、技术效率对经济增长贡献的研究 [D]. 济南：山东大学，2010.

[88] 秦腾，陈曦，张铁英. 技术进步对经济增长影响的门槛效应研究 [J]. 商业时代，2014 (33)：39-41.

[89] 马伟伟. 技术进步对经济增长贡献的新测算 [J]. 统计与决策，2019，35 (6)：131-133.

[90] 田颖，刘林. 我国资源型地区经济可持续增长问题研究——基于技术进步视角的再分析 [J]. 生态经济，2019，35 (5)：62-70.

[91] 彭新敏，张帆. 技术变革、次序双元与后发企业追赶 [J]. 科学学研究，2019，37 (11)：2016-2025.

[92] 郭艳婷，郑刚，钱仲文. 开放式创新视角下企业基于跨边界协同的新型追赶路径与模式初探 [J]. 科研管理，2019，40 (10)：169-183.

[93] 刘海兵，杨磊，许庆瑞. 后发企业技术创新能力路径如何演化？——基于华为公司1987—2018年的纵向案例研究 [J]. 科学学研究，2020，38 (6)：1096-1107.

[94] 杨燕. 我国制造业技术学习与追赶的特点与逻辑遵循——基于以企业为核心主体的分析框架 [J]. 技术经济，2020，39（2）：37-45.

[95] VERTESY D.Preconditions，windows of opportunity and innovation strategies：Successive leadership changes in the regional jet industry [J]. Research Policy，2017，46（2）：388-403.

[96] LANDINI F，LEE K，MALERBA F. A history-friendly model of the successive changes in industrial leadership and the catch-up by latecomers [J]. Research Policy，2017，46（2）：431-446.

[97] 吴宣德. 中国区域教育发展概论 [M]. 武汉：湖北教育出版社，2003.

[98] 吴殿廷. 区域经济学 [M]. 北京：科学出版社，2003.

[99] 赵庆年. 区域高等教育发展差异问题研究——基于1998-2006我国省级行政区域的视角 [D]. 厦门：厦门大学，2009.

[100] 桑玉军，姜颖. 区域高等教育发展战略的构建 [J]. 中国高等教育，2011（1）：108-112.

[101] 胡建华，陈列，周川，等. 高等教育学新论 [M]. 南京：江苏教育出版社，1995：39-40.

[102] 胡弼成. 高等教育学 [M]. 长沙：湖南师范大学出版社，2005：110-112.

[103] 荀倩倩. 基于三阶段DEA的我国高等教育资源配置效率研究 [D]. 银川：宁夏医科大学，2018.

[104] 万勇. 区域技术创新与经济增长研究 [M]. 北京：经济科学出版社，2011.

[105] 史雅楠. 后发企业技术追赶的影响因素组态研究——技术战略取向、资源治理与社会建构 [D]. 大连：大连理工大学，2018.

[106] 吴伟，陈德智，王浣尘，等. 技术赶超模型的实证研究 [J]. 中国软科学，2003（1）：108-112.

[107] 余泳泽. 我国技术进步的路径选择研究 [D]. 天津：南开大学，2012.

[108] 冯尧. 技术进步、知识产权保护与经济增长 [D]. 天津：南开大学，

2012.

[109] KUZNETS S. Six lectures on economic growth [M]. London: Fress Press, 1959.

[110] ROMER P M.Increasing returns and long-run growth [J]. Journal of Political Economy, 1986, 94 (5): 1002-1037.

[111] LUCAS R E J. On the mechanics of economic development [J]. Journal of Monetary Economics, 1988, 22 (1): 3-42.

[112] 范玉贞. 我国电子商务发展对经济增长作用的实证研究 [D]. 上海：上海师范大学，2010.

[113] 李雪峰. 中国人力资本与内生经济增长——理论研究与实证分析 [D]. 西安：西北工业大学，2006.

[114] 谭可欣. 高技术企业R&D知识管理的模型与机制研究 [D]. 泉州：华侨大学，2009.

[115] 何雄浪，姜泽林. 制度创新与经济增长——一个理论分析框架及实证检验 [J]. 工业技术经济，2016，35 (5).

[116] 法格博格，莫利，纳尔逊.牛津创新手册 [M]. 柳玉林，郑刚，蔺雷，等译. 北京：知识产权出版社，2009.

[117] 魏婕，安同良. 面向高质量发展的中国创新驱动 [J]. 中国科技论坛，2020 (1).

[118] ACEMOGLU D, CAO D.Innovation by entrants and incumbents [J]. Journal of Economic Theory, 2015 (157): 255-294.

[119] AKCIGIT U, KERR W R. Growth through heterogeneous innovations [J]. Journal of Political Economy, 2018, 126 (4): 1374-1443.

[120] ZAHRA S A, GEORGE G.Absorptive capacity: A review, reconceptualization, and extension [J]. Academy of Management Review, 2002, 27 (2): 185-203.

[121] BOSCH F A, VOLBERDA H W, BOER M D.Coevolution of firm absorptive capacity and knowledge environment: Organization forms and combinative capabilities [J]. Organization Science, 1999, 10 (5): 551-568.

[122] LANE P J, KOKA B R, PATHAK S.The reification of absorptive capacity: A critical review and rejuvenation of the construct [J]. The Academy of management review, 2006, 31 (4): 833-863.

[123] CHEN C M, HICKS D.Tracing knowledge diffusion [J]. Scientometrics, 2004, 59 (2): 199-211.

[124] STONEMAN P, DIEDEREN P.Technology diffusion and public policy [J]. The Economic Journal, 2002, 104 (104): 918-930.

[125] 李烁. 区域知识存量、知识扩散对科技创新能力的影响研究——以陕西省为例 [D]. 太原: 太原理工大学, 2012.

[126] PENROSE E T.The theory of the growth of the firm [M]. New York: Oxford University Press, 1959.

[127] WERNERFELT B. A resource-based view of the firm [J]. Strategic Management Journal, 1984, 5 (2): 171-180.

[128] BARNEY J.Firm resources and sustained competitive advantage [J]. Journal of Management, 1991, 171 (1): 99-120.

[129] BRENNAN M, ISARD W, SCHOOLER E W, et al.Methods of regional analysis: An introduction to regional science [J]. Economic Geography, 1960, 38 (1): 88-90.

[130] RODD R S, ISARD W.Introduction to regional science [J]. The Canadian Journal of Economics, 1975, 9 (3): 542.

[131] 刘秉镰, 朱俊丰, 周玉龙. 中国区域经济理论演进与未来展望 [J]. 管理世界, 2020, 36 (2): 182-194; 226.

[132] OVERMAN H, RICE P, VENABLES A J.Economic linkages across space [J]. Regional Studies, 2010, 44 (1): 17-33.

[133] 张贵, 梁莹, 徐杨杨. 生态系统视阈下区域创新效率的多维溢出效应——对面板数据的空间计量分析 [J]. 科技进步与对策, 2016, 33 (15): 30-37.

[134] 潘文卿. 中国区域经济发展: 基于空间溢出效应的分析 [J]. 世界经济,

2015，38（7）：120-142.

［135］ 郝鹏飞，王少凡，王晓林，等．基于灰色系统理论的我国高校专利申请影响因素分析［J］．知识经济，2011（9）：7-8.

［136］ 谢雨飞，朱周力，翟晓亮，等．我国高校专利分类变化的评价模型及其回归分析［J］．技术与创新管理，2014，35（3）：205-213.

［137］ 姜颖，王姜玥，付明．区域高等教育资源储备发展水平及发展策略研究［J］．教育教学论坛，2021（1）：46-49.

［138］ 张萌．我国城市住宅投资吸引力评价研究——以我国35个大中城市为例［D］．重庆：重庆大学，2014.

［139］ 景慧丽．主成分分析和因子分析比较［J］．商业文化（学术版），2008（8）：254-255.

［140］ 徐国金．青岛市生态环境质量综合评价及改善对策研究［D］．青岛：青岛大学，2017.

［141］ 程钧谟，张金山，蒋兵．后发企业技术追赶能力评价体系研究［J］．科技进步与对策，2014，31（17）：116-119.

［142］ 王家庭，谢郁，倪方树，等．高等教育资源集聚对提升区域创新能力的影响研究［J］．创新，2016，10（5）：39-48.

［143］ 吴菊珍，谌艳芳．高等教育资源配置对区域创新能力影响的实证研究［J］．江西师范大学学报（自然科学版），2018，42（3）：283-290.

［144］ WANG P，XIE D Y. Activation of a modern industry［J］．Journal of Development Economics，2004，74（2）：393-410.

［145］ 徐斌．技术吸收、技术改造与国内外技术获取——基于高技术产业静态与动态面板数据［J］．科技进步与对策，2019，36（22）：60-66.

［146］ 朱俊杰，徐承红．区域创新绩效提升的门槛效应——基于吸收能力视角［J］．财经科学，2017（7）：116-128.

［147］ 曹倩．区域经济发展环境与区域经济发展关系实证研究［J］．山东社会科学，2020（9）：106-113.

［148］ 格罗斯曼，赫尔普曼．全球经济中的创新与增长［M］．北京：中国人民

大学出版社，2003.

[149] BARRO R J，SALA-I-MARTIN X.Technological diffusion，convergence and growth [J]. Journal of Economic Growth，1997，2（1）：26.

[150] 胡鞍钢.如何认识中国的技术追赶效应 [J] .科学中国人，2004（6）：34-38.

[151] 唐春晖，唐要家.技术模式与中国产业技术追赶 [J] .中国软科学，2006（4）：59-65.

[152] 胡鞍钢. 全面开放、跨越发展：如何认识中国的技术追赶效应 [R]. 国情报告（第六卷），2003.

[153] YANG R D. Study on the total factor productivity of Chinese manufacturing enterprises [J]. Economic Study，2015（2）.

[154] 张军，吴桂英，张吉鹏. 中国省际物质资本存量估计：1952—2000 [J]. 经济研究，2004（10）.

[155] 靖学青. 中国省际物质资本存量估算：1952—2010 [J]. 广东社会科学，2013（2）.

[156] 沈利生，朱运法. 人力资本与经济增长分析 [M]. 北京：社会科学文献出版社，1999.

[157] 姜颖，乔榛. 区域高等教育与经济发展水平偏离的研究 [J]. 学习与探索，2011（6）：177-179.

[158] 付明. 区域经济发展视域下的区域高等教育发展对策研究——以黑龙江省为例 [D]. 哈尔滨：黑龙江大学，2015.

[159] 赵庆年，王燕. 提升与协调：我国区域高等教育科技创新能力 [J]. 科技管理研究，2018，38（20）：1-8.

[160] 姜颖，孙永波，贺启印. 提升区域高等教育与经济协调关系的对策研究 [J]. 职业技术教育，2013，34（10）：46-49.

[161] 姜颖，付明. 区域高等教育资源配置效率比较研究 [J]. 经济研究导刊，2014（29）：169-170.

[162] 付明，姜颖."双碳"目标下煤炭资源型城市转型发展的思考 [J]. 奋

斗，2023（14）：51-53.

［163］ 杨晓华．更新理念 加强人才队伍建设［J］．江苏科技信息（科技创业），2009（3）：51-52.

［164］ 赵丹，付明．高校思政课培养人才的时代意蕴及实践策略——以落实党的十九届六中全会精神为例［J］．经济研究导刊，2022（23）：131-133.

［165］ 付明，祁晓．黑龙江省高等教育促进区域经济发展对策研究［J］．经济研究导刊，2015（14）：154-156.

［166］ 王骏飞，付明，李淑艳．特色应用型本科院校通识教育选修课课程建设策略探究［J］．价值工程，2014，33（7）：296-298.

［167］ 姜颖，祁晓．区域高等教育对经济增长贡献率差异的内部因素分析［J］．北京交通大学学报（社会科学版），2012，11（2）：95-102.

［168］ 朱剑鸿．湖北省高等教育与区域经济协调发展研究［D］．武汉：华中师范大学，2011.

［169］ 赵丹，付明．伟大建党精神引领时代新人优良作风培育的三重逻辑［J］．长春教育学院学报，2023，39（4）：5-10.

［170］ 王骏飞，姜颖，付明．京津冀区域协同创新机制构建［J］．商业经济研究，2020（1）：131-134.

［171］ 王静，李苗，赵璐瑶．R&D投入持续性、高管教育背景与企业创新绩效——基于A股上市公司的实证研究［J］．经营与管理，2023（3）：32-39.

［172］ 何瑛，张大伟．管理者特质、负债融资与企业价值［J］．会计研究，2015（8）：65-72；97.

［173］ TIHANYI L，ELLSTRAND A E，DAILY C M，et al.Composition of the top management team and firm international diversification［J］．Journal of Management，2000，26（6）：1157-1177.

［174］ 宋建波，文雯．董事的海外背景能促进企业创新吗？［J］．中国软科学，2016（11）：12.

［175］ 朱艳丽，殷丽，王维．管理者能力、成本粘性与企业绩效——来自中国

A股上市企业的经验证据［J］. 华东经济管理，2023，37（10）：116-128.

［176］ 郑云霞. 股权集中度、研发投入和企业绩效研究［J］. 中国集体经济，2023（16）：65-68.

附　录

附录 1　资源储备能力评价指标体系表

<table>
<tr><th>一级指标</th><th>二级指标</th><th>三级指标</th><th></th><th>数据来源</th></tr>
<tr><td rowspan="8">资源储备</td><td rowspan="5">人力资源</td><td>教学与科研人员（人）</td><td>r1</td><td rowspan="2">《高等学校科技统计资料汇编》</td></tr>
<tr><td>研究与发展全时人员（人年）</td><td>r2</td></tr>
<tr><td>科技人力学历指数——专任教师学历</td><td>r3</td><td rowspan="3">《中国教育统计年鉴》</td></tr>
<tr><td>科技人力职称指数——专任教师职称</td><td>r4</td></tr>
<tr><td>高等教育学校（机构）教职工人数（人）</td><td>r5</td></tr>
<tr><td rowspan="3">财力资源</td><td>研究与发展经费当年支出（千元）</td><td>c1</td><td rowspan="3">《高等学校科技统计资料汇编》</td></tr>
<tr><td>R & D 成果应用及科技服务经费当年支出（千元）</td><td>c2</td></tr>
<tr><td>科技经费支出（千元）</td><td>c3</td></tr>
</table>

续表

<table>
<tr><th>一级指标</th><th>二级指标</th><th>三级指标</th><th></th><th>数据来源</th></tr>
<tr><td rowspan="7">资源储备</td><td rowspan="2">财力资源</td><td>科技经费支出占区域生产总值比重（%）</td><td>c4</td><td rowspan="2">《高等学校科技统计资料汇编》《中国统计年鉴》</td></tr>
<tr><td>科技经费拨入占区域财政支出的比重（%）</td><td>c5</td></tr>
<tr><td rowspan="5">物力资源</td><td>高等学校研究与发展机构数（项）</td><td>w1</td><td rowspan="2">《高等学校科技统计资料汇编》</td></tr>
<tr><td>高等学校研究与发展项目数（项）</td><td>w2</td></tr>
<tr><td>拥有科技图书量（万册）</td><td>w3</td><td rowspan="3">《中国教育统计年鉴》</td></tr>
<tr><td>固定资产价值（万元）——教学、科研仪器设备资产</td><td>w4</td></tr>
<tr><td>校舍面积（平方米）</td><td>w5</td></tr>
</table>

附录2　技术追赶、自主创新评价指标体系表

一级指标	二级指标		数据来源
技术追赶	R&D成果应用及科技服务全时人员（人年）	g1	《高等学校科技统计资料汇编》
	合作研究派遣人数（人次）	g2	
	合作研究接收人数（人次）	g3	
	国际学术会议出席人数（人次）	g4	
	国际学术会议交流论文（篇）	g5	
	国际学术会议特邀报告（篇）	g6	
	主办国际学术会次数（次）	g7	
自主创新	R&D成果应用及科技服务项目（项）	x1	
	高等学校技术转让实际收入（千元）	x2	
	成果授奖（项）	x3	
	专利申请数（项）	x4	
	专利授权数（项）	x5	
	专利出售数合同数（项）	x6	
	出版科技著作数量（部）	x7	
	研究与发展项目数（项）	x8	
	技术合同转让金额（千元）	x9	

附录3　上市企业市场价值高管受教育水平抽样数据

序号	企业简称	年份	企业市场价值	高管平均受教育水平	高管海外留学背景	序号	企业简称	年份	企业市场价值	高管平均受教育水平	高管海外留学背景
Nomber	Shortname	year	TQ	Edu	Sea	Nomber	Shortname	year	TQ	Edu	Sea
1	神州高铁	2018	1.3084	3.9091	0.0000	901	锌业股份	2018	1.3403	2.7895	0.0000
2	神州高铁	2019	1.1975	3.8750	0.0000	902	锌业股份	2019	1.4192	2.8000	0.0000
3	神州高铁	2020	1.0295	3.8824	0.0000	903	锌业股份	2020	1.4006	2.7619	0.0000
4	神州高铁	2021	1.2222	3.8800	0.0000	904	锌业股份	2021	1.3079	2.9545	0.0000
5	神州高铁	2022	1.1650	3.8947	0.0000	905	锌业股份	2022	1.1552	2.9524	0.0000
6	中国宝安	2018	0.9608	3.6250	0.0588	906	漳州发展	2018	1.0925	3.6667	0.0000
7	中国宝安	2019	1.1717	3.5263	0.0500	907	漳州发展	2019	1.0873	3.5000	0.0000
8	中国宝安	2020	1.1918	3.6250	0.0000	908	漳州发展	2020	1.0443	3.5000	0.0000
9	中国宝安	2021	1.5753	3.6250	0.0000	909	漳州发展	2021	1.0860	3.5000	0.0435
10	中国宝安	2022	1.2334	3.7333	0.0000	910	漳州发展	2022	1.1219	3.6667	0.0526
11	南玻A	2018	1.0042	5.0000	0.0500	911	山西路桥	2018	1.0894	3.1282	0.0000
12	南玻A	2019	1.1389	4.3333	0.0556	912	山西路桥	2019	1.0746	3.1905	0.0000
13	南玻A	2020	1.3717	4.3333	0.0000	913	山西路桥	2020	1.0564	3.2381	0.0000
14	南玻A	2021	1.5317	5.0000	0.0000	914	山西路桥	2021	1.0637	3.2632	0.0000
15	南玻A	2022	1.1056	5.0000	0.0000	915	山西路桥	2022	1.1110	3.5000	0.0000
16	深康佳A	2018	0.9181	3.8571	0.0952	916	新华制药	2018	1.0711	3.8571	0.1429
17	深康佳A	2019	0.9726	3.9412	0.0588	917	新华制药	2019	1.1563	3.9500	0.1000
18	深康佳A	2020	1.0305	3.8947	0.0526	918	新华制药	2020	1.2363	3.9167	0.1250
19	深康佳A	2021	1.0457	3.8889	0.0526	919	新华制药	2021	1.3162	3.9000	0.1500

续表

序号	企业简称	年份	企业市场价值	高管平均受教育水平	高管海外留学背景	序号	企业简称	年份	企业市场价值	高管平均受教育水平	高管海外留学背景
20	深康佳A	2022	1.0036	3.8333	0.0526	920	新华制药	2022	2.2461	3.9130	0.2174
21	深深宝A	2018	1.2141	3.6316	0.0000	921	浩物股份	2018	2.3563	3.1765	0.1765
22	深粮控股	2019	1.1194	3.8000	0.0000	922	浩物股份	2019	1.2756	3.2222	0.1667
23	深粮控股	2020	1.1838	4.0000	0.0000	923	浩物股份	2020	1.2861	3.1667	0.1667
24	深粮控股	2021	1.1490	3.9474	0.0000	924	浩物股份	2021	1.3503	3.4545	0.0909
25	深粮控股	2022	1.1790	3.9444	0.0000	925	浩物股份	2022	1.2746	3.4375	0.1212
26	深华发A	2018	4.2222	3.7273	0.0909	926	中色股份	2018	0.9176	3.9565	0.3478
27	深华发A	2019	4.2314	3.8824	0.1765	927	中色股份	2019	1.0040	3.9167	0.2800
28	深华发A	2020	3.7644	3.7500	0.2500	928	中色股份	2020	1.0457	4.0909	0.1667
29	深华发A	2021	3.3695	3.9091	0.2727	929	中色股份	2021	1.1209	3.9048	0.1739
30	深华发A	2022	3.4925	3.9333	0.2000	930	中色股份	2022	1.0623	3.9524	0.1905
31	深科技	2018	1.1332	3.5789	0.2000	931	中百集团	2018	0.9961	3.6818	0.0000
32	深科技	2019	1.5855	3.6000	0.1905	932	中百集团	2019	1.1627	3.7273	0.0000
33	深科技	2020	1.9222	3.6190	0.1818	933	中百集团	2020	1.0779	3.6667	0.0000
34	深科技	2021	1.4895	3.6471	0.1176	934	中百集团	2021	1.0217	3.7083	0.0000
35	深科技	2022	1.1697	3.6471	0.1111	935	中百集团	2022	1.1058	3.7600	0.0000
36	特力A	2018	4.7655	3.6538	0.0370	936	本钢板材	2018	0.8996	3.5714	0.0000
37	特力A	2019	5.3615	3.7647	0.0556	937	本钢板材	2019	0.9079	3.7368	0.0000
38	特力A	2020	4.1603	3.7647	0.0556	938	本钢板材	2020	0.8473	3.7778	0.0000
39	特力A	2021	3.4458	3.8182	0.0435	939	本钢板材	2021	0.8798	3.8077	0.0000
40	特力A	2022	3.3397	3.7778	0.0526	940	本钢板材	2022	0.8213	3.7391	0.0000

续表

序号	企业简称	年份	企业市场价值	高管平均受教育水平	高管海外留学背景	序号	企业简称	年份	企业市场价值	高管平均受教育水平	高管海外留学背景
41	飞亚达A	2018	1.1040	3.9545	0.0909	941	西藏矿业	2018	1.3628	3.4706	0.0000
42	飞亚达A	2019	1.4759	3.8571	0.0476	942	西藏矿业	2019	1.4971	3.4706	0.0000
43	飞亚达	2020	1.4187	3.9583	0.0833	943	西藏矿业	2020	2.5962	3.6429	0.0000
44	飞亚达	2021	1.4017	3.9286	0.0714	944	西藏矿业	2021	9.7055	3.8500	0.0476
45	飞亚达	2022	1.2348	4.0000	0.0556	945	西藏矿业	2022	3.1359	3.3571	0.0625
46	深圳能源	2018	0.9216	3.7407	0.0370	946	通化金马	2018	1.1863	3.2000	0.0588
47	深圳能源	2019	0.9067	3.7600	0.0000	947	通化金马	2019	1.5691	3.3043	0.0400
48	深圳能源	2020	0.8871	3.8889	0.0000	948	通化金马	2020	1.1243	3.2500	0.0455
49	深圳能源	2021	0.9160	3.8077	0.0000	949	通化金马	2021	1.3549	3.3333	0.0625
50	深圳能源	2022	0.8297	3.8929	0.0000	950	通化金马	2022	1.5106	3.3750	0.0588
51	国药一致	2018	1.0771	4.0000	0.0833	951	漳泽电力	2018	0.9913	3.3333	0.0000
52	国药一致	2019	1.0687	4.0909	0.0455	952	漳泽电力	2019	0.9905	3.2500	0.0000
53	国药一致	2020	1.0305	4.0909	0.0435	953	晋控电力	2020	1.0609	3.3333	0.0000
54	国药一致	2021	0.9232	4.3333	0.0455	954	晋控电力	2021	1.0349	3.0000	0.0000
55	国药一致	2022	0.8544	4.2500	0.0556	955	晋控电力	2022	0.9953	4.0000	0.0000
56	富奥股份	2018	0.9611	3.3333	0.0000	956	中航飞机	2018	1.3621	4.2308	0.0385
57	富奥股份	2019	1.0832	3.0000	0.0000	957	中航飞机	2019	1.5895	4.1852	0.0370
58	富奥股份	2020	1.3317	3.0000	0.0000	958	中航西飞	2020	2.4753	4.2188	0.0313
59	富奥股份	2021	1.3167	3.0000	0.0000	959	中航西飞	2021	2.1851	4.1429	0.0000
60	富奥股份	2022	0.9601	3.0000	0.0000	960	中航西飞	2022	1.6611	4.2692	0.0000
61	深桑达A	2018	1.4348	3.8333	0.0000	961	中核科技	2018	2.1032	3.5556	0.0556

续表

序号	企业简称	年份	企业市场价值	高管平均受教育水平	高管海外留学背景	序号	企业简称	年份	企业市场价值	高管平均受教育水平	高管海外留学背景
62	深桑达A	2019	2.7888	3.9000	0.0000	962	中核科技	2019	2.3204	3.4737	0.0526
63	深桑达A	2020	3.1521	3.9524	0.0000	963	中核科技	2020	2.4248	3.5789	0.0526
64	深桑达A	2021	1.1156	3.9688	0.0909	964	中核科技	2021	2.4931	3.6000	0.0500
65	深桑达A	2022	1.1373	4.1000	0.1500	965	中核科技	2022	1.7244	3.5500	0.0476
66	神州数码	2018	1.1043	3.7826	0.2174	966	新兴铸管	2018	0.9146	4.1000	0.0000
67	神州数码	2019	1.2152	3.7333	0.2000	967	新兴铸管	2019	0.8868	4.0952	0.0000
68	神州数码	2020	1.2323	3.7692	0.2308	968	新兴铸管	2020	0.8267	4.0800	0.0000
69	神州数码	2021	1.0805	3.6667	0.1875	969	新兴铸管	2021	0.8348	4.1250	0.0000
70	神州数码	2022	1.1315	3.6667	0.1786	970	新兴铸管	2022	0.7725	4.1333	0.0000
71	中国天楹	2018	1.4017	3.6667	0.1111	971	三毛派神	2018	0.9896	3.3750	0.0625
72	中国天楹	2019	1.0415	3.7222	0.1111	972	甘咨询	2019	1.2805	3.5000	0.0323
73	中国天楹	2020	0.9591	3.8636	0.0833	973	甘咨询	2020	1.1732	3.6111	0.0000
74	中国天楹	2021	1.1593	3.7619	0.0435	974	甘咨询	2021	1.1050	3.6111	0.0000
75	中国天楹	2022	1.0866	3.9200	0.0400	975	甘咨询	2022	1.2413	3.6842	0.0000
76	深南电A	2018	1.0614	3.5882	0.0000	976	美达股份	2018	1.2266	3.5789	0.2000
77	深南电A	2019	2.0084	3.7727	0.0455	977	美达股份	2019	1.1207	3.3684	0.2105
78	深南电A	2020	1.8310	3.8125	0.1875	978	美达股份	2020	1.0923	3.3158	0.1579
79	深南电A	2021	1.6093	3.8182	0.1304	979	美达股份	2021	1.5271	3.3636	0.1364
80	深南电A	2022	1.7427	3.8000	0.1000	980	美达股份	2022	1.2554	3.4000	0.1000
81	中集集团	2018	0.9443	3.5000	0.2174	981	武汉中商	2018	1.1195	3.5882	0.0000
82	中集集团	2019	0.9510	3.5238	0.2381	982	居然之家	2019	1.0541	3.5714	0.0000

续表

序号	企业简称	年份	企业市场价值	高管平均受教育水平	高管海外留学背景	序号	企业简称	年份	企业市场价值	高管平均受教育水平	高管海外留学背景
83	中集集团	2020	1.0001	3.7647	0.1176	983	居然之家	2020	1.0333	3.5769	0.0385
84	中集集团	2021	1.0130	3.8000	0.1000	984	居然之家	2021	1.1008	3.6087	0.0833
85	中集集团	2022	0.9278	3.9091	0.1364	985	居然之家	2022	1.0468	3.7097	0.0938
86	东旭蓝天	2018	0.9208	3.7407	0.1786	986	北新建材	2018	1.4117	3.5000	0.1250
87	东旭蓝天	2019	0.8319	3.8824	0.2222	987	北新建材	2019	2.3258	3.5000	0.1176
88	东旭蓝天	2020	0.8093	3.9000	0.2000	988	北新建材	2020	3.1911	3.3333	0.1250
89	东旭蓝天	2021	0.8427	3.8800	0.2800	989	北新建材	2021	2.5432	3.0000	0.0909
90	东旭蓝天	2022	0.8375	3.6923	0.3077	990	北新建材	2022	1.7526	3.0000	0.0769
91	深纺织A	2018	0.8657	3.6250	0.0588	991	北大医药	2018	1.8878	3.9048	0.0952
92	深纺织A	2019	0.9421	3.7368	0.0500	992	北大医药	2019	2.1068	3.8333	0.1111
93	深纺织A	2020	0.9027	3.7143	0.0455	993	北大医药	2020	2.0267	3.8333	0.1111
94	深纺织A	2021	1.0993	3.7500	0.0500	994	北大医药	2021	2.0813	4.0455	0.0909
95	深纺织A	2022	1.2164	3.7500	0.0625	995	北大医药	2022	2.1596	3.8235	0.0000
96	德赛电池	2018	1.4105	3.2308	0.0714	996	万年青	2018	1.0582	3.4583	0.0417
97	德赛电池	2019	1.6302	3.6471	0.0556	997	万年青	2019	1.1874	3.5000	0.0455
98	德赛电池	2020	2.2256	3.6667	0.0000	998	万年青	2020	1.0831	3.4783	0.0435
99	德赛电池	2021	2.2991	3.4118	0.0000	999	万年青	2021	0.9337	3.5000	0.0455
100	德赛电池	2022	1.7024	3.4667	0.0000	1000	万年青	2022	0.7997	3.4737	0.0526
101	深天马A	2018	0.9326	3.9286	0.1724	1001	泰合健康	2018	2.3264	3.3750	0.1250
102	深天马A	2019	1.0908	3.9091	0.2273	1002	泰合健康	2019	2.6773	3.4167	0.0800
103	深天马A	2020	1.0269	3.9600	0.2000	1003	华神科技	2020	2.5785	3.5769	0.0741

续表

序号	企业简称	年份	企业市场价值	高管平均受教育水平	高管海外留学背景	序号	企业简称	年份	企业市场价值	高管平均受教育水平	高管海外留学背景
104	深天马A	2021	0.9665	3.9063	0.1250	1004	华神科技	2021	3.2605	3.7368	0.0000
105	深天马A	2022	0.8928	3.9677	0.1290	1005	华神科技	2022	2.0843	3.7500	0.0000
106	方大集团	2018	0.9038	3.6667	0.0000	1006	甘肃电投	2018	0.9330	3.4286	0.0714
107	方大集团	2019	0.9436	3.7273	0.0000	1007	甘肃电投	2019	0.8877	3.3333	0.0417
108	方大集团	2020	0.8849	3.7333	0.0667	1008	甘肃电投	2020	0.9248	3.2500	0.0000
109	方大集团	2021	0.8887	3.5833	0.0833	1009	甘肃电投	2021	1.0683	3.5000	0.0000
110	方大集团	2022	0.8552	3.5833	0.0833	1010	甘肃电投	2022	0.8994	3.5000	0.0000
111	皇庭国际	2018	0.9330	3.6111	0.1111	1011	华闻传媒	2018	1.0340	3.2500	0.0500
112	皇庭国际	2019	0.9032	3.8333	0.1111	1012	华闻集团	2019	1.0407	3.5417	0.0833
113	皇庭国际	2020	0.8562	3.7500	0.0625	1013	华闻集团	2020	1.1728	3.5000	0.1000
114	皇庭国际	2021	1.2013	3.8750	0.0625	1014	华闻集团	2021	1.3916	3.4762	0.0952
115	皇庭国际	2022	1.2414	3.8947	0.1000	1015	华闻集团	2022	1.4854	3.3182	0.0909
116	深赛格	2018	1.3127	3.6522	0.0000	1016	英洛华	2018	1.5003	3.8824	0.1176
117	深赛格	2019	1.4737	3.6786	0.0000	1017	英洛华	2019	2.3090	4.0714	0.1429
118	深赛格	2020	1.4323	3.6471	0.0000	1018	英洛华	2020	1.9596	3.8750	0.1250
119	深赛格	2021	1.4246	3.7778	0.0556	1019	英洛华	2021	2.5977	4.0000	0.1875
120	深赛格	2022	2.0827	3.6500	0.0476	1020	英洛华	2022	1.9344	4.0000	0.1538
121	华锦股份	2018	0.8696	3.8235	0.0556	1021	中水渔业	2018	1.8321	3.7368	0.1579
122	华锦股份	2019	0.8499	3.8235	0.0556	1022	中水渔业	2019	2.0243	3.8125	0.1875
123	华锦股份	2020	0.8106	3.8500	0.0476	1023	中水渔业	2020	3.6575	3.6875	0.1875
124	华锦股份	2021	0.8991	3.8148	0.0345	1024	中水渔业	2021	2.8842	3.7222	0.1667

续表

序号	企业简称	年份	企业市场价值	高管平均受教育水平	高管海外留学背景	序号	企业简称	年份	企业市场价值	高管平均受教育水平	高管海外留学背景
125	华锦股份	2022	0.8705	3.8421	0.0476	1025	中水渔业	2022	2.9823	3.5333	0.2000
126	中金岭南	2018	1.1752	3.6842	0.2000	1026	酒鬼酒	2018	2.0497	3.8889	0.2105
127	中金岭南	2019	1.1961	3.6364	0.0909	1027	酒鬼酒	2019	3.8552	3.8333	0.2105
128	中金岭南	2020	1.1792	3.6000	0.0800	1028	酒鬼酒	2020	12.0662	3.7273	0.1739
129	中金岭南	2021	1.1506	3.5294	0.1176	1029	酒鬼酒	2021	11.9000	3.6667	0.2273
130	中金岭南	2022	1.0009	3.5882	0.1176	1030	酒鬼酒	2022	7.9705	3.6364	0.2174
131	农产品	2018	1.0862	3.8148	0.0370	1031	四川九洲	2018	1.3691	3.7059	0.0000
132	农产品	2019	1.1334	3.8750	0.0417	1032	四川九洲	2019	1.5647	3.6667	0.0000
133	农产品	2020	1.2509	3.8333	0.0000	1033	四川九洲	2020	1.7019	3.8500	0.0000
134	农产品	2021	1.1629	3.8261	0.0000	1034	四川九洲	2021	2.2523	3.9286	0.0000
135	农产品	2022	1.1027	3.8621	0.0333	1035	四川九洲	2022	1.6033	3.8571	0.0000
136	深圳华强	2018	1.6662	3.6000	0.0476	1036	云铝股份	2018	1.0223	3.5862	0.1000
137	深圳华强	2019	1.8080	3.6000	0.0000	1037	云铝股份	2019	1.0209	3.6296	0.1071
138	深圳华强	2020	1.5638	3.6667	0.0000	1038	云铝股份	2020	1.1990	3.7586	0.1379
139	深圳华强	2021	1.7110	3.7857	0.0000	1039	云铝股份	2021	1.3823	3.8148	0.1111
140	深圳华强	2022	1.3019	3.8824	0.0588	1040	云铝股份	2022	1.3058	3.7600	0.1200
141	中兴通讯	2018	1.3113	3.8333	0.2500	1041	创维数字	2018	1.3104	3.8182	0.3043
142	中兴通讯	2019	1.6494	3.6000	0.1500	1042	创维数字	2019	1.7728	3.6842	0.3158
143	中兴通讯	2020	1.5458	3.6842	0.1579	1043	创维数字	2020	1.3938	3.6842	0.3158
144	中兴通讯	2021	1.5125	3.6667	0.1111	1044	创维数字	2021	1.5118	3.8000	0.3500
145	中兴通讯	2022	1.2923	3.6667	0.1429	1045	创维数字	2022	1.9004	3.9412	0.2941

续表

序号	企业简称	年份	企业市场价值	高管平均受教育水平	高管海外留学背景	序号	企业简称	年份	企业市场价值	高管平均受教育水平	高管海外留学背景
146	北方国际	2018	1.0929	3.9545	0.4545	1046	冰轮环境	2018	1.0675	3.5263	0.0000
147	北方国际	2019	1.0666	4.0870	0.3913	1047	冰轮环境	2019	1.1691	3.6000	0.0000
148	北方国际	2020	0.9765	4.0385	0.4231	1048	冰轮环境	2020	1.2493	3.3913	0.0000
149	北方国际	2021	0.9911	4.0833	0.3750	1049	冰轮环境	2021	1.6613	3.4737	0.0000
150	北方国际	2022	0.9880	4.0370	0.3333	1050	冰轮环境	2022	1.2750	3.4500	0.0000
151	中国长城	2018	1.3852	3.8636	0.0455	1051	陕西金叶	2018	1.4210	3.6667	0.0370
152	中国长城	2019	2.4488	3.8000	0.0400	1052	陕西金叶	2019	1.3212	4.0000	0.0625
153	中国长城	2020	2.6801	3.8276	0.0345	1053	陕西金叶	2020	1.2995	4.0000	0.0625
154	中国长城	2021	1.9428	3.7407	0.0000	1054	陕西金叶	2021	2.4654	3.3529	0.0870
155	中国长城	2022	1.5200	3.6667	0.0000	1055	陕西金叶	2022	1.8654	3.3125	0.1250
156	华控赛格	2018	1.9705	3.9000	0.1500	1056	德展健康	2018	2.2452	3.6667	0.1111
157	华控赛格	2019	1.8558	3.8636	0.1364	1057	德展健康	2019	2.2865	3.6471	0.1176
158	华控赛格	2020	1.6714	3.8276	0.1000	1058	德展健康	2020	1.6154	3.6667	0.1667
159	华控赛格	2021	1.7014	3.7826	0.0000	1059	德展健康	2021	1.6260	3.6071	0.1071
160	华控赛格	2022	1.7964	3.8571	0.0435	1060	德展健康	2022	1.5224	3.5789	0.0526
161	海王生物	2018	1.0124	4.1818	0.2727	1061	美利云	2018	1.3861	3.7000	0.0952
162	海王生物	2019	1.0566	4.0476	0.1905	1062	美利云	2019	1.7872	3.7727	0.1200
163	海王生物	2020	1.0849	4.0556	0.1667	1063	美利云	2020	1.4926	3.6667	0.1765
164	海王生物	2021	1.0609	4.0500	0.1500	1064	美利云	2021	1.8114	3.6667	0.1765
165	海王生物	2022	1.0794	3.9600	0.1200	1065	美利云	2022	3.4302	3.5417	0.1538
166	盐田港	2018	1.1908	3.8947	0.0476	1066	航锦科技	2018	1.8983	3.4444	0.0370

续表

序号	企业简称	年份	企业市场价值	高管平均受教育水平	高管海外留学背景	序号	企业简称	年份	企业市场价值	高管平均受教育水平	高管海外留学背景
167	盐田港	2019	1.2500	3.9048	0.0455	1067	航锦科技	2019	3.4302	3.4444	0.0370
168	盐田港	2020	1.3334	3.7273	0.0455	1068	航锦科技	2020	3.3012	3.4722	0.0789
169	盐田港	2021	1.1229	3.8000	0.0500	1069	航锦科技	2021	5.0807	3.5000	0.0833
170	盐田港	2022	1.0335	3.7727	0.0435	1070	航锦科技	2022	3.8691	3.3333	0.0870
171	天健集团	2018	0.9330	4.0000	0.1000	1071	岳阳兴长	2018	2.9000	3.2381	0.0455
172	天健集团	2019	1.0060	4.0588	0.0588	1072	岳阳兴长	2019	2.5378	3.3043	0.0833
173	天健集团	2020	1.0013	3.9545	0.0909	1073	岳阳兴长	2020	2.1645	3.2941	0.0556
174	天健集团	2021	0.9689	3.9500	0.1000	1074	岳阳兴长	2021	4.8440	3.3125	0.0588
175	天健集团	2022	0.9439	3.9643	0.0714	1075	岳阳兴长	2022	5.0506	3.3750	0.0588
176	广聚能源	2018	1.8717	3.5417	0.0833	1076	京山轻机	2018	1.1874	3.6111	0.0526
177	广聚能源	2019	2.0779	3.5556	0.0000	1077	京山轻机	2019	1.2028	3.6111	0.0526
178	广聚能源	2020	1.7096	3.6000	0.0000	1078	京山轻机	2020	1.4436	3.7083	0.0800
179	广聚能源	2021	1.5484	3.5185	0.0000	1079	京山轻机	2021	1.6435	3.8889	0.1111
180	广聚能源	2022	1.5743	3.4000	0.0000	1080	京山轻机	2022	1.6326	3.9444	0.1111
181	中信海直	2018	1.0380	3.2500	0.0417	1081	山东海化	2018	1.2178	3.0000	0.0000
182	中信海直	2019	1.1856	3.0000	0.0400	1082	山东海化	2019	1.2354	3.0000	0.0000
183	中信海直	2020	1.1679	3.0000	0.0303	1083	山东海化	2020	1.1234	3.1875	0.0000
184	中信海直	2021	1.2076	3.0000	0.0800	1084	山东海化	2021	1.4851	3.2222	0.0000
185	中信海直	2022	1.0746	4.0000	0.0769	1085	山东海化	2022	1.4255	3.2500	0.0000
186	TCL集团	2018	0.8758	4.1111	0.3684	1086	超声电子	2018	1.0866	3.8750	0.0625
187	TCL集团	2019	0.9806	4.0588	0.3333	1087	超声电子	2019	1.5769	4.0000	0.0714

续表

序号	企业简称	年份	企业市场价值	高管平均受教育水平	高管海外留学背景	序号	企业简称	年份	企业市场价值	高管平均受教育水平	高管海外留学背景
188	TCL科技	2020	1.0325	4.0000	0.2778	1088	超声电子	2020	1.2670	4.0000	0.0714
189	TCL科技	2021	0.8975	3.8571	0.2353	1089	超声电子	2021	1.3128	4.0526	0.0526
190	TCL科技	2022	0.8476	3.8750	0.2632	1090	超声电子	2022	0.9913	4.0714	0.0000
191	中成股份	2018	1.8475	3.0000	0.0588	1091	启迪桑德	2018	0.9962	3.8696	0.1304
192	中成股份	2019	1.8129	3.0000	0.1333	1092	启迪环境	2019	0.9359	3.8800	0.1600
193	中成股份	2020	1.8825	3.3571	0.1765	1093	启迪环境	2020	0.8696	3.8438	0.1563
194	中成股份	2021	1.3083	3.3500	0.2000	1094	启迪环境	2021	0.8460	3.8387	0.1613
195	中成股份	2022	1.5342	3.4737	0.2632	1095	启迪环境	2022	0.8004	3.8400	0.0357
196	丰原药业	2018	1.1116	3.2353	0.0588	1096	东莞控股	2018	1.1084	4.0625	0.0000
197	丰原药业	2019	1.2067	3.3600	0.0385	1097	东莞控股	2019	1.0986	3.8750	0.0000
198	丰原药业	2020	1.3570	3.3158	0.0000	1098	东莞控股	2020	1.1034	3.9375	0.0000
199	丰原药业	2021	1.5714	3.3333	0.0000	1099	东莞控股	2021	0.9572	4.0000	0.0000
200	丰原药业	2022	1.5777	3.5000	0.0500	1100	东莞控股	2022	0.8016	3.9130	0.0000
201	川能动力	2018	1.0800	3.4706	0.0000	1101	天音控股	2018	1.2353	3.7143	0.0952
202	川能动力	2019	1.1762	3.4667	0.0000	1102	天音控股	2019	1.2633	3.6250	0.1250
203	川能动力	2020	1.6488	3.3077	0.0000	1103	天音控股	2020	1.2681	3.7895	0.1579
204	川能动力	2021	2.5785	3.5294	0.0000	1104	天音控股	2021	1.8847	4.0526	0.1053
205	川能动力	2022	1.7971	3.5000	0.0000	1105	天音控股	2022	1.3433	4.1176	0.1176
206	华数传媒	2018	1.0437	3.4857	0.1111	1106	鲁西化工	2018	1.1212	2.3333	0.0000
207	华数传媒	2019	1.2250	3.5143	0.1111	1107	鲁西化工	2019	1.1350	3.0000	0.0400
208	华数传媒	2020	1.0582	3.7143	0.1429	1108	鲁西化工	2020	1.1359	3.0000	0.0455

续表

序号	企业简称	年份	企业市场价值	高管平均受教育水平	高管海外留学背景	序号	企业简称	年份	企业市场价值	高管平均受教育水平	高管海外留学背景
209	华数传媒	2021	1.0316	3.5769	0.1538	1109	鲁西化工	2021	1.2631	3.0476	0.0476
210	华数传媒	2022	0.9669	3.5758	0.1212	1110	鲁西化工	2022	1.1403	3.0455	0.0455
211	中联重科	2018	0.9055	3.8788	0.1765	1111	五矿稀土	2018	3.5233	3.8000	0.1200
212	中联重科	2019	1.1142	3.8788	0.1818	1112	五矿稀土	2019	4.7625	3.8750	0.1250
213	中联重科	2020	1.2167	4.0000	0.1739	1113	五矿稀土	2020	4.4544	3.8889	0.1111
214	中联重科	2021	1.0262	4.0435	0.1739	1114	五矿稀土	2021	10.1759	3.8824	0.1176
215	中联重科	2022	0.9356	4.0435	0.1739	1115	中国稀土	2022	9.6195	3.9655	0.0690
216	常山北明	2018	1.1762	3.2692	0.0370	1116	粤桂股份	2018	1.0457	3.7500	0.1500
217	常山北明	2019	1.3456	3.2174	0.0435	1117	粤桂股份	2019	1.0761	3.6500	0.1000
218	常山北明	2020	1.2560	3.2273	0.0455	1118	粤桂股份	2020	1.0191	3.6875	0.1250
219	常山北明	2021	1.2907	3.1935	0.0323	1119	粤桂股份	2021	1.1452	3.5500	0.1000
220	常山北明	2022	1.1817	3.1364	0.0000	1120	粤桂股份	2022	1.1226	3.4444	0.0000
221	国际实业	2018	0.9595	3.4000	0.0000	1121	承德露露	2018	3.0788	3.2500	0.1111
222	国际实业	2019	1.1955	3.4000	0.0000	1122	承德露露	2019	2.8255	3.2857	0.1333
223	国际实业	2020	1.0997	3.4000	0.0000	1123	承德露露	2020	2.7473	3.3500	0.0952
224	国际实业	2021	1.2372	3.6111	0.0000	1124	承德露露	2021	3.6471	3.4118	0.0588
225	国际实业	2022	1.2385	3.1600	0.0000	1125	承德露露	2022	2.6613	3.5294	0.0588
226	东方盛虹	2018	1.1250	3.3529	0.0000	1126	华茂股份	2018	0.8337	3.4118	0.0588
227	东方盛虹	2019	1.0481	3.3684	0.0000	1127	华茂股份	2019	0.9289	3.4118	0.0588
228	东方盛虹	2020	1.0903	3.3750	0.0000	1128	华茂股份	2020	0.9049	3.3889	0.0556
229	东方盛虹	2021	1.1739	3.4000	0.0000	1129	华茂股份	2021	0.9385	3.2500	0.0000

续表

序号	企业简称	年份	企业市场价值	高管平均受教育水平	高管海外留学背景	序号	企业简称	年份	企业市场价值	高管平均受教育水平	高管海外留学背景
230	东方盛虹	2022	1.2401	3.5000	0.0000	1130	华茂股份	2022	0.8250	3.4444	0.0000
231	美的集团	2018	1.5630	4.3200	0.1600	1131	石化机械	2018	1.3016	4.1818	0.0000
232	美的集团	2019	1.9655	4.2632	0.1000	1132	石化机械	2019	1.3366	4.1364	0.0000
233	美的集团	2020	2.5345	4.2000	0.0952	1133	石化机械	2020	1.1872	4.0476	0.0476
234	美的集团	2021	1.9597	4.1818	0.0833	1134	石化机械	2021	1.4124	4.0000	0.1053
235	美的集团	2022	1.4880	4.1739	0.0833	1135	石化机械	2022	1.2240	3.9444	0.1111
236	潍柴动力	2018	0.9982	3.8710	0.3226	1136	冀东装备	2018	2.3670	3.7391	0.0000
237	潍柴动力	2019	1.1270	3.9667	0.3000	1137	冀东装备	2019	1.8648	3.6667	0.0000
238	潍柴动力	2020	1.0886	4.0000	0.2632	1138	冀东装备	2020	1.4849	3.6471	0.0000
239	潍柴动力	2021	1.1110	3.8684	0.2105	1139	冀东装备	2021	1.6814	3.6667	0.0000
240	潍柴动力	2022	0.9699	3.8333	0.1860	1140	冀东装备	2022	1.6688	3.6111	0.0000
241	许继电气	2018	1.0419	3.8800	0.0400	1141	五粮液	2018	2.5036	3.4211	0.0000
242	许继电气	2019	1.1447	3.9000	0.0333	1142	五粮液	2019	5.0458	3.5263	0.0000
243	许继电气	2020	1.3202	3.8182	0.0455	1143	五粮液	2020	9.9732	3.5000	0.0000
244	许继电气	2021	1.9146	3.7586	0.0690	1144	五粮液	2021	6.6250	3.8000	0.0000
245	许继电气	2022	1.4869	3.8261	0.0870	1145	五粮液	2022	4.8285	3.7586	0.0000
246	冀东水泥	2018	0.8847	3.6667	0.0952	1146	国风塑业	2018	1.2425	3.7500	0.0000
247	冀东水泥	2019	0.9026	3.7647	0.0588	1147	国风塑业	2019	2.1864	3.7500	0.0000
248	冀东水泥	2020	0.7781	3.8571	0.0476	1148	国风塑业	2020	1.6623	3.7917	0.0000
249	冀东水泥	2021	0.9611	3.8095	0.0476	1149	国风塑业	2021	2.0541	3.8000	0.0000
250	冀东水泥	2022	0.8993	3.8235	0.0000	1150	国风新材	2022	1.5050	3.6818	0.0000

续表

序号	企业简称	年份	企业市场价值	高管平均受教育水平	高管海外留学背景	序号	企业简称	年份	企业市场价值	高管平均受教育水平	高管海外留学背景
251	振兴生化	2018	5.6120	3.4545	0.0357	1151	顺鑫农业	2018	1.5273	3.5882	0.0000
252	双林生物	2019	7.2661	3.6250	0.0000	1152	顺鑫农业	2019	2.4357	3.6111	0.0000
253	双林生物	2020	11.623	3.6875	0.0625	1153	顺鑫农业	2020	3.1240	3.5714	0.0000
254	派林生物	2021	2.4674	3.7037	0.1111	1154	顺鑫农业	2021	2.0585	3.6000	0.0000
255	派林生物	2022	2.0115	3.6957	0.1304	1155	顺鑫农业	2022	1.7422	3.5500	0.0000
256	长虹华意	2018	0.8489	3.7647	0.2353	1156	海印股份	2018	1.1584	3.4000	0.0000
257	长虹华意	2019	0.8527	3.6875	0.3125	1157	海印股份	2019	1.1335	3.4167	0.0833
258	长虹华意	2020	0.9190	3.6471	0.2941	1158	海印股份	2020	1.2363	3.5000	0.0833
259	长虹华意	2021	0.8846	3.7500	0.2000	1159	海印股份	2021	1.4189	3.6000	0.0667
260	长虹华意	2022	0.9138	3.6875	0.2500	1160	海印股份	2022	1.2424	3.6667	0.0833
261	胜利股份	2018	1.0742	3.7500	0.0476	1161	银星能源	2018	0.9602	3.0000	0.0000
262	胜利股份	2019	1.0338	3.8333	0.0556	1162	银星能源	2019	1.0687	3.5625	0.0000
263	胜利股份	2020	1.1236	3.8000	0.0500	1163	银星能源	2020	1.0419	3.5882	0.0000
264	胜利股份	2021	1.1252	3.7241	0.0690	1164	银星能源	2021	1.3310	3.6111	0.0000
265	胜利股份	2022	1.0407	3.5000	0.0714	1165	银星能源	2022	1.1458	3.6667	0.0000
266	东旭光电	2018	0.9033	3.6000	0.0476	1166	张裕 A	2018	1.3738	3.8636	0.1923
267	东旭光电	2019	0.8332	3.4286	0.0476	1167	张裕 A	2019	1.4146	4.0000	0.2000
268	东旭光电	2020	0.8024	3.3600	0.0385	1168	张裕 A	2020	1.9439	4.1600	0.2308
269	东旭光电	2021	0.8097	3.1111	0.0000	1169	张裕 A	2021	1.4743	4.0870	0.2174
270	东旭光电	2022	0.7775	3.2857	0.0000	1170	张裕 A	2022	1.4011	4.0800	0.2000
271	渤海租赁	2018	0.9341	3.6957	0.1923	1171	吉电股份	2018	0.8835	3.6190	0.0000

续表

序号	企业简称	年份	企业市场价值	高管平均受教育水平	高管海外留学背景	序号	企业简称	年份	企业市场价值	高管平均受教育水平	高管海外留学背景
272	渤海租赁	2019	0.9329	3.8824	0.2353	1172	吉电股份	2019	0.9153	3.5833	0.0000
273	渤海租赁	2020	0.9388	3.8750	0.3125	1173	吉电股份	2020	0.9620	3.4783	0.0000
274	渤海租赁	2021	0.9494	3.7895	0.2632	1174	吉电股份	2021	1.1455	3.5217	0.0000
275	渤海租赁	2022	0.9227	3.8235	0.2941	1175	吉电股份	2022	0.9639	3.5200	0.0000
276	合肥百货	2018	0.8972	3.4000	0.0500	1176	新希望	2018	1.0693	3.7500	0.1250
277	合肥百货	2019	0.9182	3.5000	0.0556	1177	新希望	2019	1.7979	3.8696	0.0870
278	合肥百货	2020	0.9025	3.5625	0.0625	1178	新希望	2020	1.4345	3.8400	0.1200
279	合肥百货	2021	0.8763	3.5417	0.0417	1179	新希望	2021	1.1594	3.9091	0.1364
280	合肥百货	2022	0.9274	3.7368	0.0526	1180	新希望	2022	1.1080	3.8636	0.0909
281	通程控股	2018	0.8446	3.1429	0.0000	1181	天山股份	2018	0.9151	2.0000	0.0000
282	通程控股	2019	0.8614	3.1429	0.0000	1182	天山股份	2019	1.1257	2.0000	0.0000
283	通程控股	2020	0.8247	3.0667	0.0000	1183	天山股份	2020	1.2530	2.0000	0.0000
284	通程控股	2021	0.8543	3.2667	0.0000	1184	天山股份	2021	1.0135	3.9474	0.0000
285	通程控股	2022	1.1657	3.2667	0.0000	1185	天山股份	2022	0.9845	4.0000	0.0000
286	吉林化纤	2018	1.0975	3.1053	0.0000	1186	云南铜业	2018	1.0033	3.9412	0.1176
287	吉林化纤	2019	1.1371	3.1579	0.0000	1187	云南铜业	2019	1.2182	3.9583	0.0833
288	吉林化纤	2020	1.0705	3.0800	0.0000	1188	云南铜业	2020	1.3108	4.1579	0.0526
289	吉林化纤	2021	1.9650	3.1200	0.0000	1189	云南铜业	2021	1.2336	4.0952	0.0455
290	吉林化纤	2022	1.5501	3.0000	0.0000	1190	云南铜业	2022	1.1588	3.8696	0.1250
291	南京公用	2018	0.9209	3.5294	0.0556	1191	潍柴重机	2018	1.0775	3.6190	0.0455
292	南京公用	2019	0.9190	3.7059	0.0556	1192	潍柴重机	2019	1.0809	3.6000	0.0000

续表

序号	企业简称	年份	企业市场价值	高管平均受教育水平	高管海外留学背景	序号	企业简称	年份	企业市场价值	高管平均受教育水平	高管海外留学背景
293	南京公用	2020	1.0026	3.6667	0.0526	1193	潍柴重机	2020	1.1072	3.6364	0.0435
294	南京公用	2021	0.9125	3.8824	0.0556	1194	潍柴重机	2021	1.1396	3.5789	0.0500
295	南京公用	2022	0.9241	3.7778	0.0526	1195	潍柴重机	2022	1.1218	3.7500	0.0500
296	东阿阿胶	2018	2.0479	3.7692	0.1538	1196	中广核技	2018	1.0213	3.8696	0.2500
297	东阿阿胶	2019	2.1247	3.7857	0.1071	1197	中广核技	2019	1.0095	3.9091	0.1818
298	东阿阿胶	2020	2.4189	3.7778	0.0741	1198	中广核技	2020	1.2366	3.9231	0.1154
299	东阿阿胶	2021	2.8824	3.8846	0.1154	1199	中广核技	2021	1.1488	3.9167	0.1250
300	东阿阿胶	2022	2.2879	3.9167	0.1250	1200	中广核技	2022	1.0388	3.8966	0.1667
301	徐工机械	2018	0.9266	4.0476	0.0000	1201	华联股份	2018	0.8763	3.9412	0.0588
302	徐工机械	2019	1.1063	4.0455	0.0909	1202	华联股份	2019	0.8651	3.8421	0.0526
303	徐工机械	2020	1.0768	4.0455	0.0909	1203	华联股份	2020	0.7442	3.7692	0.0000
304	徐工机械	2021	1.0885	4.0800	0.0800	1204	华联股份	2021	0.8527	3.6000	0.0000
305	徐工机械	2022	1.0123	4.0000	0.0789	1205	华联股份	2022	0.8698	3.5333	0.0000
306	兴业矿业	2018	1.3342	3.1176	0.1176	1206	湖北能源	2018	0.9065	3.7500	0.0000
307	兴业矿业	2019	1.3223	3.1333	0.0667	1207	湖北能源	2019	0.8930	3.7391	0.0000
308	兴业矿业	2020	1.7971	3.2105	0.0526	1208	湖北能源	2020	0.8371	3.8710	0.0000
309	兴业矿业	2021	1.7035	3.3125	0.0625	1209	湖北能源	2021	0.9691	3.8571	0.0000
310	兴业矿业	2022	1.4699	3.3125	0.0625	1210	湖北能源	2022	0.8862	3.8333	0.0000
311	华天酒店	2018	1.0101	3.5000	0.0000	1211	城发环境	2018	1.1133	3.7391	0.0000
312	华天酒店	2019	1.0325	3.6500	0.0000	1212	城发环境	2019	1.2364	3.8750	0.0000
313	华天酒店	2020	1.1390	3.7143	0.0000	1213	城发环境	2020	1.1675	3.8400	0.0000

续表

序号	企业简称	年份	企业市场价值	高管平均受教育水平	高管海外留学背景	序号	企业简称	年份	企业市场价值	高管平均受教育水平	高管海外留学背景
314	华天酒店	2021	1.2522	3.4783	0.0000	1214	城发环境	2021	1.0211	3.8261	0.0000
315	华天酒店	2022	2.0027	3.5217	0.0000	1215	城发环境	2022	0.9475	3.8400	0.0000
316	粤高速A	2018	1.1123	3.7200	0.0400	1216	中鼎股份	2018	1.2445	3.0625	0.1176
317	粤高速A	2019	1.2617	3.7857	0.0714	1217	中鼎股份	2019	1.1152	3.0625	0.1176
318	粤高速A	2020	1.0542	3.7500	0.0714	1218	中鼎股份	2020	1.2800	3.1579	0.1500
319	粤高速A	2021	1.1276	3.7692	0.0769	1219	中鼎股份	2021	1.9448	3.2353	0.1667
320	粤高速A	2022	1.1442	3.7742	0.0645	1220	中鼎股份	2022	1.3707	3.2353	0.1667
321	张家界	2018	1.1225	3.2222	0.0357	1221	峨眉山A	2018	1.2112	3.0741	0.0000
322	张家界	2019	1.1554	3.4091	0.0455	1222	峨眉山A	2019	1.2953	3.1739	0.0000
323	张家界	2020	1.1299	3.4286	0.0476	1223	峨眉山A	2020	1.1781	3.2083	0.0000
324	张家界	2021	1.2700	3.5357	0.0357	1224	峨眉山A	2021	1.2746	3.2609	0.0000
325	张家界	2022	1.7224	3.5500	0.0000	1225	峨眉山A	2022	1.8780	3.3200	0.0000
326	晨鸣纸业	2018	0.9130	3.8667	0.1538	1226	欢瑞世纪	2018	1.1351	4.0000	0.0000
327	晨鸣纸业	2019	0.8894	3.7586	0.2188	1227	欢瑞世纪	2019	1.3495	4.0000	0.0000
328	晨鸣纸业	2020	0.9115	3.5217	0.2174	1228	欢瑞世纪	2020	1.1432	4.0000	0.0000
329	晨鸣纸业	2021	0.9536	3.5652	0.2083	1229	欢瑞世纪	2021	1.6728	4.0000	0.0000
330	晨鸣纸业	2022	0.8915	3.7273	0.2083	1230	欢瑞世纪	2022	1.6913	4.1250	0.0625
331	山东路桥	2018	0.9886	3.6522	0.0000	1231	双汇发展	2018	3.8561	2.6667	0.0625
332	山东路桥	2019	0.9061	3.8333	0.0000	1232	双汇发展	2019	1.7354	2.0000	0.0741
333	山东路桥	2020	0.9737	3.8077	0.0385	1233	双汇发展	2020	2.5475	2.0000	0.0769
334	山东路桥	2021	0.9405	3.8000	0.1000	1234	双汇发展	2021	2.0897	2.8077	0.0667

续表

序号	企业简称	年份	企业市场价值	高管平均受教育水平	高管海外留学背景	序号	企业简称	年份	企业市场价值	高管平均受教育水平	高管海外留学背景
335	山东路桥	2022	0.8892	3.8421	0.1053	1235	双汇发展	2022	2.8578	2.8148	0.0370
336	鄂武商A	2018	0.9631	3.0952	0.0476	1236	鞍钢股份	2018	0.8551	4.0625	0.0000
337	鄂武商A	2019	1.0297	3.0500	0.0000	1237	鞍钢股份	2019	0.7963	4.0000	0.0000
338	鄂武商A	2020	0.9581	3.1481	0.0000	1238	鞍钢股份	2020	0.7561	4.0909	0.0435
339	鄂武商A	2021	0.9080	3.0909	0.0455	1239	鞍钢股份	2021	0.7842	4.1304	0.0435
340	武商集团	2022	0.9285	3.3182	0.0909	1240	鞍钢股份	2022	0.7065	4.1765	0.0588
341	国新健康	2018	11.196	3.6522	0.1538	1241	赣能股份	2018	0.9665	3.4722	0.0556
342	国新健康	2019	11.849	3.8947	0.0952	1242	赣能股份	2019	0.9940	3.4706	0.0286
343	国新健康	2020	6.0505	3.8824	0.1176	1243	赣能股份	2020	1.2368	3.4815	0.0345
344	国新健康	2021	13.085	3.8696	0.1304	1244	赣能股份	2021	1.1101	3.6207	0.0333
345	国新健康	2022	8.6262	3.8696	0.1304	1245	赣能股份	2022	1.4056	3.5714	0.0278
346	京粮控股	2018	1.1025	3.9412	0.1176	1246	现代投资	2018	0.8472	3.7059	0.0588
347	京粮控股	2019	1.0675	3.8947	0.1053	1247	现代投资	2019	0.8810	3.7368	0.0526
348	京粮控股	2020	1.3490	3.8000	0.0667	1248	现代投资	2020	0.8850	3.8571	0.0714
349	京粮控股	2021	1.2605	3.5714	0.0476	1249	现代投资	2021	0.8914	3.8333	0.0333
350	京粮控股	2022	1.3161	3.6250	0.0417	1250	现代投资	2022	0.8720	3.8261	0.0000
351	珠海港	2018	1.2786	3.9333	0.0000	1251	新洋丰	2018	1.5308	3.4211	0.0870
352	珠海港	2019	1.0052	4.0000	0.0000	1252	新洋丰	2019	1.3342	3.3889	0.0909
353	珠海港	2020	0.9610	4.0000	0.0000	1253	新洋丰	2020	2.1036	3.3182	0.0909
354	珠海港	2021	0.9260	4.0000	0.0476	1254	新洋丰	2021	1.9536	3.3333	0.0833
355	珠海港	2022	0.8126	4.0000	0.0588	1255	新洋丰	2022	1.3238	3.4091	0.0909

续表

序号	企业简称	年份	企业市场价值	高管平均受教育水平	高管海外留学背景	序号	企业简称	年份	企业市场价值	高管平均受教育水平	高管海外留学背景
356	金路集团	2018	1.8740	3.3684	0.0000	1256	云内动力	2018	0.9394	3.5789	0.0500
357	新金路	2019	1.8311	3.4737	0.0000	1257	云内动力	2019	0.9602	3.5000	0.0500
358	新金路	2020	1.8690	3.2000	0.0000	1258	云内动力	2020	1.1961	3.5294	0.0588
359	新金路	2021	1.9506	3.1905	0.0455	1259	云内动力	2021	1.0996	3.5882	0.0588
360	新金路	2022	1.8553	3.1905	0.0476	1260	云内动力	2022	1.0466	3.5417	0.0400
361	丽珠集团	2018	1.2315	3.8500	0.2000	1261	厦门港务	2018	0.9546	3.4500	0.0000
362	丽珠集团	2019	1.6813	3.9091	0.2273	1262	厦门港务	2019	0.9513	3.4783	0.0000
363	丽珠集团	2020	1.7662	3.9091	0.1818	1263	厦门港务	2020	0.9907	3.6296	0.0000
364	丽珠集团	2021	1.6745	3.8182	0.1364	1264	厦门港务	2021	0.9866	3.5000	0.0000
365	丽珠集团	2022	1.4024	3.7000	0.1000	1265	厦门港务	2022	0.9528	3.5789	0.0000
366	国际医学	2018	1.5332	3.7917	0.1200	1266	浙商中拓	2018	1.0306	3.4348	0.0000
367	国际医学	2019	1.4452	3.6875	0.1765	1267	浙商中拓	2019	1.0390	3.5769	0.0000
368	国际医学	2020	2.5936	3.7500	0.1765	1268	浙商中拓	2020	1.0050	3.5909	0.0000
369	国际医学	2021	2.2350	3.7368	0.1500	1269	浙商中拓	2021	1.0475	3.5652	0.0000
370	国际医学	2022	2.4855	3.7222	0.1667	1270	浙商中拓	2022	0.9408	3.6552	0.0000
371	四环生物	2018	4.1531	3.1667	0.0000	1271	大亚圣象	2018	1.1706	3.3077	0.0714
372	四环生物	2019	4.3597	3.0833	0.0000	1272	大亚圣象	2019	1.3067	3.5000	0.0833
373	四环生物	2020	6.5677	2.7647	0.0000	1273	大亚圣象	2020	1.2095	3.6429	0.1429
374	四环生物	2021	4.8664	2.6364	0.0000	1274	大亚圣象	2021	1.1070	3.3846	0.0769
375	四环生物	2022	4.6177	2.6154	0.0000	1275	大亚圣象	2022	0.7951	3.3636	0.0909
376	长航凤凰	2018	5.0319	3.7500	0.0000	1276	钱江摩托	2018	1.3752	3.3636	0.0870

续表

序号	企业简称	年份	企业市场价值	高管平均受教育水平	高管海外留学背景	序号	企业简称	年份	企业市场价值	高管平均受教育水平	高管海外留学背景
377	长航凤凰	2019	7.2039	3.8889	0.0000	1277	钱江摩托	2019	1.4922	3.3333	0.0000
378	长航凤凰	2020	5.7669	4.0909	0.0000	1278	钱江摩托	2020	2.9301	3.3333	0.0000
379	长航凤凰	2021	4.6660	4.2500	0.0000	1279	钱江摩托	2021	1.6690	3.1667	0.0400
380	长航凤凰	2022	4.5526	4.0000	0.0000	1280	钱江摩托	2022	1.7398	3.0000	0.0625
381	长虹美菱	2018	0.8708	3.9500	0.2000	1281	山大华特	2018	1.3873	3.3333	0.0000
382	长虹美菱	2019	0.8766	4.0526	0.1579	1282	山大华特	2019	2.1511	3.2000	0.0000
383	长虹美菱	2020	1.0426	4.0909	0.1818	1283	山大华特	2020	1.6885	3.2000	0.0000
384	长虹美菱	2021	0.9059	3.9524	0.1429	1284	华特达因	2021	1.9491	3.5000	0.0000
385	长虹美菱	2022	0.9053	3.9474	0.1579	1285	华特达因	2022	2.4065	4.0000	0.0000
386	岭南控股	2018	1.1793	4.0000	0.0000	1286	电广传媒	2018	0.9496	4.2000	0.0556
387	岭南控股	2019	1.1942	3.9412	0.0000	1287	电广传媒	2019	0.8890	4.6667	0.0952
388	岭南控股	2020	1.8279	3.8947	0.0000	1288	电广传媒	2020	0.7907	4.5000	0.0588
389	岭南控股	2021	1.8748	3.9375	0.0000	1289	电广传媒	2021	0.8932	4.5000	0.0625
390	岭南控股	2022	3.0009	3.9333	0.0000	1290	电广传媒	2022	0.7737	4.5000	0.0588
391	紫光学大	2018	1.4597	3.7692	0.0667	1291	金陵药业	2018	0.9779	3.5000	0.0417
392	紫光学大	2019	1.8066	3.8667	0.1250	1292	金陵药业	2019	1.0610	3.6667	0.0435
393	紫光学大	2020	2.3962	3.9333	0.1875	1293	金陵药业	2020	1.1032	3.7391	0.0345
394	学大教育	2021	1.4990	3.8889	0.1579	1294	金陵药业	2021	1.0721	3.7083	0.0000
395	学大教育	2022	1.5277	3.8824	0.1667	1295	金陵药业	2022	1.0735	3.8000	0.0000
396	柳工	2018	0.9535	3.7273	0.2609	1296	南方汇通	2018	1.5974	3.2500	0.0000
397	柳工	2019	0.9805	3.6957	0.2500	1297	南方汇通	2019	1.7062	3.3333	0.0000

续表

序号	企业简称	年份	企业市场价值	高管平均受教育水平	高管海外留学背景	序号	企业简称	年份	企业市场价值	高管平均受教育水平	高管海外留学背景
398	柳工	2020	0.9694	3.6087	0.2609	1298	南方汇通	2020	1.6584	3.4615	0.0000
399	柳工	2021	0.8827	3.5556	0.1389	1299	沃顿科技	2021	2.4046	3.5238	0.0455
400	柳工	2022	0.9341	3.6154	0.0769	1300	沃顿科技	2022	1.7366	3.6471	0.0588
401	广弘控股	2018	1.4848	4.0000	0.0435	1301	海信家电	2018	1.0529	3.8421	0.1579
402	广弘控股	2019	1.8389	4.0000	0.0526	1302	海信家电	2019	1.0842	3.6316	0.1053
403	广弘控股	2020	1.5008	4.0000	0.0455	1303	海信家电	2020	1.0828	3.5882	0.1176
404	广弘控股	2021	1.2609	4.0000	0.0556	1304	海信家电	2021	1.0598	3.5556	0.1111
405	广弘控股	2022	1.3536	4.0000	0.0000	1305	海信家电	2022	1.0200	3.6471	0.1765
406	大冷股份	2018	0.8277	3.9231	0.0625	1306	佳电股份	2018	1.4456	3.4615	0.0741
407	大冷股份	2019	0.8898	3.7857	0.0556	1307	佳电股份	2019	1.4416	3.3684	0.0500
408	冰山冷热	2020	0.9709	3.7857	0.0000	1308	佳电股份	2020	1.4898	3.4000	0.0625
409	冰山冷热	2021	1.1240	3.9000	0.0435	1309	佳电股份	2021	1.8220	3.5882	0.0556
410	冰山冷热	2022	0.9975	3.7500	0.0556	1310	佳电股份	2022	1.3621	3.5882	0.0556
411	穗恒运A	2018	0.9249	3.8846	0.0000	1311	河北宣工	2018	1.0126	3.3462	0.2222
412	穗恒运A	2019	1.0076	3.9200	0.0000	1312	河钢资源	2019	1.0047	3.4000	0.3000
413	穗恒运A	2020	1.0509	3.9200	0.0000	1313	河钢资源	2020	1.4581	3.4500	0.3000
414	穗恒运A	2021	1.0344	3.8214	0.0000	1314	河钢资源	2021	0.9030	3.6667	0.4762
415	穗恒运A	2022	0.9694	3.7391	0.0000	1315	河钢资源	2022	0.7918	3.5000	0.5714
416	华金资本	2018	1.9515	3.8182	0.0870	1316	众合科技	2018	1.1002	3.7917	0.0833
417	华金资本	2019	2.2150	3.8261	0.0833	1317	众合科技	2019	1.1336	3.8571	0.0952
418	华金资本	2020	2.2232	3.8571	0.1429	1318	众合科技	2020	1.1479	3.8519	0.1111

续表

序号	企业简称	年份	企业市场价值	高管平均受教育水平	高管海外留学背景	序号	企业简称	年份	企业市场价值	高管平均受教育水平	高管海外留学背景
419	华金资本	2021	1.9831	3.8696	0.1304	1319	众合科技	2021	1.3053	3.9231	0.0385
420	华金资本	2022	1.9490	3.8095	0.1429	1320	众合科技	2022	1.1037	3.9474	0.0526
421	万家乐	2018	1.3216	3.8824	0.1667	1321	中钢国际	2018	1.0337	3.8333	0.0556
422	顺钠股份	2019	1.4288	3.8889	0.1667	1322	中钢国际	2019	1.0307	3.8947	0.0526
423	顺钠股份	2020	1.4660	3.8636	0.2273	1323	中钢国际	2020	0.9917	3.8696	0.0435
424	顺钠股份	2021	2.0133	3.9375	0.3125	1324	中钢国际	2021	1.2320	3.8235	0.0588
425	顺钠股份	2022	1.6829	3.8750	0.2941	1325	中钢国际	2022	1.0275	3.8333	0.0556
426	万泽股份	2018	2.3816	3.3571	0.1429	1326	兰州黄河	2018	1.0466	2.7333	0.0667
427	万泽股份	2019	2.7526	3.3333	0.1053	1327	兰州黄河	2019	1.1437	2.6667	0.0556
428	万泽股份	2020	3.6967	3.4000	0.1250	1328	兰州黄河	2020	1.6814	2.7222	0.0556
429	万泽股份	2021	4.6494	3.4615	0.1538	1329	兰州黄河	2021	1.5830	2.7647	0.0588
430	万泽股份	2022	3.3506	3.6250	0.1250	1330	兰州黄河	2022	1.9977	2.7778	0.0556
431	云南白药	2018	2.8796	3.8636	0.0870	1331	中粮生化	2018	1.0881	3.7895	0.0526
432	云南白药	2019	1.7228	3.9000	0.1250	1332	中粮科技	2019	1.0510	3.7826	0.0417
433	云南白药	2020	1.9115	3.7273	0.0833	1333	中粮科技	2020	1.1238	3.8125	0.1176
434	云南白药	2021	1.8651	3.8077	0.1071	1334	中粮科技	2021	1.2439	3.9000	0.0952
435	云南白药	2022	2.0400	3.7857	0.1333	1335	中粮科技	2022	1.1691	4.0000	0.0588
436	粤电力A	2018	0.9129	4.0370	0.0000	1336	中关村	2018	1.8770	3.5556	0.1111
437	粤电力A	2019	0.8722	3.8966	0.0000	1337	中关村	2019	2.4395	3.5882	0.1111
438	粤电力A	2020	0.8680	3.8800	0.0000	1338	中关村	2020	1.9401	3.6471	0.1111
439	粤电力A	2021	0.9691	3.9259	0.0000	1339	中关村	2021	2.0620	3.5909	0.1667

续表

序号	企业简称	年份	企业市场价值	高管平均受教育水平	高管海外留学背景	序号	企业简称	年份	企业市场价值	高管平均受教育水平	高管海外留学背景
440	粤电力A	2022	0.9797	4.1364	0.0000	1340	中关村	2022	1.8277	3.6667	0.1739
441	佛山照明	2018	1.3922	3.2174	0.0870	1341	神火股份	2018	0.9955	4.1053	0.0000
442	佛山照明	2019	1.1885	3.2609	0.0870	1342	神火股份	2019	1.0320	4.0000	0.0000
443	佛山照明	2020	1.1466	3.4615	0.0769	1343	神火股份	2020	1.0756	4.0000	0.0333
444	佛山照明	2021	1.0603	3.5833	0.0417	1344	神火股份	2021	1.1127	4.0000	0.0455
445	佛山照明	2022	0.8237	3.5455	0.0000	1345	神火股份	2022	1.2048	3.8846	0.0385
446	皖能电力	2018	0.7986	3.6957	0.0000	1346	四川双马	2018	2.9164	3.5000	0.2105
447	皖能电力	2019	0.8146	3.7368	0.0000	1347	四川双马	2019	2.7261	3.5385	0.2143
448	皖能电力	2020	0.7685	3.6842	0.0526	1348	四川双马	2020	1.8558	3.6667	0.2105
449	皖能电力	2021	0.9207	3.6957	0.0833	1349	四川双马	2021	2.9436	3.7143	0.2667
450	皖能电力	2022	0.8491	3.8182	0.0909	1350	四川双马	2022	2.3196	3.7143	0.2667
451	中原环保	2018	0.9326	3.8235	0.0000	1351	华西股份	2018	1.0354	3.3571	0.0000
452	中原环保	2019	0.9693	3.8235	0.0000	1352	华西股份	2019	1.0786	3.3571	0.0000
453	中原环保	2020	0.9982	3.7619	0.0000	1353	华西股份	2020	1.2442	3.3333	0.0556
454	中原环保	2021	0.9532	3.7500	0.0000	1354	华西股份	2021	1.0632	3.4615	0.1538
455	中原环保	2022	0.9477	3.6667	0.0000	1355	华西股份	2022	0.9130	3.3571	0.1429
456	金浦钛业	2018	1.3220	3.5455	0.1538	1356	冀中能源	2018	0.8516	3.9655	0.0000
457	金浦钛业	2019	1.2904	3.6000	0.2500	1357	冀中能源	2019	0.8192	4.0000	0.0000
458	金浦钛业	2020	1.5478	3.5455	0.2308	1358	冀中能源	2020	0.8628	4.0714	0.0000
459	金浦钛业	2021	1.6579	3.7000	0.2500	1359	冀中能源	2021	0.9174	3.8125	0.0000
460	金浦钛业	2022	1.5138	3.8333	0.2000	1360	冀中能源	2022	0.9607	3.6875	0.0000

续表

序号	企业简称	年份	企业市场价值	高管平均受教育水平	高管海外留学背景	序号	企业简称	年份	企业市场价值	高管平均受教育水平	高管海外留学背景
461	金圆股份	2018	1.2142	3.4444	0.0526	1361	紫光股份	2018	1.0616	4.1333	0.1333
462	金圆股份	2019	1.2335	3.5455	0.1250	1362	紫光股份	2019	1.5882	4.1429	0.1429
463	金圆股份	2020	1.0079	3.3636	0.1538	1363	紫光股份	2020	1.4132	4.3077	0.1538
464	金圆股份	2021	1.3684	3.2000	0.0667	1364	紫光股份	2021	1.4469	4.4286	0.0714
465	金圆股份	2022	1.4413	3.2500	0.2143	1365	紫光股份	2022	1.2427	4.4167	0.0833
466	航天发展	2018	1.3062	3.4737	0.0000	1366	南天信息	2018	1.1868	3.6818	0.0455
467	航天发展	2019	1.5194	3.5000	0.0000	1367	南天信息	2019	1.3797	3.7000	0.0500
468	航天发展	2020	3.1014	3.5789	0.0000	1368	南天信息	2020	1.2546	3.6522	0.0000
469	航天发展	2021	1.9237	3.6190	0.0476	1369	南天信息	2021	1.3736	3.8000	0.0000
470	航天发展	2022	1.3266	3.6400	0.0400	1370	南天信息	2022	1.4929	3.6500	0.0000
471	湖南投资	2018	1.2575	3.3333	0.0000	1371	新乡化纤	2018	0.9635	3.2222	0.0000
472	湖南投资	2019	1.1836	3.4167	0.0000	1372	新乡化纤	2019	1.1340	3.1429	0.0000
473	湖南投资	2020	1.1007	3.5714	0.0714	1373	新乡化纤	2020	1.0314	3.3913	0.0435
474	湖南投资	2021	1.0597	3.6000	0.0667	1374	新乡化纤	2021	1.1543	3.3500	0.0500
475	湖南投资	2022	1.2297	3.3889	0.0556	1375	新乡化纤	2022	0.9452	3.3478	0.0417
476	江铃汽车	2018	0.9404	3.8966	0.4138	1376	重药控股	2018	1.0116	3.6000	0.0000
477	江铃汽车	2019	0.9391	3.9000	0.2903	1377	重药控股	2019	1.0215	3.5455	0.0000
478	江铃汽车	2020	1.0658	3.9655	0.3000	1378	重药控股	2020	0.9648	3.6364	0.0000
479	江铃汽车	2021	1.0780	3.8684	0.2821	1379	重药控股	2021	0.9426	3.6800	0.0000
480	江铃汽车	2022	0.9922	3.7419	0.2581	1380	重药控股	2022	0.9332	3.7308	0.0000
481	创元科技	2018	1.0387	3.2000	0.0000	1381	中国重汽	2018	1.0275	3.4167	0.0417

续表

序号	企业简称	年份	企业市场价值	高管平均受教育水平	高管海外留学背景	序号	企业简称	年份	企业市场价值	高管平均受教育水平	高管海外留学背景
482	创元科技	2019	1.0598	3.4444	0.0000	1382	中国重汽	2019	1.3013	3.3750	0.0303
483	创元科技	2020	1.1234	3.3810	0.0000	1383	中国重汽	2020	1.3142	3.4194	0.0313
484	创元科技	2021	1.2652	3.6190	0.0000	1384	中国重汽	2021	1.1372	3.4231	0.0000
485	创元科技	2022	1.0347	3.4737	0.0000	1385	中国重汽	2022	1.0827	3.5500	0.0000
486	靖远煤电	2018	0.9028	3.4615	0.0000	1386	广济药业	2018	1.9573	3.6190	0.0000
487	靖远煤电	2019	0.8274	3.5652	0.0000	1387	广济药业	2019	1.8120	3.6923	0.0000
488	靖远煤电	2020	0.9120	3.6154	0.0000	1388	广济药业	2020	1.5382	3.7143	0.0000
489	靖远煤电	2021	0.9503	3.5385	0.0000	1389	广济药业	2021	1.5403	4.0000	0.0526
490	靖远煤电	2022	0.7998	3.5588	0.0000	1390	广济药业	2022	1.4276	3.7647	0.0588
491	沙隆达A	2018	0.9862	4.0000	0.2941	1391	欣龙控股	2018	2.3515	3.4286	0.0000
492	安道麦A	2019	0.9913	3.9167	0.5385	1392	欣龙控股	2019	4.1671	3.5357	0.0357
493	安道麦A	2020	0.9177	3.9286	0.4667	1393	欣龙控股	2020	3.4992	3.5714	0.0357
494	安道麦A	2021	0.9557	4.0769	0.5000	1394	欣龙控股	2021	2.4316	3.7500	0.1071
495	安道麦A	2022	0.9502	4.0909	0.6154	1395	欣龙控股	2022	2.8053	3.7857	0.1071
496	泰山石油	2018	1.9263	3.4444	0.0000	1396	中通客车	2018	0.9941	3.7222	0.0000
497	泰山石油	2019	1.8274	3.4000	0.0000	1397	中通客车	2019	1.1007	3.7917	0.0000
498	泰山石油	2020	1.6107	3.3333	0.0000	1398	中通客车	2020	1.2293	3.8462	0.0000
499	泰山石油	2021	1.8187	3.2105	0.0000	1399	中通客车	2021	1.0813	3.7727	0.0000
500	泰山石油	2022	1.6630	3.2857	0.0000	1400	中通客车	2022	1.4810	3.8095	0.0000
501	神州信息	2018	1.3606	3.8824	0.0286	1401	首钢股份	2018	0.9309	4.0556	0.1111
502	神州信息	2019	1.8159	3.9310	0.0690	1402	首钢股份	2019	0.8578	4.0833	0.0833

续表

序号	企业简称	年份	企业市场价值	高管平均受教育水平	高管海外留学背景	序号	企业简称	年份	企业市场价值	高管平均受教育水平	高管海外留学背景
503	神州信息	2020	1.7749	3.9600	0.1200	1403	首钢股份	2020	0.8770	4.1739	0.0870
504	神州信息	2021	1.5128	3.9091	0.1515	1404	首钢股份	2021	0.9466	3.9615	0.0769
505	神州信息	2022	1.3572	3.9143	0.1714	1405	首钢股份	2022	0.8894	4.0000	0.0690
506	西部创业	2018	1.0051	3.2857	0.0000	1406	锡业股份	2018	1.0433	3.5417	0.0400
507	西部创业	2019	1.0107	3.2174	0.0000	1407	锡业股份	2019	1.1043	3.5714	0.1034
508	西部创业	2020	1.1067	3.1429	0.0000	1408	锡业股份	2020	1.1142	3.5714	0.1071
509	西部创业	2021	1.1322	3.1111	0.0000	1409	锡业股份	2021	1.3774	3.6818	0.1818
510	西部创业	2022	1.2516	3.2000	0.0000	1410	锡业股份	2022	1.1605	3.5806	0.1563
511	万向钱潮	2018	1.7166	3.3750	0.0526	1411	东方钽业	2018	1.8676	4.0000	0.0952
512	万向钱潮	2019	1.7762	3.5000	0.0417	1412	东方钽业	2019	2.1658	4.1429	0.1000
513	万向钱潮	2020	1.4750	3.5652	0.0400	1413	东方钽业	2020	2.7614	4.1250	0.0357
514	万向钱潮	2021	1.6074	3.6471	0.0500	1414	东方钽业	2021	3.3865	4.1111	0.0000
515	万向钱潮	2022	1.3114	3.9412	0.0476	1415	东方钽业	2022	2.2069	4.2222	0.0000
516	烽火电子	2018	1.6384	3.3158	0.0000	1416	华东医药	2018	2.3085	3.7778	0.0556
517	烽火电子	2019	1.8529	3.7000	0.0000	1417	华东医药	2019	2.3881	3.6800	0.0800
518	烽火电子	2020	1.7290	3.7000	0.0000	1418	华东医药	2020	2.2931	3.6667	0.0476
519	烽火电子	2021	1.8277	3.7727	0.0000	1419	华东医药	2021	2.9780	3.7143	0.0476
520	烽火电子	2022	1.8213	3.8571	0.0000	1420	华东医药	2022	3.0120	3.8214	0.0714
521	渝三峡A	2018	1.5231	3.7059	0.0000	1421	长源电力	2018	1.0347	3.5333	0.0625
522	渝三峡A	2019	1.7820	3.7143	0.0000	1422	长源电力	2019	1.0754	3.7500	0.0455
523	渝三峡A	2020	1.5410	3.7059	0.0000	1423	长源电力	2020	1.0065	3.7273	0.0000

续表

序号	企业简称	年份	企业市场价值	高管平均受教育水平	高管海外留学背景	序号	企业简称	年份	企业市场价值	高管平均受教育水平	高管海外留学背景
524	渝三峡A	2021	2.0132	3.6316	0.0000	1424	长源电力	2021	1.1703	3.8125	0.0000
525	渝三峡A	2022	1.7738	3.7407	0.0000	1425	长源电力	2022	1.0444	3.8182	0.0000
526	海南海药	2018	1.1610	3.6000	0.0435	1426	盈峰环境	2018	1.0457	4.0000	0.2000
527	海南海药	2019	1.2807	3.7647	0.0417	1427	盈峰环境	2019	1.0546	3.8824	0.1765
528	海南海药	2020	1.7325	3.9259	0.0857	1428	盈峰环境	2020	1.1784	3.8333	0.1667
529	海南海药	2021	1.4755	3.8966	0.0625	1429	盈峰环境	2021	1.1370	3.8462	0.1538
530	海南海药	2022	1.3906	3.8636	0.0455	1430	盈峰环境	2022	0.8872	3.9286	0.2143
531	泸州老窖	2018	2.8712	4.0476	0.1429	1431	蓝焰控股	2018	1.4240	3.6500	0.0000
532	泸州老窖	2019	4.7023	4.0000	0.1579	1432	蓝焰控股	2019	1.3320	3.5789	0.0000
533	泸州老窖	2020	9.7975	4.0000	0.1579	1433	蓝焰控股	2020	1.3246	3.6250	0.0000
534	泸州老窖	2021	8.9515	4.1111	0.1481	1434	蓝焰控股	2021	1.3775	3.6000	0.0000
535	泸州老窖	2022	6.7274	4.1250	0.1667	1435	蓝焰控股	2022	1.2797	3.7222	0.0000
536	苏常柴A	2018	0.9384	3.2500	0.0000	1436	安泰科技	2018	0.9353	4.2727	0.0909
537	苏常柴A	2019	1.0176	3.2500	0.0000	1437	安泰科技	2019	1.1521	4.2500	0.0500
538	苏常柴A	2020	1.0748	3.2500	0.0000	1438	安泰科技	2020	1.1203	4.3333	0.0952
539	苏常柴A	2021	1.0561	3.0000	0.0000	1439	安泰科技	2021	1.4895	4.4286	0.0952
540	苏常柴A	2022	0.9189	2.0000	0.0000	1440	安泰科技	2022	1.1557	4.2727	0.0909
541	广东甘化	2018	1.8891	3.8125	0.0625	1441	中科三环	2018	1.4079	4.1333	0.1250
542	广东甘化	2019	2.3557	3.5385	0.0000	1442	中科三环	2019	1.9380	4.1333	0.1250
543	甘化科工	2020	2.4709	3.4286	0.0000	1443	中科三环	2020	1.6469	4.0000	0.2222
544	甘化科工	2021	2.9980	3.5882	0.0000	1444	中科三环	2021	2.2053	4.0625	0.2353

续表

序号	企业简称	年份	企业市场价值	高管平均受教育水平	高管海外留学背景	序号	企业简称	年份	企业市场价值	高管平均受教育水平	高管海外留学背景
545	甘化科工	2022	2.3099	3.4667	0.0000	1445	中科三环	2022	1.7653	4.0000	0.2500
546	威孚高科	2018	1.0177	3.6500	0.1500	1446	佛塑科技	2018	1.0950	3.6923	0.0000
547	威孚高科	2019	1.0217	3.8235	0.1765	1447	佛塑科技	2019	1.4563	3.5000	0.0000
548	威孚高科	2020	1.0977	3.8182	0.1364	1448	佛塑科技	2020	1.4686	3.6000	0.0000
549	威孚高科	2021	1.0053	3.5926	0.1481	1449	佛塑科技	2021	1.5485	3.6250	0.0000
550	威孚高科	2022	0.9448	3.6316	0.1579	1450	佛塑科技	2022	1.2216	3.8667	0.0000
551	北部湾港	2018	1.0100	3.6111	0.0000	1451	银泰资源	2018	1.6272	3.7647	0.0588
552	北部湾港	2019	1.0787	3.7059	0.0000	1452	银泰黄金	2019	1.8862	3.8333	0.0556
553	北部湾港	2020	1.2048	3.8182	0.0000	1453	银泰黄金	2020	1.6214	3.9412	0.0588
554	北部湾港	2021	0.9980	3.7778	0.1053	1454	银泰黄金	2021	1.6664	4.0000	0.1875
555	北部湾港	2022	0.9479	3.6000	0.2000	1455	银泰黄金	2022	1.9795	4.0000	0.1875
556	汇源通信	2018	4.2983	3.2727	0.1579	1456	浪潮信息	2018	1.4364	4.1111	0.0000
557	汇源通信	2019	3.7112	3.0000	0.1000	1457	浪潮信息	2019	1.9690	4.1111	0.0000
558	汇源通信	2020	3.3048	3.0000	0.1000	1458	浪潮信息	2020	1.6322	4.0000	0.0000
559	汇源通信	2021	3.7646	3.0000	0.0909	1459	浪潮信息	2021	1.7899	3.9000	0.0000
560	汇源通信	2022	3.2953	3.6667	0.1053	1460	浪潮信息	2022	1.3379	4.0000	0.0000
561	黔轮胎A	2018	0.9220	3.1304	0.0000	1461	桂林旅游	2018	1.0936	3.3636	0.0909
562	贵州轮胎	2019	0.9896	3.1304	0.0000	1462	桂林旅游	2019	1.1107	3.2692	0.0769
563	贵州轮胎	2020	1.0309	3.0625	0.0000	1463	桂林旅游	2020	1.1040	3.2273	0.1364
564	贵州轮胎	2021	0.9958	3.1176	0.0000	1464	桂林旅游	2021	1.3408	3.2273	0.1364
565	贵州轮胎	2022	0.9385	3.2500	0.0000	1465	桂林旅游	2022	1.9809	3.3226	0.0938

续表

序号	企业简称	年份	企业市场价值	高管平均受教育水平	高管海外留学背景	序号	企业简称	年份	企业市场价值	高管平均受教育水平	高管海外留学背景
566	启迪古汉	2018	2.4158	3.6923	0.0769	1466	西山煤电	2018	0.9060	4.0000	0.0000
567	启迪古汉	2019	3.4682	3.7692	0.0769	1467	西山煤电	2019	0.9414	4.0000	0.0000
568	启迪药业	2020	2.5527	3.7895	0.0500	1468	山西焦煤	2020	1.0193	4.0000	0.0000
569	启迪药业	2021	2.7389	3.6667	0.0000	1469	山西焦煤	2021	1.1119	4.0000	0.0000
570	启迪药业	2022	2.2323	3.5385	0.0000	1470	山西焦煤	2022	1.0484	4.0000	0.0000
571	太阳能	2018	0.9213	3.6842	0.0500	1471	大庆华科	2018	2.5614	3.4500	0.0000
572	太阳能	2019	0.9555	3.6875	0.0588	1472	大庆华科	2019	3.0959	3.4444	0.0000
573	太阳能	2020	1.1332	3.8500	0.0476	1473	大庆华科	2020	2.5340	3.4444	0.0000
574	太阳能	2021	1.3198	3.8696	0.0435	1474	大庆华科	2021	2.7148	3.4348	0.0000
575	太阳能	2022	1.1128	3.6667	0.0000	1475	大庆华科	2022	3.3442	3.6190	0.0000
576	平潭发展	2018	1.4085	3.4615	0.1538	1476	华工科技	2018	1.7071	3.5714	0.0000
577	平潭发展	2019	1.4720	3.5000	0.1667	1477	华工科技	2019	2.4719	3.5714	0.0000
578	平潭发展	2020	1.4160	3.5333	0.1333	1478	华工科技	2020	2.5005	3.5714	0.0000
579	平潭发展	2021	1.8612	3.4545	0.0909	1479	华工科技	2021	2.4819	3.6190	0.0000
580	平潭发展	2022	1.6609	3.3333	0.0833	1480	华工科技	2022	1.4903	3.6923	0.0000
581	大通燃气	2018	1.6622	3.7059	0.0000	1481	诚志股份	2018	0.9831	4.1304	0.0435
582	大通燃气	2019	1.5937	3.6875	0.0000	1482	诚志股份	2019	1.0616	4.1304	0.0435
583	大通燃气	2020	1.5786	3.7778	0.0000	1483	诚志股份	2020	0.9499	4.1250	0.0417
584	大通燃气	2021	1.5528	3.5000	0.0000	1484	诚志股份	2021	1.0556	4.1429	0.0476
585	德龙汇能	2022	1.7036	3.4118	0.0000	1485	诚志股份	2022	0.6812	4.1852	0.1481
586	古井贡酒	2018	2.3398	3.5882	0.0588	1486	闽东电力	2018	1.0360	3.1304	0.0000

续表

序号	企业简称	年份	企业市场价值	高管平均受教育水平	高管海外留学背景	序号	企业简称	年份	企业市场价值	高管平均受教育水平	高管海外留学背景
587	古井贡酒	2019	4.6275	3.6000	0.0500	1487	闽东电力	2019	1.2787	2.9600	0.0000
588	古井贡酒	2020	7.9006	3.5000	0.0455	1488	闽东电力	2020	1.3348	3.0556	0.0000
589	古井贡酒	2021	4.4641	3.4000	0.0500	1489	闽东电力	2021	1.9147	3.1667	0.0000
590	古井贡酒	2022	4.4616	3.3810	0.0476	1490	闽东电力	2022	1.5205	3.0417	0.0000
591	东北制药	2018	1.1556	3.6538	0.0303	1491	新大陆	2018	1.8544	3.5385	0.0000
592	东北制药	2019	1.2040	3.5600	0.0000	1492	新大陆	2019	1.8078	3.5833	0.0000
593	东北制药	2020	1.2072	3.6667	0.0000	1493	新大陆	2020	1.7900	3.5833	0.0000
594	东北制药	2021	1.3052	3.7391	0.0000	1494	新大陆	2021	2.0809	3.6154	0.0000
595	东北制药	2022	1.2927	3.7368	0.0000	1495	新大陆	2022	1.6581	3.6000	0.0000
596	兴蓉环境	2018	1.0421	3.7778	0.0556	1496	隆平高科	2018	1.5730	4.0323	0.1471
597	兴蓉环境	2019	1.0723	3.8000	0.0667	1497	隆平高科	2019	1.5979	3.9118	0.1351
598	兴蓉环境	2020	1.0385	3.8824	0.1176	1498	隆平高科	2020	2.0451	3.9375	0.1351
599	兴蓉环境	2021	1.1312	4.0000	0.0588	1499	隆平高科	2021	2.4585	4.0870	0.1250
600	兴蓉环境	2022	0.9706	3.9444	0.0556	1500	隆平高科	2022	2.0383	4.1481	0.1429
601	青岛双星	2018	0.9316	3.5000	0.0000	1501	华润三九	2018	1.7299	3.6667	0.0909
602	青岛双星	2019	1.0268	3.5909	0.0000	1502	华润三九	2019	1.9014	3.4000	0.0370
603	青岛双星	2020	0.9976	3.6087	0.0417	1503	华润三九	2020	1.4702	3.2500	0.0000
604	青岛双星	2021	1.0322	3.6111	0.0526	1504	华润三九	2021	1.7321	3.8571	0.0000
605	青岛双星	2022	1.1054	3.6500	0.0952	1505	华润三九	2022	2.0486	4.0000	0.0000
606	建投能源	2018	0.9148	4.0526	0.0000	1506	宗申动力	2018	1.0413	4.6667	0.0500
607	建投能源	2019	0.9037	4.0476	0.0000	1507	宗申动力	2019	1.1794	4.7143	0.0385

续表

序号	企业简称	年份	企业市场价值	高管平均受教育水平	高管海外留学背景	序号	企业简称	年份	企业市场价值	高管平均受教育水平	高管海外留学背景
608	建投能源	2020	0.9162	3.9583	0.0000	1508	宗申动力	2020	1.3039	4.1667	0.0000
609	建投能源	2021	0.9523	3.9048	0.0000	1509	宗申动力	2021	1.2632	4.2000	0.0000
610	建投能源	2022	0.9503	3.7857	0.0000	1510	宗申动力	2022	1.1498	4.2000	0.0000
611	韶能股份	2018	0.9208	3.2000	0.0000	1511	招商港口	2018	0.8402	4.1333	0.1667
612	韶能股份	2019	1.0780	3.2000	0.0000	1512	招商港口	2019	0.8571	4.2381	0.2381
613	韶能股份	2020	1.1713	3.2000	0.0000	1513	招商港口	2020	0.8101	4.2963	0.1852
614	韶能股份	2021	1.0390	3.6000	0.0000	1514	招商港口	2021	0.8102	4.3077	0.2308
615	韶能股份	2022	1.0147	3.6667	0.0000	1515	招商港口	2022	0.6338	4.2800	0.2000
616	盛达矿业	2018	1.8602	3.5652	0.2000	1516	豫能控股	2018	0.8879	3.5000	0.0000
617	盛达资源	2019	2.4817	3.5556	0.2222	1517	豫能控股	2019	0.9022	3.4706	0.0000
618	盛达资源	2020	2.5105	3.5625	0.2500	1518	豫能控股	2020	1.1883	3.5556	0.0000
619	盛达资源	2021	1.8873	3.7000	0.1905	1519	豫能控股	2021	1.1213	3.5714	0.0000
620	盛达资源	2022	1.8134	3.9474	0.1429	1520	豫能控股	2022	1.0976	3.5625	0.0000
621	渤海股份	2018	1.0888	3.4091	0.0000	1521	招商公路	2018	0.9998	3.9600	0.2400
622	渤海股份	2019	0.9657	3.5172	0.0000	1522	招商公路	2019	1.0002	4.0000	0.3043
623	渤海股份	2020	0.9167	3.5714	0.0000	1523	招商公路	2020	0.9429	4.0000	0.3182
624	渤海股份	2021	0.9229	3.6316	0.0000	1524	招商公路	2021	0.9493	4.0417	0.2500
625	渤海股份	2022	0.9417	3.5909	0.0000	1525	招商公路	2022	0.8289	4.1471	0.1714
626	华媒控股	2018	1.5352	3.6842	0.0000	1526	新和成	2018	1.7218	3.2941	0.0000
627	华媒控股	2019	1.7431	3.7222	0.0000	1527	新和成	2019	2.1459	3.2941	0.0000
628	华媒控股	2020	1.6581	3.7143	0.0000	1528	新和成	2020	2.6920	3.3333	0.0000

续表

序号	企业简称	年份	企业市场价值	高管平均受教育水平	高管海外留学背景	序号	企业简称	年份	企业市场价值	高管平均受教育水平	高管海外留学背景
629	华媒控股	2021	1.8353	3.7143	0.0000	1529	新和成	2021	2.6629	3.5882	0.0000
630	华媒控股	2022	1.8063	3.5789	0.0000	1530	新和成	2022	1.8856	3.6471	0.0000
631	西安旅游	2018	1.7423	3.1765	0.0000	1531	伟星股份	2018	1.7453	3.3889	0.0000
632	西安旅游	2019	2.0540	3.3333	0.0000	1532	伟星股份	2019	1.5162	3.3500	0.0500
633	西安旅游	2020	1.8037	3.3333	0.0000	1533	伟星股份	2020	1.6614	3.2500	0.1250
634	西安旅游	2021	1.5089	3.3333	0.0000	1534	伟星股份	2021	2.5030	3.1765	0.1176
635	西安旅游	2022	3.0681	3.2273	0.0000	1535	伟星股份	2022	2.3018	3.0476	0.0952
636	焦作万方	2018	1.0665	3.5200	0.0800	1536	华邦健康	2018	0.8847	3.5556	0.1111
637	焦作万方	2019	1.1191	3.5714	0.0952	1537	华邦健康	2019	0.8812	3.6154	0.1538
638	焦作万方	2020	1.4959	3.4211	0.1053	1538	华邦健康	2020	0.8969	3.6154	0.1538
639	焦作万方	2021	1.5199	3.4444	0.1111	1539	华邦健康	2021	0.9539	3.8000	0.1333
640	焦作万方	2022	1.1183	3.4783	0.0870	1540	华邦健康	2022	0.7960	3.9000	0.1000
641	海螺型材	2018	0.7970	3.0769	0.0714	1541	精功科技	2018	1.7725	2.9091	0.0455
642	海螺型材	2019	0.8525	3.2308	0.0769	1542	精功科技	2019	1.7010	2.9412	0.0588
643	海螺型材	2020	0.8496	3.1538	0.0769	1543	精功科技	2020	1.7469	2.9444	0.0556
644	海螺型材	2021	0.8641	3.4706	0.2353	1544	精功科技	2021	5.4431	2.9474	0.1053
645	海螺新材	2022	0.9443	3.4667	0.2000	1545	精功科技	2022	4.8647	2.9500	0.0500
646	吉林敖东	2018	0.8258	3.3333	0.0000	1546	华兰生物	2018	4.2870	3.7333	0.1333
647	吉林敖东	2019	0.8775	3.3077	0.0000	1547	华兰生物	2019	5.8003	3.6471	0.1176
648	吉林敖东	2020	0.8405	3.4375	0.0000	1548	华兰生物	2020	6.9003	3.5882	0.0588
649	吉林敖东	2021	0.8779	3.5333	0.0000	1549	华兰生物	2021	4.2893	3.6250	0.0000

续表

序号	企业简称	年份	企业市场价值	高管平均受教育水平	高管海外留学背景	序号	企业简称	年份	企业市场价值	高管平均受教育水平	高管海外留学背景
650	吉林敖东	2022	0.7153	3.5333	0.0000	1550	华兰生物	2022	2.7013	3.5789	0.1053
651	长安汽车	2018	0.8153	3.8158	0.0263	1551	大族激光	2018	2.1694	3.6154	0.1154
652	长安汽车	2019	0.9896	3.7813	0.0313	1552	大族激光	2019	2.7484	3.6800	0.1200
653	长安汽车	2020	1.3598	3.7222	0.0541	1553	大族激光	2020	2.5499	3.6667	0.1250
654	长安汽车	2021	1.3050	3.8000	0.0732	1554	大族激光	2021	2.5617	3.7333	0.1333
655	长安汽车	2022	1.2762	3.8293	0.0732	1555	大族激光	2022	1.3374	3.6857	0.1429
656	远大控股	2018	1.0895	3.8571	0.0000	1556	天奇股份	2018	1.0389	3.2727	0.1667
657	远大控股	2019	1.1521	3.7778	0.0000	1557	天奇股份	2019	1.1060	3.0667	0.2500
658	远大控股	2020	1.6270	3.6842	0.0000	1558	天奇股份	2020	1.2816	3.0667	0.2500
659	远大控股	2021	2.2264	3.8148	0.0370	1559	天奇股份	2021	2.0917	3.0625	0.2500
660	远大控股	2022	1.1874	3.8095	0.0476	1560	天奇股份	2022	1.4158	3.2143	0.2857
661	高新发展	2018	1.3773	3.8571	0.0714	1561	传化智联	2018	1.2514	3.4706	0.1053
662	高新发展	2019	1.2021	3.8000	0.0500	1562	传化智联	2019	1.2035	3.4737	0.0952
663	高新发展	2020	1.0823	3.7857	0.0714	1563	传化智联	2020	0.9842	3.5455	0.1600
664	高新发展	2021	1.1134	3.8000	0.0667	1564	传化智联	2021	1.2062	3.6316	0.1579
665	高新发展	2022	1.0780	4.0526	0.0526	1565	传化智联	2022	0.9195	3.6316	0.1579
666	攀钢钒钛	2018	1.8455	3.8696	0.0000	1566	盾安环境	2018	1.1568	3.0000	0.0000
667	攀钢钒钛	2019	1.6611	3.8636	0.0909	1567	盾安环境	2019	1.2565	3.0000	0.0000
668	攀钢钒钛	2020	1.6597	3.7391	0.0870	1568	盾安环境	2020	1.2757	3.0000	0.0000
669	攀钢钒钛	2021	3.4943	3.8182	0.0870	1569	盾安环境	2021	2.3216	3.0000	0.0000
670	钒钛股份	2022	3.6373	3.8095	0.1250	1570	盾安环境	2022	2.0971	3.2778	0.0333

续表

序号	企业简称	年份	企业市场价值	高管平均受教育水平	高管海外留学背景	序号	企业简称	年份	企业市场价值	高管平均受教育水平	高管海外留学背景
671	铜陵有色	2018	1.0242	3.8500	0.0476	1571	凯恩股份	2018	1.2663	3.4500	0.0476
672	铜陵有色	2019	1.0856	3.9048	0.0455	1572	凯恩股份	2019	1.6813	3.6154	0.1333
673	铜陵有色	2020	1.1225	3.9565	0.0000	1573	凯恩股份	2020	1.4205	3.5500	0.1429
674	铜陵有色	2021	1.2603	3.9167	0.0000	1574	凯恩股份	2021	1.4064	3.5714	0.1250
675	铜陵有色	2022	1.0465	4.0000	0.0000	1575	凯恩股份	2022	1.3192	3.5455	0.1250
676	三木集团	2018	1.0284	3.3529	0.0588	1576	永新股份	2018	1.5444	3.8000	0.1429
677	三木集团	2019	1.1521	3.4000	0.0667	1577	永新股份	2019	2.1720	3.7368	0.1304
678	三木集团	2020	1.0017	3.4615	0.0769	1578	永新股份	2020	1.9941	3.6471	0.0909
679	三木集团	2021	0.9761	3.4375	0.0625	1579	永新股份	2021	1.7296	3.6471	0.0952
680	三木集团	2022	1.0181	3.4737	0.0526	1580	永新股份	2022	1.7138	3.5161	0.0625
681	合金投资	2018	2.5347	3.0400	0.0000	1581	霞客环保	2018	3.0191	3.2727	0.0000
682	合金投资	2019	2.2693	2.8333	0.0000	1582	协鑫能科	2019	0.9932	3.8333	0.0667
683	合金投资	2020	8.7192	2.8235	0.0000	1583	协鑫能科	2020	1.0006	4.2105	0.1053
684	合金投资	2021	9.8506	2.9048	0.0000	1584	协鑫能科	2021	1.1964	4.2105	0.1053
685	合金投资	2022	12.472	3.1304	0.0417	1585	协鑫能科	2022	1.3044	4.1600	0.0800
686	英力特	2018	0.9781	2.9000	0.0000	1586	东信和平	2018	2.3587	3.5714	0.3182
687	英力特	2019	0.9066	2.9200	0.0000	1587	东信和平	2019	3.4977	3.5200	0.2692
688	英力特	2020	0.8907	3.0000	0.0000	1588	东信和平	2020	2.2755	3.5909	0.2727
689	英力特	2021	1.3016	3.0000	0.0000	1589	东信和平	2021	3.3234	3.5263	0.2632
690	英力特	2022	1.1344	3.0000	0.0000	1590	东信和平	2022	2.5027	3.5714	0.2273
691	风华高科	2018	1.5674	4.0870	0.0000	1591	亿帆医药	2018	1.4150	3.3846	0.1667

续表

序号	企业简称	年份	企业市场价值	高管平均受教育水平	高管海外留学背景	序号	企业简称	年份	企业市场价值	高管平均受教育水平	高管海外留学背景
692	风华高科	2019	2.0985	4.0952	0.0000	1592	亿帆医药	2019	1.7267	3.6923	0.2500
693	风华高科	2020	3.7460	3.9630	0.0000	1593	亿帆医药	2020	1.8396	3.6667	0.2857
694	风华高科	2021	2.8100	3.6875	0.0625	1594	亿帆医药	2021	1.7344	3.6000	0.2500
695	风华高科	2022	1.3034	3.7273	0.0455	1595	亿帆医药	2022	1.3252	3.8333	0.2667
696	西王食品	2018	0.9944	3.0588	0.0588	1596	京新药业	2018	1.4320	3.4667	0.0000
697	西王食品	2019	1.0967	2.9286	0.0714	1597	京新药业	2019	1.5866	3.8000	0.0000
698	西王食品	2020	1.4168	3.1875	0.0625	1598	京新药业	2020	1.4550	3.6875	0.0000
699	西王食品	2021	1.1330	3.1429	0.0000	1599	京新药业	2021	1.4551	3.7333	0.0000
700	西王食品	2022	1.1649	3.2000	0.0000	1600	京新药业	2022	1.5504	3.8421	0.0000
701	仁和药业	2018	1.5928	3.4737	0.0000	1601	海特高新	2018	1.5484	3.5263	0.1579
702	仁和药业	2019	1.6644	3.4737	0.0000	1602	海特高新	2019	1.6302	3.5217	0.1250
703	仁和药业	2020	1.3917	3.4375	0.0000	1603	海特高新	2020	2.0040	3.5556	0.1579
704	仁和药业	2021	1.9881	3.4444	0.0000	1604	海特高新	2021	1.8358	3.5294	0.1765
705	仁和药业	2022	1.2819	3.4444	0.0000	1605	海特高新	2022	1.2539	3.6087	0.1304
706	格力电器	2018	1.4819	3.6667	0.0000	1606	航天电器	2018	2.2720	3.5000	0.0455
707	格力电器	2019	1.9906	3.6842	0.0000	1607	航天电器	2019	2.3799	3.6818	0.0000
708	格力电器	2020	1.9089	3.5625	0.0000	1608	航天电器	2020	4.6939	3.6364	0.0455
709	格力电器	2021	1.3449	3.6250	0.0000	1609	航天电器	2021	4.2897	3.5517	0.0345
710	格力电器	2022	1.2241	3.5625	0.0588	1610	航天电器	2022	3.3480	3.6190	0.0476
711	中钨高新	2018	1.0629	3.8519	0.1481	1611	山东威达	2018	0.9508	3.2632	0.0000
712	中钨高新	2019	1.2594	4.0000	0.1176	1612	山东威达	2019	0.9517	3.2632	0.0000

续表

序号	企业简称	年份	企业市场价值	高管平均受教育水平	高管海外留学背景	序号	企业简称	年份	企业市场价值	高管平均受教育水平	高管海外留学背景
713	中钨高新	2020	1.2154	4.0000	0.1176	1613	山东威达	2020	1.6965	3.1875	0.0625
714	中钨高新	2021	2.0457	4.0000	0.1176	1614	山东威达	2021	1.9845	3.0526	0.0526
715	中钨高新	2022	1.8234	4.0800	0.1200	1615	山东威达	2022	1.1731	3.0000	0.0556
716	珠海中富	2018	2.8787	3.0000	0.0667	1616	分众传媒	2018	2.5595	3.8182	0.4167
717	珠海中富	2019	2.1951	3.2667	0.1053	1617	分众传媒	2019	5.1674	3.8182	0.4167
718	珠海中富	2020	2.7510	3.2857	0.1250	1618	分众传媒	2020	6.8947	3.6667	0.3000
719	珠海中富	2021	3.0750	3.2143	0.1250	1619	分众传媒	2021	4.8974	3.8462	0.3571
720	珠海中富	2022	2.7433	3.2609	0.1600	1620	分众传媒	2022	4.1372	4.0000	0.3636
721	长春高新	2018	3.4890	4.0000	0.0500	1621	思源电气	2018	1.2816	3.7500	0.0000
722	长春高新	2019	6.3915	4.1111	0.0667	1622	思源电气	2019	1.4602	3.3333	0.0000
723	长春高新	2020	9.8236	4.1111	0.0625	1623	思源电气	2020	1.6000	3.3333	0.0000
724	长春高新	2021	4.8688	4.0000	0.0476	1624	思源电气	2021	2.6195	3.0000	0.0000
725	长春高新	2022	2.7769	4.0000	0.0667	1625	思源电气	2022	1.9874	3.0000	0.0000
726	湖北广电	2018	0.8107	3.8571	0.1739	1626	七匹狼	2018	0.8718	3.6429	0.2143
727	湖北广电	2019	0.8549	3.8182	0.1667	1627	七匹狼	2019	0.8276	3.8824	0.2222
728	湖北广电	2020	0.8370	3.5294	0.1053	1628	七匹狼	2020	0.7856	3.7500	0.1875
729	湖北广电	2021	1.0313	3.5789	0.1000	1629	七匹狼	2021	0.8657	3.6667	0.2000
730	湖北广电	2022	1.1169	3.5625	0.1176	1630	七匹狼	2022	0.8184	3.7778	0.2222
731	上峰水泥	2018	1.4713	3.3500	0.0000	1631	达安基因	2018	2.5430	4.1176	0.1765
732	上峰水泥	2019	1.9194	3.3684	0.0526	1632	达安基因	2019	2.9325	4.0526	0.2105
733	上峰水泥	2020	1.7704	3.2500	0.0500	1633	达安基因	2020	4.7263	3.8750	0.1250

续表

序号	企业简称	年份	企业市场价值	高管平均受教育水平	高管海外留学背景	序号	企业简称	年份	企业市场价值	高管平均受教育水平	高管海外留学背景
734	上峰水泥	2021	1.4825	3.2500	0.0500	1634	达安基因	2021	2.9370	4.0000	0.0952
735	上峰水泥	2022	1.0749	3.4348	0.0417	1635	达安基因	2022	1.6927	4.0833	0.1667
736	智度股份	2018	1.1373	3.5385	0.2143	1636	巨轮智能	2018	1.0763	3.4545	0.0000
737	智度股份	2019	1.2860	3.6154	0.2308	1637	巨轮智能	2019	1.1111	3.4706	0.0556
738	智度股份	2020	1.6600	3.6111	0.1667	1638	巨轮智能	2020	1.1371	3.4706	0.0556
739	智度股份	2021	2.1167	3.6875	0.1875	1639	巨轮智能	2021	1.4048	3.4667	0.0667
740	智度股份	2022	1.7407	3.5833	0.0000	1640	巨轮智能	2022	1.8764	3.5556	0.0556
741	恒天海龙	2018	2.8208	3.6000	0.0000	1641	苏泊尔	2018	3.3190	3.7059	0.5294
742	恒天海龙	2019	3.9091	3.6471	0.0000	1642	苏泊尔	2019	4.5282	3.6667	0.4444
743	恒天海龙	2020	2.9517	3.5000	0.0000	1643	苏泊尔	2020	4.4449	3.8125	0.4375
744	恒天海龙	2021	2.8698	3.5000	0.0000	1644	苏泊尔	2021	4.0670	3.8125	0.4375
745	恒天海龙	2022	2.3945	3.5882	0.0000	1645	苏泊尔	2022	3.5320	3.7333	0.4667
746	襄阳轴承	2018	1.3524	3.2857	0.0000	1646	丽江旅游	2018	1.2086	3.5556	0.0000
747	襄阳轴承	2019	1.7134	3.2963	0.0000	1647	丽江旅游	2019	1.2603	3.6400	0.0385
748	襄阳轴承	2020	1.4061	3.4211	0.0000	1648	丽江股份	2020	1.2998	3.7619	0.0476
749	襄阳轴承	2021	1.4272	3.3810	0.0000	1649	丽江股份	2021	1.3350	3.7727	0.0455
750	襄阳轴承	2022	1.6794	3.4286	0.0000	1650	丽江股份	2022	2.5014	3.7273	0.0455
751	山推股份	2018	1.0349	3.5652	0.0870	1651	旺能环境	2018	1.0759	3.3750	0.0625
752	山推股份	2019	1.0776	3.5000	0.1000	1652	旺能环境	2019	1.1454	3.4118	0.0588
753	山推股份	2020	1.0740	3.5000	0.0909	1653	旺能环境	2020	1.1582	3.2000	0.1176
754	山推股份	2021	1.1132	3.5789	0.1053	1654	旺能环境	2021	1.1574	3.2308	0.1538

续表

序号	企业简称	年份	企业市场价值	高管平均受教育水平	高管海外留学背景	序号	企业简称	年份	企业市场价值	高管平均受教育水平	高管海外留学背景
755	山推股份	2022	1.0624	3.6400	0.0800	1655	旺能环境	2022	1.1009	3.2667	0.1333
756	视觉中国	2018	2.4067	4.0000	0.2353	1656	华帝股份	2018	1.8591	2.8667	0.0000
757	视觉中国	2019	3.0640	3.9333	0.1333	1657	华帝股份	2019	2.2922	2.8889	0.0000
758	视觉中国	2020	2.2461	3.8947	0.1053	1658	华帝股份	2020	1.6852	2.9286	0.0000
759	视觉中国	2021	3.9418	3.9333	0.1333	1659	华帝股份	2021	1.2824	2.9286	0.0667
760	视觉中国	2022	2.2916	3.9375	0.1250	1660	华帝股份	2022	1.1775	2.9444	0.0526
761	东方电子	2018	1.1637	3.7895	0.0526	1661	联创电子	2018	1.3609	3.7059	0.2222
762	东方电子	2019	1.3729	3.7647	0.0588	1662	联创电子	2019	2.0739	3.7059	0.1667
763	东方电子	2020	1.2969	3.7059	0.0588	1663	联创电子	2020	1.4768	3.6667	0.1667
764	东方电子	2021	1.8873	3.9000	0.0500	1664	联创电子	2021	2.6470	3.6400	0.0800
765	东方电子	2022	1.6500	3.8667	0.0667	1665	联创电子	2022	1.5650	3.4286	0.0476
766	远兴能源	2018	0.9293	3.2632	0.0000	1666	久联发展	2018	1.0194	3.7500	0.0000
767	远兴能源	2019	0.8746	3.4500	0.0000	1667	久联发展	2019	0.9602	3.6667	0.0000
768	远兴能源	2020	0.8428	3.4800	0.0000	1668	保利联合	2020	0.9501	3.7000	0.0000
769	远兴能源	2021	1.3355	3.4091	0.0000	1669	保利联合	2021	0.9690	3.7917	0.0000
770	远兴能源	2022	1.3537	3.3182	0.0000	1670	保利联合	2022	1.1110	3.7895	0.0500
771	中山公用	2018	0.8877	3.7727	0.0909	1671	双鹭药业	2018	3.0735	3.5455	0.1818
772	中山公用	2019	0.9413	3.8500	0.0500	1672	双鹭药业	2019	2.3786	3.7000	0.2000
773	中山公用	2020	0.9127	3.8889	0.0556	1673	双鹭药业	2020	1.8285	3.7000	0.2000
774	中山公用	2021	0.9096	3.9130	0.0435	1674	双鹭药业	2021	1.8315	3.8333	0.1667
775	中山公用	2022	0.8138	3.9167	0.0000	1675	双鹭药业	2022	1.4183	3.7000	0.1000

续表

序号	企业简称	年份	企业市场价值	高管平均受教育水平	高管海外留学背景	序号	企业简称	年份	企业市场价值	高管平均受教育水平	高管海外留学背景
776	国城矿业	2018	5.1095	3.4348	0.1000	1676	黔源电力	2018	0.9523	3.5000	0.0800
777	国城矿业	2019	6.0502	3.5294	0.0952	1677	黔源电力	2019	0.9644	3.5000	0.0741
778	国城矿业	2020	3.4873	3.6250	0.0556	1678	黔源电力	2020	0.9482	3.4444	0.0370
779	国城矿业	2021	3.3591	3.6875	0.0500	1679	黔源电力	2021	1.0379	3.4643	0.0000
780	国城矿业	2022	2.9196	3.8947	0.0455	1680	黔源电力	2022	1.0054	3.6000	0.0000
781	宝新能源	2018	1.2510	3.8667	0.1875	1681	南京港	2018	0.9488	3.3158	0.1053
782	宝新能源	2019	1.1409	3.7857	0.2857	1682	南京港	2019	1.0155	3.4091	0.0909
783	宝新能源	2020	1.2473	3.6923	0.2308	1683	南京港	2020	0.9624	3.5200	0.0800
784	宝新能源	2021	1.0868	3.6111	0.2222	1684	南京港	2021	0.8840	3.6000	0.0500
785	宝新能源	2022	1.1420	3.5385	0.2308	1685	南京港	2022	0.9759	3.5000	0.0500
786	亚太实业	2018	7.2562	2.6842	0.0500	1686	登海种业	2018	1.3906	2.6400	0.1200
787	亚太实业	2019	5.5166	2.7059	0.0588	1687	登海种业	2019	2.4455	2.7500	0.1563
788	亚太实业	2020	2.5426	2.6500	0.0000	1688	登海种业	2020	5.3894	2.8125	0.1875
789	亚太实业	2021	2.6817	2.9375	0.0000	1689	登海种业	2021	5.5947	2.8125	0.1875
790	亚太实业	2022	2.6364	2.7647	0.0000	1690	登海种业	2022	3.9939	3.0000	0.1667
791	沈阳化工	2018	0.8548	3.6190	0.0417	1691	华孚时尚	2018	1.0518	3.5882	0.1765
792	沈阳化工	2019	0.9280	3.6522	0.0417	1692	华孚时尚	2019	1.2437	3.6250	0.1875
793	沈阳化工	2020	1.0108	3.7083	0.0800	1693	华孚时尚	2020	1.0438	3.6250	0.1250
794	沈阳化工	2021	1.1012	3.6400	0.0769	1694	华孚时尚	2021	1.0101	3.6250	0.1250
795	沈阳化工	2022	1.3560	3.6471	0.0556	1695	华孚时尚	2022	0.9123	3.8462	0.1538
796	模塑科技	2018	1.0128	3.2500	0.2308	1696	兔宝宝	2018	1.6918	2.7857	0.0000

续表

序号	企业简称	年份	企业市场价值	高管平均受教育水平	高管海外留学背景	序号	企业简称	年份	企业市场价值	高管平均受教育水平	高管海外留学背景
797	模塑科技	2019	1.0963	3.1818	0.2500	1697	兔宝宝	2019	1.9638	2.8571	0.0000
798	模塑科技	2020	1.2369	3.1818	0.2308	1698	兔宝宝	2020	1.8642	3.1053	0.0000
799	模塑科技	2021	1.2851	3.1667	0.2143	1699	兔宝宝	2021	2.1202	3.0000	0.0000
800	模塑科技	2022	1.1365	3.3000	0.1667	1700	兔宝宝	2022	2.0095	3.0000	0.0000
801	厦门信达	2018	0.8526	3.6818	0.1364	1701	美年健康	2018	2.8082	3.8077	0.2692
802	厦门信达	2019	0.9537	3.8571	0.1429	1702	美年健康	2019	3.3240	3.8077	0.2593
803	厦门信达	2020	0.9511	3.8500	0.1500	1703	美年健康	2020	2.9010	3.8261	0.2500
804	厦门信达	2021	0.9724	3.6071	0.0323	1704	美年健康	2021	2.1423	3.8276	0.3000
805	厦门信达	2022	0.9846	3.6250	0.0370	1705	美年健康	2022	1.8550	3.7200	0.2308
806	正虹科技	2018	2.3346	3.5000	0.1333	1706	国光电器	2018	1.0814	3.4118	0.0000
807	正虹科技	2019	2.4396	4.0000	0.0952	1707	国光电器	2019	1.8895	3.4286	0.0000
808	正虹科技	2020	2.0109	4.0000	0.1053	1708	国光电器	2020	1.4547	3.3478	0.1304
809	正虹科技	2021	2.1706	4.5000	0.0500	1709	国光电器	2021	2.0359	3.2143	0.2143
810	正虹科技	2022	2.7539	3.1667	0.0385	1710	国光电器	2022	1.6989	3.3750	0.1875
811	恒逸石化	2018	1.1162	3.3125	0.0588	1711	轴研科技	2018	1.0746	3.8571	0.0000
812	恒逸石化	2019	1.0989	3.3889	0.0526	1712	轴研科技	2019	1.1164	3.9474	0.0000
813	恒逸石化	2020	1.1642	3.5556	0.0500	1713	国机精工	2020	1.3888	3.9667	0.0000
814	恒逸石化	2021	1.0525	3.6000	0.0625	1714	国机精工	2021	1.9719	4.0370	0.0000
815	恒逸石化	2022	0.9388	3.6875	0.1176	1715	国机精工	2022	1.5028	4.0625	0.0588
816	浙江震元	2018	1.2315	3.0000	0.0000	1716	宝鹰股份	2018	1.5269	3.7857	0.0714
817	浙江震元	2019	1.1674	3.1579	0.0000	1717	宝鹰股份	2019	1.3323	3.7333	0.0667

续表

序号	企业简称	年份	企业市场价值	高管平均受教育水平	高管海外留学背景	序号	企业简称	年份	企业市场价值	高管平均受教育水平	高管海外留学背景
818	浙江震元	2020	1.2074	3.2917	0.0000	1718	宝鹰股份	2020	1.0472	3.7500	0.0400
819	浙江震元	2021	1.3095	3.5556	0.0000	1719	宝鹰股份	2021	1.2557	3.6667	0.0000
820	浙江震元	2022	1.1839	3.5556	0.0000	1720	宝鹰股份	2022	1.4701	3.6774	0.0000
821	河钢股份	2018	0.8621	4.2273	0.1364	1721	宁波华翔	2018	0.8494	3.2000	0.0000
822	河钢股份	2019	0.8517	4.2222	0.1000	1722	宁波华翔	2019	0.9583	3.1875	0.0000
823	河钢股份	2020	0.8481	4.1154	0.0345	1723	宁波华翔	2020	0.9088	3.4000	0.1000
824	河钢股份	2021	0.8572	4.2105	0.0476	1724	宁波华翔	2021	1.0549	3.3846	0.1538
825	河钢股份	2022	0.8298	4.0435	0.0800	1725	宁波华翔	2022	0.9620	3.4667	0.2000
826	贝瑞基因	2018	1.7546	2.0000	0.0000	1726	紫光国微	2018	3.3966	4.0000	0.2222
827	贝瑞基因	2019	2.3825	2.0000	0.0000	1727	紫光国微	2019	4.9243	3.8571	0.1333
828	贝瑞基因	2020	3.8599	2.0000	0.1176	1728	紫光国微	2020	10.993	4.0588	0.1053
829	贝瑞基因	2021	2.0421	2.0000	0.2143	1729	紫光国微	2021	12.149	4.0667	0.0667
830	贝瑞基因	2022	1.4636	2.0000	0.1765	1730	紫光国微	2022	7.6685	4.0667	0.0667
831	丰乐种业	2018	0.8957	3.0000	0.0625	1731	三花智控	2018	2.1495	3.8462	0.0000
832	丰乐种业	2019	1.6669	3.2500	0.0667	1732	三花智控	2019	3.2803	3.8462	0.0000
833	丰乐种业	2020	3.0070	3.2500	0.0667	1733	三花智控	2020	5.5105	3.9375	0.0000
834	丰乐种业	2021	2.3465	3.3500	0.0455	1734	三花智控	2021	4.3230	3.6667	0.0000
835	丰乐种业	2022	2.1997	3.3810	0.0476	1735	三花智控	2022	3.2162	3.6667	0.0667
836	中兴商业	2018	1.1262	3.4762	0.0476	1736	中工国际	2018	1.1652	3.7000	0.1905
837	中兴商业	2019	1.4584	3.4286	0.0345	1737	中工国际	2019	1.0413	3.7059	0.2353
838	中兴商业	2020	1.2571	3.4737	0.0500	1738	中工国际	2020	0.9203	3.6364	0.2727

续表

序号	企业简称	年份	企业市场价值	高管平均受教育水平	高管海外留学背景	序号	企业简称	年份	企业市场价值	高管平均受教育水平	高管海外留学背景
839	中兴商业	2021	1.1529	3.3478	0.0435	1739	中工国际	2021	0.9193	3.6250	0.2500
840	中兴商业	2022	1.8193	3.5200	0.0714	1740	中工国际	2022	0.9378	3.5882	0.2941
841	黑芝麻	2018	0.8906	3.0588	0.0000	1741	云南能投	2018	1.2060	3.4091	0.0455
842	黑芝麻	2019	1.0446	3.2000	0.0000	1742	云南能投	2019	1.0176	3.4800	0.0400
843	黑芝麻	2020	0.9452	3.3182	0.0000	1743	云南能投	2020	1.0222	3.6316	0.0526
844	黑芝麻	2021	0.9780	3.2857	0.0000	1744	云南能投	2021	1.1177	3.6800	0.0800
845	黑芝麻	2022	1.6776	3.2500	0.0000	1745	云南能投	2022	1.1526	3.5238	0.0476
846	韶钢松山	2018	1.2941	3.8571	0.0000	1746	德美化工	2018	1.1500	3.9048	0.3182
847	韶钢松山	2019	1.2021	3.8710	0.0000	1747	德美化工	2019	1.2697	3.9000	0.3000
848	韶钢松山	2020	1.0462	3.7895	0.0000	1748	德美化工	2020	1.1763	3.7647	0.2941
849	韶钢松山	2021	1.0261	3.6818	0.0000	1749	德美化工	2021	1.2082	4.0000	0.3158
850	中南股份	2022	0.8866	3.7500	0.0000	1750	德美化工	2022	1.0506	3.8947	0.3158
851	中原传媒	2018	1.0167	3.4615	0.0000	1751	得润电子	2018	1.1356	3.0667	0.2667
852	中原传媒	2019	0.9467	3.5500	0.0000	1752	得润电子	2019	1.2320	3.0667	0.2667
853	中原传媒	2020	0.9044	3.4800	0.0000	1753	得润电子	2020	1.3570	3.1538	0.1538
854	中原传媒	2021	0.9199	3.5714	0.0000	1754	得润电子	2021	1.3997	3.2000	0.1333
855	中原传媒	2022	0.9310	3.6316	0.0000	1755	得润电子	2022	1.2090	3.2000	0.0667
856	西安饮食	2018	1.8989	3.2667	0.2000	1756	横店东磁	2018	1.6395	3.6250	0.0000
857	西安饮食	2019	2.1439	3.4583	0.1250	1757	横店东磁	2019	1.9460	3.6250	0.0000
858	西安饮食	2020	2.0473	3.4375	0.0000	1758	横店东磁	2020	2.8262	3.6190	0.0000
859	西安饮食	2021	1.8674	3.4667	0.0000	1759	横店东磁	2021	2.7906	3.7143	0.0000

续表

序号	企业简称	年份	企业市场价值	高管平均受教育水平	高管海外留学背景	序号	企业简称	年份	企业市场价值	高管平均受教育水平	高管海外留学背景
860	西安饮食	2022	5.4297	3.4444	0.0000	1760	横店东磁	2022	2.2718	3.7333	0.0000
861	美锦能源	2018	1.0712	3.1429	0.2857	1761	中钢天源	2018	1.4249	3.9412	0.0588
862	美锦能源	2019	2.3771	3.0667	0.2667	1762	中钢天源	2019	2.5086	3.8889	0.0556
863	美锦能源	2020	1.5844	3.1765	0.2941	1763	中钢天源	2020	1.8785	3.8000	0.0500
864	美锦能源	2021	2.7397	3.0000	0.2353	1764	中钢天源	2021	1.7805	3.7200	0.0769
865	美锦能源	2022	1.5643	3.4000	0.2000	1765	中钢天源	2022	1.9135	3.7059	0.0556
866	京东方A	2018	0.9032	3.9189	0.1351	1766	云南旅游	2018	1.4020	3.4000	0.0741
867	京东方A	2019	1.0448	3.9231	0.1282	1767	云南旅游	2019	1.2911	3.4074	0.0667
868	京东方A	2020	1.0755	3.9667	0.1333	1768	云南旅游	2020	1.2834	3.5000	0.1000
869	京东方A	2021	0.9501	3.9394	0.0909	1769	云南旅游	2021	1.5715	3.5652	0.0800
870	京东方A	2022	0.8308	3.9459	0.0769	1770	云南旅游	2022	1.8769	3.5263	0.0909
871	鲁泰A	2018	1.0652	3.7600	0.1818	1771	粤水电	2018	1.0038	3.6000	0.0000
872	鲁泰A	2019	0.9261	3.7500	0.2121	1772	粤水电	2019	1.0091	3.7059	0.0000
873	鲁泰A	2020	0.7823	3.7308	0.2258	1773	粤水电	2020	1.0046	3.7895	0.0000
874	鲁泰A	2021	0.7236	3.7200	0.2333	1774	粤水电	2021	1.0804	3.7143	0.0000
875	鲁泰A	2022	0.7273	3.7500	0.2424	1775	粤水电	2022	1.1022	3.7083	0.0000
876	燕京啤酒	2018	1.1078	3.5556	0.0357	1776	浙江交科	2018	1.0923	3.2609	0.0435
877	燕京啤酒	2019	1.2236	3.5862	0.0333	1777	浙江交科	2019	0.9927	3.4444	0.0556
878	燕京啤酒	2020	1.4879	3.6071	0.0690	1778	浙江交科	2020	0.9413	3.5000	0.1154
879	燕京啤酒	2021	1.4539	3.7200	0.0800	1779	浙江交科	2021	0.9484	3.5385	0.1071
880	燕京啤酒	2022	1.6741	3.7188	0.0625	1780	浙江交科	2022	0.9306	3.6071	0.1071

续表

序号	企业简称	年份	企业市场价值	高管平均受教育水平	高管海外留学背景	序号	企业简称	年份	企业市场价值	高管平均受教育水平	高管海外留学背景
881	四川美丰	2018	1.0175	3.6154	0.0435	1781	宏润建设	2018	1.0698	2.0000	0.0000
882	四川美丰	2019	1.0476	3.5789	0.0606	1782	宏润建设	2019	1.0301	1.8889	0.0625
883	四川美丰	2020	1.0117	3.3750	0.0455	1783	宏润建设	2020	1.0381	2.2222	0.0625
884	四川美丰	2021	1.5607	3.3478	0.0370	1784	宏润建设	2021	1.0236	2.0000	0.0714
885	四川美丰	2022	1.0675	3.3333	0.0357	1785	宏润建设	2022	1.0751	1.8571	0.0000
886	罗牛山	2018	2.0247	3.7333	0.1333	1786	远光软件	2018	1.7464	3.5769	0.0667
887	罗牛山	2019	2.1440	3.7857	0.1429	1787	远光软件	2019	3.3773	3.5714	0.0667
888	罗牛山	2020	1.7160	3.9167	0.1667	1788	远光软件	2020	2.9738	3.6786	0.0333
889	罗牛山	2021	1.3644	3.9167	0.1538	1789	远光软件	2021	3.6782	3.5600	0.0000
890	罗牛山	2022	1.2618	4.0526	0.1579	1790	远光软件	2022	3.0479	3.6207	0.0000
891	航发控制	2018	2.1228	4.2000	0.0000	1791	华峰氨纶	2018	1.5039	3.6190	0.0909
892	航发控制	2019	2.1432	4.0455	0.0000	1792	华峰氨纶	2019	1.4074	3.5714	0.1429
893	航发控制	2020	3.2498	4.0000	0.0000	1793	华峰氨纶	2020	1.5865	3.6800	0.1200
894	航发控制	2021	2.7907	4.0000	0.0455	1794	华峰化学	2021	1.4347	3.8636	0.1364
895	航发控制	2022	2.3981	4.0370	0.0370	1795	华峰化学	2022	1.3229	3.7368	0.1053
896	普洛药业	2018	1.9178	3.4375	0.0588	1796	东华软件	2018	1.6971	3.6154	0.0385
897	普洛药业	2019	2.7183	3.5333	0.0000	1797	东华软件	2019	2.2073	3.7407	0.0370
898	普洛药业	2020	4.0745	3.6471	0.0000	1798	东华软件	2020	1.7558	3.8462	0.0385
899	普洛药业	2021	4.9604	3.7647	0.0000	1799	东华软件	2021	1.5789	3.7083	0.0417
900	普洛药业	2022	2.6526	3.7778	0.0556	1800	东华软件	2022	1.2717	3.6800	0.0400

数据来源：国泰安数据库。

索　引